提供销售全流程解决方案，解决所有销售人头疼的问题

销售兵法，
成交为上

国内知名营销专家、财富演讲专家、创业教父

朱坤福◎著

中国财富出版社

图书在版编目（CIP）数据

销售兵法，成交为上 / 朱坤福著. — 北京：中国财富出版社，2017.1
（2019.8 重印）

ISBN 978-7-5047-6351-8

Ⅰ．①销… Ⅱ．①朱… Ⅲ．①销售－基本知识 Ⅳ．① F713.3

中国版本图书馆 CIP 数据核字（2016）第 305022 号

策划编辑	刘 晗		**责任编辑**	宋宪玲　杨 曦	
责任印制	梁 凡　郭紫楠	**责任校对**	孙丽丽	**责任发行**	张红燕

出版发行	中国财富出版社	
社　　址	北京市丰台区南四环西路 188 号 5 区20 楼	**邮政编码**　100070
电　　话	010－52227588 转 2098（发行部）	010－52227588 转 321 （总编室）
	010－52227588 转 100（读者服务部）	010－52227588 转 305 （质检部）
网　　址	http://www.cfpress.com.cn	
经　　销	新华书店	
印　　刷	廊坊市鸿煊印刷有限公司	
书　　号	ISBN 978－7－5047－6351－8/F·2696	
开　　本	710mm×1000mm　1/16	**版　　次**　2017 年 1 月第 1 版
印　　张	19.5	**印　　次**　2019 年 8 月第 2 次印刷
字　　数	339 千字	**定　　价**　49.00 元

前　言

　　人生处处皆销售，这是一个销售为赢的时代。销售已经不仅仅是一种职业，更成为一种生活方式，一种贯穿和渗透于各种活动中的生活理念。销售，看似售卖的是商品，其实更是人心的博弈。因为商场如战场，面对的是看不见硝烟的惨烈战争。在这场战争中，销售不再是简单的技巧，更是生存的科学，是发展的艺术，是获得客户、赢得未来的制胜之道。谁赢得了销售战，谁就站在了未来发展的制高点，就把握了未来。

　　俗话说："凡事预则立，不预则废。"销售也是如此，只有准备充足，才能够披荆斩棘、所向披靡，杀出一条血路。只有确定目标市场，找到目标客户，掌握客户的信息和资料，才能够有的放矢，制定针对性的对策，从而为接下来销售过程的正式展开奠定坚实的基础。因此，不打无准备之仗，读懂客户就成为销售为王的神兵利器，重视客户、倾听客户、尊重客户、服务客户、视客户为上帝，才能获得客户的信任，才可能实现成交。

　　摆开架势，与客户面对面，此时，就像是两个高手过招，拼的是内功。你一言，我一语，看似风平浪静，实则是风谲云诡，暗流涌动。正如万军之中取上将首级才是上策、才是王道，约谈客户只有约到决策者才是拜访的前提，否则，只能是白费口舌、白忙一通。

　　客户是上帝，上帝有脾气，对销售人员来说，必须要了解客户，知道客户的性格，才能有针对性地约谈客户，获得客户的信任；要懂得客户在想什么，想要表达什么，才能更好地进行沟通。因为，良好的沟通是成交的开始，销售就是始于沟通，成败决定于沟通。

　　客户的诉求是什么？肯定是质优价廉。我们的诉求是什么，肯定是价高质好。这本身就是一个冲突，如何解决这个冲突呢？必须要了解客户的心理，凭借三寸不烂之舌，句句直戳客户的心窝，让客户感觉到你是为他好。一步步引导客户，在冲突中寻找到平衡点，只有这样才能满足彼此的心理预期，才能够达成合作，而满足心理预期之上的合作才是彼此的最终目标。

　　古代帝王崇尚"得人心者得天下"，现代销售也是"得人心者得天下"。只有铁嘴钢牙武装，心理战先行，才能够说服客户，征服客户的心，才能够翻手为云、覆手为雨，将无往不利的销售智慧淋漓尽致地展现出来，成为傲立潮头的成功者。

销售还要有"太极"的功夫，懂得四两拨千斤，对于客户的疑问，以成交为核心，以真诚为推手，用最短的时间解决客户的疑问，用最小的代价满足客户的诉求，这才是解决问题之道。

价格，永远是彼此之间最大的鸿沟。如何突破这个阻碍，顺利达成交易，既要满足客户对讨价还价上瘾的心理，又要以完备的价格策略牵着客户的鼻子走；既要口吐莲花，又要善于倾听，听说并举，才能征服客户的心。

一个销售人员的成功，从来不是靠运气的眷顾，而是靠努力和汗水来浇筑。视"客户第一，服务至上"为生存之术，才能够更好地发展。成交不是销售的结束，反而是新销售的起点，只有服务跟进，才能多次成交，而这才是销售的高境界。

作为一个企业家、一个财富培训演讲家，我每天都看到很多不同年龄阶段的人义无反顾地投身销售事业中，而真正在这条路上淘到金子的人却很少。作为过来人，我理解他们那份对成功的渴望，但成功是有条件的，他们需要有人为他们指点迷津。本书可能不是武侠中的秘籍宝典，不能让你短时间内无往不利，但句句都是成功销售的经验之谈。就像是漫漫长夜里，本书会为你照亮前行的路，让你一步步接近成功的黎明。

朱坤福

2019 年 7 月于朱氏堂

目　录

第六章　用舌头挣钱，让客户对产品一见钟情

第七章　有的放矢，紧扣客户的需求来销售

第八章　四两拨千斤，轻松化解客户的异议

第十二章　服务跟进，多次成交就是这么简单

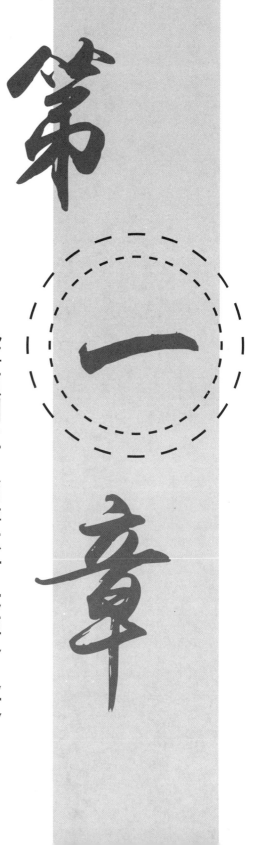

第一章

凡事预则立，销售不打无准备之仗

"凡事预则立，不预则废。"凡事想在前面，做好一切准备，不仅是负责的表现，更是让工作完美无缺的重要途径。不做准备，不预先谋划清楚，则只会处处不顺。同样的道理，想要成为一个优秀的销售人员，首先要做好准备工作，这包括个人的仪表、心态、目标，对产品及市场的了解，各种证明材料、销售工具，以及对客户的研究。

找到那个"旗杆"就不会跑偏

甲和乙站在空地上，甲对乙说："我和你比往前走，走100步，看谁走得直。"乙先走，他非常仔细地看着自己的脚，走得非常慢，力争每一步都不走偏，等他走完100步，抬头回身看，已偏离原来的方向很多。轮到甲了，他信步往前走去，100步很快走完了，却走得非常直。乙不解地问甲。甲说："很简单，看着远处那根旗杆走便不会错了。"

这个小故事告诉我们一个很深刻的道理：只有确定了目标，在行动的时候才不会走弯路，才能取得成功。

有的人可能没有经过制定目标这一程序而取得了某种程度上的成功，但是，不制定目标，就不能充分发挥其自身潜能。特别是对一个销售人员而言，如果没有目标，我们就会变得无精打采、烦躁不安。没有明确的目标，我们就不知何时该庆祝胜利，我们就会摔跤、绊倒，失足而倒下，我们就会失去工作重点。所以，要想成为成功的销售人员，首先必须有明确的销售目标，目标会把所有的销售行为都聚集到一个方向上。

在我们身边，有许多销售人员因为有了目标而取得不俗的业绩，也有些人却没有任何进展，究其原因，无外乎是目标的可行性问题。当你制定的目标犹如空中楼阁时，实行起来则非常困难，也失去了目标的意义。

目标是方向，更是对自我的一种要求，制定目标一定要实事求是，从自身的实际情况出发。

2015年7月，山东朱氏药业集团的销售部门有这样两名销售代表，一名是新招的小张，另一名是进入公司已经1年的莲莲。他们所做的工作一样，都是通过电话寻找客源，并邀请对方参加培训课程。

与所有刚刚进入企业的新人一样，小张一开始就以极大的热情投入工作之中，并且给自己设立了一个看似美好的目标：在1个月内要让30个人来听课！在目标的激励下他非常努力，几乎一进办公室就忙着打电话，可事实并不像他想的那样简单，他不断遭到对方拒绝，几天后，接连不断的拒绝让他的热情大为下降，自信也在渐渐减退……1个月过去了，小张竟一个客户也没邀请到。

莲莲比小张早进入公司 1 年，1 年的时间已经让她成为部门里最优秀的员工之一。跟小张一样，她同样爱给自己制定目标，不同的是，她没有盲目地只写一个大概数字，而是每次定目标时都会拿出一份早已经准备好的 PIP（业绩提高计划），详细比对、权衡，此外还会结合客户的需求、市场原因等多方面进行分析，最后才决定月目标。

很多人都像小张一样，急切地希望做出业绩证明自己，盲目地给自己制定目标。却不知道很多时候，想做的和能做到的完全不一样。也因为如此，目标反而成为他们的包袱，设置了一个看起来很美的目标，却难以实现。目标有一定的导向性，也能够激励行动，但并不是所有的目标都能起到这样的作用。一旦所制定的目标过高，不切合实际，就会像小张那样丧失激情，失去信心，从而否定自己。

因此，制定销售目标前要先进行全面正确地评估。制定目标后也一定要仔细斟酌，科学分析，根据实际情况不断地调整。为制定出一个切实可行的目标，销售人员可以根据以下四个标准来评估：

1. 要符合自身发展要求

现实中，许多人在制定目标时缺少对自我的认知，只是凭借着臆想去制定出一个大概、模糊的目标，并不考虑实际情况。试想，这样的目标对工作又有什么推动作用呢？

人是执行目标的主体，自己所拥有的能力直接决定了目标能否实现。符合自身的发展要求是要正确认识自我，这一点在制定目标时尤为重要。认识自我就是对自己的性格、能力以及现有的条件有一个客观的认识。

2. 要符合目标制定五原则

目标是有原则的，在制定时一定要本着这几个原则去做。

（1）具体性原则。制定目标要明确具体，不能模棱两可，每一个细节都要具有可操作性，还要规定出具体的范围。

（2）可衡量性原则。制定的目标一定是可衡量的，如果没有办法衡量，就无法判断这个目标是否已实现。对于目标的可衡量性可以从数量、质量、成本、时间、上级或客户的满意程度五个方面来进行。

（3）可实现性原则。如果制定的目标难度太高而无法实现，那这个目标就等于纸上谈兵。简单地说，制定的目标必须是自己能够做到的才行。

（4）现实性原则。制定的目标必须现实，即制定的目标是否在自己的能力范围内，或完成此目标所需要的资源是否充足等。

（5）时限性原则。任何一个目标的制定都必须有时间限制，否则，你便无法清楚地掌握目标完成的进度，那么，制定目标也就失去了意义。

3．要符合企业以及产品的相关要求

为什么要考虑这点，主要有两个原因：

一是能够向对方更为详细地介绍公司以及所推销的产品，因为只有当对方真正了解到产品以后，才可能产生消费和购买的欲望。这一点决定了我们必须详细地了解公司以及推销产品的相关信息。

二是能够从产品信息上找到"卖点"，并确定客户群——什么样的人会需要这样的产品或者服务。这样一来，我们就大概知道会有多少人需要这样的产品或服务，从而得出一个准确、合理的数据。如果做到上面一点是知己的话，做到这一点就是知彼。

4．要符合同行市场竞争规则

我们都知道，现今的市场最为显著的特征就是竞争，对销售行业的人员来说，在制定销售目标时，一定要考虑到竞争者的存在，多了解一些行业以及竞争对手的信息。千万不要乐观地认为：整个世界上只有你们这一家拥有这样的产品或者是服务，而是要冷静客观地接受竞争对手的存在。只有这样才会理智地制定目标，不会盲目自信。

专家点拨

销售人员的目标是通过沟通促成与客户之间的交易。

时刻专注于销售目标，所有的客户沟通都要围绕销售目标而展开。

注意长期目标与短期目标之间的关系，要统筹兼顾，而不要顾此失彼。

时刻谨记销售目标，但不要强迫客户接受自己的销售意图，因为这样会破坏你与客户之间的长期合作关系。

销售前把过程在脑子里过遍"电影"

在刚开始从事销售工作的时候，你有没有遇到这样的情况：在进行了销售培训不久的情况下，主管给了你一些客户资料，让你尝试打电话给这些潜在客户。当你打通电话的时候，客户在电话那头提出一些问题，你是不是感觉无法回答，甚至吓得赶紧挂掉了电话，恐怕说错什么话……这是因为在这个阶段你还没有真正清楚公司究竟是做什么的，根本不知道如何回答客户的问题。不但如此，即便是一些从事销售时间长了的老员工，也会有这种情况发生。那么，应该怎么改变这种现象，不让自己蹩脚的沟通能力成为成功的绊脚石呢？

"凡事预则立，不预则废。"任何一件重要的事情，都需要事先做必要的准备和周密的策划，以确保能够达到目的。销售是一项复杂的工作，要使得销售成功，它需要销售人员做必要的准备。

有一句话说："不做准备的销售员就是准备失败的销售员。"在头脑当中做好了充分的准备之后再联系客户，往往能够获得事半功倍的效果，还能保证销售沟通过程的规范性和话题的集中性。更重要的是销售人员不会因为心里没底而缺乏自信。在与客户交流时，充分的事前准备能够令客户感受到你的从容与自信。

山东朱氏药业集团有一位销售经理，几周后要去进行一笔数目可观的销售谈判。据他了解，对方总经理以老谋深算、谈判条件苛刻而在业内闻名。为了打赢这场仗，销售经理首先通过各种渠道了解和熟悉了对方总经理的情况，其中包括这位总经理的性格类型、谈判风格、个人习惯和口头禅等。

在随后的一个星期里，销售经理一直构想着这次谈判的全部过程，包括谈判那天对方的服装、神情，进门见面后双方会说什么话，下句话将怎么讲，对方会怎样提问，如何应答对方提出的问题等，甚至包括谈判当中，出现对方突然大发雷霆，用拳头砸在椅子扶手上的情景，以及最后愉快签字等一系列的过程，就像"电影"一样在脑海中虚构并反复放映。在一周的时间里，销售经理多次重演同一部"电影"，甚至细化到了每一句话。

真的到了谈判的那一天，谈判不仅按照销售经理的"脚本"有序地进行，谈判内容的每句话与销售经理头脑中多次演过的"电影"内容也如出一辙，甚至连对方总经理回答的话语，也和销售经理所构想的"脚本"相差无几。谈判结果是销售经理成功签单。

事实上，销售人员应该经常准备销售沟通的场景，包括准备解答客户可能提到的各种问题，如何突出自己产品的卖点和竞争力以及典型客户使用后带来的价值等。这样一旦到了"真刀真枪"地与客户沟通时就不至于手足无措了，你能够凭借自己从容的应对、有理有据的分析以及信心百倍的姿态赢得客户的信赖。

对销售人员来说，在实际的销售拜访过程中尽管难以避免会出现各种各样的意外状况，但最基本的内容是不会变的，如需要向客户介绍产品的相关知识，排除客户共有的怀疑和不信任心理，为客户解答与产品有关的问题等。这些具体的过程与活动内容在实际拜访之前，销售人员就已基本了解，因此完全可以在采取实际行动之前做好准备——先想好进门该说哪些话，客户可能提出哪些问题，自己又该如何应对，万一出现冷场时又该用哪些话题调节气氛等。

尽管很多人都知道准备工作的重要性，但是由于准备不足、粗心大意导致销售失败的案例却并不少见。

朱毅是一位房地产公司的资深业务员，在他的儿子朱亮也从事这个职业后，朱毅时常告诉朱亮做好准备工作的重要性。

有一次，朱亮正和一家大公司的总裁商谈一笔生意，这笔生意牵涉到一幢价值600万元大楼的售后回租事宜。这类生意往往需要你对所谈的利率和租金了如指掌。利率波动一个小数点就可能导致10年或20年多收或少收回大笔租金。所以，在和这家公司会谈前，朱毅建议朱亮背下那些利率幅度在3.5%~5.5%的租金表。但是朱亮却很不以为然，没有那么做。

当他们进入谈判的最后阶段时，那家公司的老板要求朱亮算出几个与不同利率相对应的不同租金数额。因为朱亮没有准备，又没带计算器，只好推说不太清楚。那位老板自然也明白了朱亮在开会之前没有做好充分准备，朱亮显然没有给他留下好印象，进而影响到对方合作的信心，以至于最后没有成交。

这显然是一次失败的沟通，原因就在于朱亮事先没有做好充分的准备，没有对意外的情况做出有效的预测。

设想可能发生的情况并做好准备在沟通中是十分重要的。例如，当你拜访客户时，如果客户正在开会，你应该怎么办？是说完要说的话呢，还是与客户约时间再谈？这一问题的关键在于你的风格、客户与你的关系以及客户的类型。但无论如何，你要有所准备。

在与客户进行沟通时，什么情况都可能发生，那么如何做好准备呢？

第一，设想沟通中可能发生的情况并做好准备。例如，对于第一个提到的案例，我们可以设想可能发生的事情，并做好应答的准备。①如果电话就是目标客户接的，准备与客户沟通。②如果电话需要转接，就要对转接人礼貌地问好，并告知已约定好与客户通电话。③如果客户不在，问清楚什么时候回来，再打过去。④如果客户在开会，另行约定时间，再打过去……

第二，设想客户可能会问的问题并做好准备。例如，还是第一个案例，我们可以设想一下客户会问什么样的问题，做好回答的准备。他也许会问：

①你们有没有这样的产品？

②你们的服务怎么样？

③价格是多少？

④什么时候能送货？

⑤如果产品出现质量问题怎么办？

这就需要你对自己的产品有充分的了解，掌握相关的资料，这样才不会到时候手忙脚乱。

第三，准备好可能需要的信息资料。有时客户提出来的问题往往与公司、产品或服务、行业、竞争等有关，如果这些信息太多，而且变化太快的话，一般人是很难完全记下来的。通常情况下，电话沟通之前要把这些信息制作成表格，这样在需要的时候随手就可以调出相关资料，回答客户的问题。

总之，销售中的沟通是一个有计划、有目的的行为，做好准备工作尤为重要。

专家点拨

　　为了避免由于自己工作上的疏忽导致销售拜访失败，就必须在面见客户之前做好充分而详尽的准备工作，这样就可以极大地减少意外难题的出现。即使面对种种难题，也会因为你的充分准备而从容应对，不至于手忙脚乱、不知所措。

　　你必须通过发现、追踪和调查摸清客户的一切，做好所有客户沟通过程中需要的准备，最好能够在一开始就让他觉得你十分可信，就像他十年前认识的老朋友一样。

想钓鱼就要先找到有大鱼的池塘

　　周末，小赵邀请小王和小李一起去钓鱼。小王是公认的钓鱼高手，为了捉弄他，小赵故意安排他到一个鱼较少的池塘去钓，把小李安排到鱼较多的池塘去钓。两个小时后，小王钓到的总是小鱼，他这才发觉上当了，可是结果已经出来了，就是他这次钓的鱼最少。可见，池塘里如果没有鱼，就算是高手也是难以施展能力。

　　在销售领域，有一句从钓鱼引申过来的至理名言："找对池塘钓大鱼"。它告诉我们在销售时，一定要擦亮眼睛，选准客户。否则的话，就有可能会既浪费了自己的时间，又没有得到回报，落得个"赔了夫人又折兵"的下场，真是得不偿失。

　　很多推销员之所以在开发新客户上都有很大的困难，是因为他们从来没有仔细地分析，到底哪些人最适合他们的产品。在很多情况下并不是每一种产品都适合每一个人，即使你推销的是世界上最棒的产品，也并不意味着你就一定会成功。比如有人说"LV（路易·威登）是全世界最棒的皮包"，可是假如这个顾客只是为小孩子买来放书，她可能不需要LV包，即使它是最好的皮包。所以每一个产品都有它的客户，你必须明确了解谁是你的顾客，尤其是谁是你理想的顾客。

　　山东朱氏药业集团有一个50多岁的工人，从来没有干过销售工作，一天，领导对他说，"你去跑销售吧。"于是，他就开始了自己的客户开发工作。

一个从来没有干过销售的人干了 2 年之后，竟取得了很好的业绩。是什么原因呢？原来他有强烈的客户开发意识，善于去寻找和开发客户。

这个销售员刚到安徽开发市场的时候，谁都不认识。有一天在吃饭时他听说阜阳有家医药公司需要妇科、儿科、风湿骨病等贴敷类产品，于是他就迅速动身前往阜阳去拜访客户。结果在洽谈后医药公司并没有买他的产品的意向，到了晚上，这个销售人员就考虑：我住到什么地方呢？住在宾馆吧！我的产品医药公司、药店用得多，我就住得离客户近一些吧，于是他住到了一个医药公司的招待所。

住了一夜，感觉很好，第二天结账时，他看到前边有一个意见本，心想以后说不定还经常来住，为了给宾馆留下好印象，就写了几句话，说什么服务好、干净卫生等，落款是他们公司的名字"山东朱氏药业集团"。宾馆服务员们看到表扬的留言，当然很高兴，就问他在企业是做什么的，他说是销售贴膏贴剂的。服务员又问什么是贴膏贴剂，有什么用，于是他就对服务员进行了贴膏贴剂知识"现场教育"。服务员听完后说她有一个做医药生意的亲戚可能会需要他的产品，于是他即刻前去拜访，结果谈成了一笔大单。

这个销售人员的销售机会是从哪里得到的呢？他的这次机会是从住宿开始的。他选择住在一家医药公司的招待所，住在离客户较近的地方，表现了他强烈的客户开发意识，住宿时还在想着去开发客户，想着自己是一个销售人员，白天的时候在想着开发自己的客户，晚上睡觉的时候也在为开发客户着想。

寻找客户的成功与失败同时存在，关键在于自己是去寻找成功还是寻找失败。寻找成功和失败的钥匙都掌握在自己的手中。

寻找潜在客户作为客户开发和管理工作的第一个环节、第一个步骤或第一项技术手段，是最具基础性和关键性的一步。如何在人海茫茫的消费者或成千上万的用户中，找到企业最理想的销售机会和选择最有成交希望的客户，是销售人员开展客户开发工作的一个难点。

那么到底什么样的客户才算得上真正的客户呢？也就是说"能钓到大鱼的池塘"如何认定呢？真正的客户应有购买力，这是最为重要的一点。销售员分析一个客户时一定要分析：他有支付能力吗？他买得起这些东西吗？比如，向一个月收入只有 1000 元的上班族销售一部奔驰车，尽管他很想买，但付得起吗？但对消费群体不能够一概而论，也有例外的情况出现。比如有一个家庭虽然并不富有，但家庭的全部焦点是供自己的孩子学习钢琴，考高等艺术院校，在这种情况下他们虽然在其他方面非常简朴，但对于孩子在艺术和钢琴方面的教育投入是从不吝啬的。与此类似，有的家庭虽然经济拮据，但因为都是音乐发烧友，所以省吃俭用去购买价格不菲的高档音响，这似乎有些不合理，但其实也是很正常的。以上当然都是一些比较特殊的例子，只是表明作为一个优秀的推销人员要善于发现，善于寻找，不要主观臆断。

另外还要看他有决定购买的权力吗？找一个没有决定购买权的人进行销售，是很多销售员最后未能成交的原因。王宇在广告公司做广告业务，他与一家公司副总谈了两个月广告业务，彼此都非常认同，但是总经理是副总的太太。想想看，太太当总经理，先生当副总经理，他有权力吗？王宇白白浪费了很多时间。有时使用者、决策者和购买者往往不是一个人，比如想买玩具的小孩是使用者，决策者可能是妈妈，购买者可能是爸爸。你该向谁推荐？

除了购买能力和决定权之外，还要看你销售的对象有没有需求。王东刚买了一台洗衣机，你再向他销售洗衣机，尽管他具备购买能力，但他没有需求，自然不是你要寻找的人。

总之，事先对自己的目标客户进行有层次、有目的地细分，这是销售人员在进行营销或者对客户进行拜访之前必须要进行的一项准备工作。对你的目标客户进行准确的细分，这就相当于从一团乱麻当中厘清头绪，如果不经过准确的细分，销售人员根本就不可能知道哪些人是属于可能购买产品的潜在客户，也更不可能从一堆客户资料当中找出能够为我们带来巨大利润的大客户。

专家点拨

从公司数据库、上司、同事和你所有的关系网中调出客户的相关信息，然后对这些信息进行认真分析。

经常寻找各种理由与那些排名靠前的客户保持友好联系。

不放过需求量较大的潜在大客户，利用耐心培育的方式使他们变成你的重要客户。

具体的资料和证明比巧嘴更好使

客户在购买商品或者享受服务的时候，都希望获得安全感，没有人愿意购买那些具有安全隐患或者质量低劣的商品。在客户的警惕心理作用下，客户不管对什么样的销售员，什么样的商品都不自觉地保持一种怀疑心理，害怕自己买到假冒伪劣商品，害怕自己上当受骗，给自己的身心健康以及生命安全造成威胁。

对于客户这样的心理，销售员应该表示理解，并帮助客户化解心头的疑惑，而最好的方法就是给客户提供最有效的证明，用最有说服力的证据来证明自己的商品的安全性。只要销售员出示的证据足以证明自己的真实性，那么客户就会放心地购买你的商品，而且毫不犹豫。

没有人会无缘无故地接受一个陌生人销售的产品，同样客户也不会因销售员几句简单的解说就决定购买产品，特别是对于那些价值昂贵的产品，更会小心谨慎，他们需要有力的证据来证明。除了客户自己亲自进行鉴定以外，客户还需要很多其他的证明，比如其他消费者的意见和建议，以及商品的说明书、许可证明等相关文件。当很多人都说好，自己也觉得不错时，客户才会对产品产生较大的信任，并鼓起勇气去购买。如果没有其他的证明，是很难让客户相信的。

销售员在销售商品时，为客户提供相关的证明是必需的。即使有证明客户也不一定会相信，但是如果没有证明，那么只能更加增大客户的怀疑。因此，我们在日常生活中会发现，很多商家都会调动各种各样的证据来证明自己商品的性能、质量以及品质。比如一些产品的说明、照片、合格证、荣誉证书、专家或者名人推荐、客户反馈的信息等，这些都具有一定的说服力，从而消除客户的怀疑，增加客户的信任度。

生活中，我们常见的例子就是关于减肥产品的说明，商家往往会先展示某人在产品使用之前的照片：大腹便便、臃肿不堪，然后再展示产品使用之后的照片：身材苗条，亭亭玉立，变得楚楚动人。这样强烈的对比以及真实的人物和事件，对客户的说服力是很强的。此外，还有客户的推荐函、感谢信、专家认证等。只有给客户提供强而有力的证明，才能赢得客户的信赖。

小张最近代理了某品牌的手表，并在商店进行销售，每次有客户光临的时候，他都会绘声绘色地描述手表的质量如何优质，性能如何良好，但是由于产品价格很高，很少有客户购买。虽然小张口才很好，把手表的功能说得神乎其神，但是客户却反而更加怀疑，最多也只是看看，真正购买的没有几个。因为小张并没有出示任何足以说服客户的证据，实在让客户放心不下。

一个月过去了，小张仅仅卖出一块手表，连自己租的柜台租金都不够，这让小张很着急，于是他就开始想办法。小张分析，客户之所以不敢购买他的手表，最主要的就是不敢相信其商品的质量，自己缺少对商品的有力证明。只要能够说明自己的手表质量确实是好的，让客户亲眼看到，那么客户就会消除疑虑进行购买了。

于是第二天，小张买了一个鱼缸和几条金鱼摆在自己的柜台上，并把一只手表放进了鱼缸里。很快就吸引了很多的客户过来围观，这时小张又开始讲自己销售的手表具有防水防震功能，并把手表从水里捞出来让客户传看，同时为了证明手表防震防摔，他居然使劲儿地把手表摔在地上，但是捡起来手表没有任何损伤，最后小张又拿出手表的质量证书以及专家的推荐，一下就征服了客户，他们这才真的相信了产品的质量并争相购买。

从此小张的生意便红火起来了。

只有强而有力的证明，才能有效地说服客户，使客户产生很大的好奇心和信赖感，并促使他们立刻行动，进行购买。因此销售员要给客户提供最有效的证明，不仅证明自己商品的质量，使自己充满信心，还可以消除客户的疑虑，获得客户的信赖，最终征服客户。

给客户最有效的证明是很多商家和销售员赢得客户信赖的重要手段。例如宝洁公司总是会用最有效的方法来证明自己产品的质量和效果。比如洗衣粉的广告，他们就是以实际采访的方式让一些妇女拿出衣领上满是油污的白衬衣，然后通过使用他们的产品，衣领上的油污完全没有了。通过这样的现场事例，就给自己产品的去污力做了最好的证明。当然很多商家不惜花巨资请明星为自己的产品做广告，也是为了给产品做证明，增强说服力。

世界上最伟大的推销员乔·吉拉德在办公室的墙上挂满了他荣获的各

种奖章，还有一些登着自己事迹的报纸、杂志以及和某些重要人士合拍的照片。这些"广告"有力地给他自己以及他的产品做了最好的证明，从而对推销他自己起了非常大的帮助作用。

在销售中会出现这样的现象，一个使用过产品而感到满意的客户讲一句话，往往比销售员苦口婆心地劝说要有效得多，这就是客户见证的巨大作用。客户可能不相信销售员，但是却会相信同样试用产品的其他客户的说法，因此销售员要善于为自己的商品找到最有力的客户见证。

由满意的客户所写的赞美函或者使用证明，往往是销售员在销售中最具效果的促销工具。它们会突破客户的心防，直接促使客户下定决心购买。因为它们会很清楚地告诉客户这是一个值得购买的好产品，客户自然会十分相信。

专家点拨

在销售过程中，销售员一定要给客户提供必要的证明，增加客户对商品的信赖，例如名人见证，报纸、杂志、电视等媒体的相关报道；权威见证，专家或科研机构的认证；熟人见证，比如客户的邻居、同事及朋友等。

所谓"耳听为虚，眼见为实"，销售员要让客户看到具体的资料和证明，以增加客户对产品的信任度，使客户放心。

签约时的家伙事儿一个都不能少

推销人员在推销过程中不能单纯靠说话，还需要利用各种推销工具。业务员介绍产品和服务时干巴巴地叙述总是显得那么苍白无力，客户会觉得索然无味。如果你目前也处于这种状态中，那么，你应该适当武装一下自己了。备好签约成交用的工具主要包括三个方面的工作：备齐工具、存放工具和检查工具。

1. 备齐工具

备齐工具可以让你在推销的过程中游刃有余，无形中还会让你表现得更加专业，成交也就会变得水到渠成。克林顿·比洛普就切身认识了这一点。

克林顿·比洛普是美国一家产品公司的总裁，在最初创业时，也就是他二十来岁的时候，便拥有了一家小型的广告与公关公司。为了多赚一点钱，他同时也为康奈狄克州西哈福市的商会推销会员证。

一次，他有幸通过朋友的介绍赢得了与一位商店老板的约见机会，可是这位商店老板却没有兴趣加入西哈福市商会，因为他的商店位于西哈福市的边缘，他觉得即使自己名义上是西哈福市商会的会员，但是由于地理位置太偏，顾客也是很难了解这一点的。因此，他认为自己完全没有必要花钱购买商会的会员证。

克林顿·比洛普了解到商店老板的顾虑之后，便试图通过自己的真诚和尊重说服对方，可是对方根本就不吃这一套。后来，克林顿·比洛普与他约定一小时之后再见面。

一个小时之后，克林顿·比洛普拿着一个特大号信封出现了，然后他继续同商店老板进行沟通。商店老板对他手中的大信封充满了好奇，终于在十几分钟后，商店老板忍不住问道："那个信封里到底装了什么东西？方便看一看吗？"

克林顿·比洛普将手伸进信封，取出了一块大型的金属牌。商会早已做好了这块牌子，用于挂在每一个重要的十字路口上，以标示西哈福商业区的范围。克林顿·比洛普告诉商店老板，"只要将这个牌子挂在商店边的十字路口上，那么所有来这里购物的人们都会知道您的商店处于一流的西哈福区，而您则是西哈福市商会的一名尊贵成员。"

正如克林顿·比洛普所希望的那样，商店老板很高兴地加入西哈福市商会，并且马上支付了商会会员的入会费。

克林顿·比洛普刚开始并没有备齐工具，但是他及时意识到了这一点，便与客户约好一个小时之后再见面，利用这一个小时的时间，克林顿·比洛普备齐了工具，并成功吸引了潜在顾客的目光，也最终促成了成交。

当然，不同的道具在销售过程中起到的作用不尽相同，究竟选择什么样的道具，必须根据客观需要来决定。一般来说，比较重要的签约工具有以下几种。

（1）样品。销售人员应尽可能随身携带一些样品，在推销过程中可以直接展示给顾客，有助于激发顾客的购买欲望。

（2）产品模型。在产品难以携带的情况下，推销人员可以利用产品模型来替代，让顾客亲自看一看，试一试。这也能起到刺激顾客的购买欲望、增强顾客购买信心的作用。

（3）产品相关资料。产品相关资料大致分为两类：文字资料和图片资料。文字资料，包括产品种类介绍及说明书、产品价目表、企业简介等。利用文字资料辅助推销，一是成本低廉，简便易行；二是它对产品的介绍要比语言详尽、全面、系统，有较强的说服力。但是，文字资料难以做到因人而异地介绍产品，故应配合其他推销工具一起进行推销。图片资料，主要有图表、图形、照片等。

此外，这些资料要设计得新颖独特，能抓住顾客的眼球。很多时候，当你走进客户办公室的时候，客户都在忙着开会或者处理其他公务，此时客户通常会告诉你"把资料放到桌子上就可以了，等我有时间再看"。可是你很快就会看到，桌子上已经摆了一厚摞各个同行公司的资料，如果你手中的资料不能吸引客户的眼球，那它们一定会马上被扔进废纸篓。此时，你最需要一份包装精美而且大方的资料说明，这份资料说明即使被压在最底层也能引起客户的关注。

（4）合同书。这是业务人员最需要注意的，前期的所有工作都是为签约成交准备的，所以一定要准备好合同书，否则就会功亏一篑。此外，你的合同书还要保持整洁，与客户签约时，不要拿出布满褶皱或者脏兮兮的合同书，否则，客户会觉得非常不舒服，影响他的购买情绪。

（5）推销证明资料。在推销之前，推销人员应尽量收集和准备各种有说服力的推销证明资料，可以增加产品的可靠性，有利于客户在心理上产生安全感。

（6）一块性能良好的手表。我们之所以要强调手表的性能必须良好，其目的当然不仅仅是提醒你约见客户时必须守时，更重要的目的是想告诉推销人员，在与客户沟通的过程中，一定要注意沟通时间的把握，要学会对时间进行最有效的管理。准备一块性能良好的手表，可以帮助那些时间观念不强的推销人员树立起时间管理的意识，也可以让客户感觉到你守时、惜时的好习惯。

（7）其他物品。包括推销人员的名片、介绍信、订购单、笔记用具等。

2．存放工具

有些销售人员将工具备齐，但是往往包里的东西放得很凌乱，导致忙中出错。试想一下，你费了很大的力气说服了客户，这个时候，你却在不停地翻找文件，客户很可能会说："先别找了，容我再考虑考虑。"

将工具整齐地摆放在合适的位置是保证在关键时刻能利落地拿出来。比如说，合同书最好单独放在文件包的一个夹层里，以免客户要求当场签约的时候你再乱翻文件包。

3．检查工具

销售人员将用到的工具备齐并放好之后，接下来就是检查工具了。称职的业务人员应该做到，无论在公司里，还是在出差期间，拜访客户以前一定要做好检查工作。检查工具主要是检查它们的性能，能不能正常工作，特别是样品，更需要仔细检查。

有一个客户到呼和浩特某个写字楼咨询一家加盟店，新来的业务员小刘把基本情况介绍完之后，这个客户也有加盟的意向，但还有些细节问题等待商酌。于是该客户让小刘把能给的优惠价写在报价单旁边以便进行研究。小刘掏出笔一写，根本画不出字迹，她伸手去翻笔筒，勉强找到一支油迹斑驳的圆珠笔。这样一来，客户就对小刘失去了好感，从而对她推荐的业务也失去了兴趣。客户回去在网上查阅了一些相关信息，发现这家公司的负面评论相当多，疑惑之余也就打消了加盟的念头。

小刘提前将笔准备好了，但是她并没有检查这支笔能不能画出字迹，一个细节问题，导致了一个订单的丢失。

专家点拨

产品资料是必须要带的，最好是公司统一设计和印刷的，以免不同的业务人员进行不一致的介绍，随身的提包里至少还要有彩色样本、小计算器、记录本、光盘、草稿纸等。有条件的业务人员最好配备一台笔记本电脑，这会给你的演示带来很大的方便，无形中还会提升你的层次。

没摸清对方情况就进攻等于作死

一位电话销售员打电话到一家房地产公司推销地板，接电话的是采购经理的秘书："您好，请问赵经理在吗？"

经理秘书一愣，然后说道："您打错电话了吧，我们这里没有姓赵的经理？"

这位推销员不好意思地说："打扰了，我是××木地板公司的推销员，我想找你们公司负责采购的经理。实在不好意思，我原来和他接触过，但一时想不起他姓什么了。"

经理秘书说："我们经理现在外地出差，对不起，你改天再打电话吧！"

推销员想了想然后说："没关系的，你们经理肯定会对我们公司的地板有兴趣的，您能把经理的电子邮箱告诉我吗？我把相关资料发给他，或者把您的告诉我也行，我发给您，您帮我转交给他。"

秘书连忙说："不用了，我们最近还不需要这个东西。"

在上面的例子中，这位电话销售员之所以被拒之门外，一个很重要的原因是对客户所知甚少，没有准确地掌握到客户的相关资料：不知道客户姓什么，不知道客户正在出差，而且也不善于从这次电话沟通中去多了解信息，如向秘书询问采购经理什么时候回来，怎么称呼等。所以，这注定是一次失败的电话营销。

有句话说得好："避免万一失手，胜过百发百中"。在战场上，最忌讳的是在不了解敌方的情况下就贸然发动进攻，因为这样往往会凶多吉少。所以，当你对客户没有把握时，最好先按兵不动。按兵不动不是无所事事，而是蓄势待发，因为在此期间，你必须花费精力去调查，去分析客户的背景，想办法尽可能多地掌握对方的相关资料。

可以说，全面、准确地搜集客户资料，能让你的销售事半功倍。因为当你已经掌握了事情的火候时，要煎要烤就"随你所欲"了。很多销售员总是抱着试试看的态度来进行销售，在自己都觉得七上八下的时候开始，显然效率很低，而且这样做也让人很反感，因为没有人愿意吃不生不熟、难以下咽的东西，你的客户更不愿意在你不了解他的情况之下被问及有关他们公司的情况，他们甚至会觉得这是在浪费他们的时间，打扰他们的私人空间。当然，对于你来说，就是白白流失了一个潜在客户。

所谓"工欲善其事，必先利其器"，在销售前你的正确的做法是，能在网上查找到的客户资料一定要认真阅读，当然，有必要的话最好用笔记下来，这对于你以后整理客户资料十分有用处。当你对客户有所了解后再进行销售，才能做到有的放矢。在网上查不到的客户，看能不能通过传统渠道获得相关资料，如果还不能，你就要有准备地打一次试探电话，最好能预设几个问题，以便与客户沟通。

下面我们来看看日本保险界的推销冠军是怎样搜集客户资料的。

作为日本保险界的推销冠军，原一平在搜集目标客户的相关信息时可谓是煞费苦心。现在我们来看看，他是如何仅仅通过一个车牌号码就搜集到关于车主人的大量翔实资料的。

有一次，原一平搭车出去办事，在一个红灯处看到前面一辆豪华轿车里坐着一位头发灰白但很有气派的绅士。根据以往的经验，原一平断定这位绅士必是一位非常成功的人士。他决定把保险卖给他。而他要做的第一步就是掌握这位车主人的详细资料。

首先，他根据该车的车牌号码，打电话到监理所了解到这辆豪华轿车所属的公司，然后直接打电话到该公司了解到车主人的姓名和职位，原来那位气派的绅士就是那家公司的董事长。

其次，他通过手边常备的名人录、公司名录详细了解了该董事长的出生地、学习经历、个人兴趣，公司的规模、营业项目、经营状况以及该董事长的住宅地址，并获得了该董事长经常参加一个同乡会的重要信息。

再次，他打电话到那个同乡会的举办单位，详细了解到该同乡会的举办时间和该董事长的为人处世风格等很多宝贵的资料。

最后，原一平坐车到这位董事长的住宅附近，从外面仔细观察了他的住房状况，然后又到附近的菜市场了解到他的饮食习惯等信息。

经过以上四次资料搜集，原一平对这位董事长的基本情况可谓是了如指掌，最后，就在那个同乡会举办时，原一平"偶遇"了这位董事长。

其实，电话销售人员如果能够拿出原一平一半的热情来搜集相关负责人的资料，在当今的条件下，他就没有什么办不到的事情了。当然，现在电话销售人员和原一平所处的时代不一样，方法自然也不一样了。

不过总体来说，有些还是一样的，那就是对客户的基本资料的了解。一般来说，电话销售人员在与相关负责人联系之前，一定要对各位负责人的基本资料有所了解，包括了解他们的姓名、职位、性别、年龄、婚否、籍贯、身高、工作性质等，也包括了解其所在公司的核心业务、所经营的产品、开展业务的方式、产品销售的主要渠道、目前销售状况等，知道得越详细越好。

汽车销售大王乔·吉拉德说，所有客户的资料都可以帮助你接近顾客，使你能够有效地跟随顾客谈论他们感兴趣的话题。有了这些材料，你就会知道他们喜欢什么、不喜欢什么，你可以让他们高谈阔论、兴高采烈、手舞足蹈——只要你有办法使顾客心情舒畅，他们就不会让你大失所望。

专家点拨

在销售之前，如果你对顾客的信息一无所知，你说出的话就是无的放矢，甚至会起到相反的效果。

一个优秀的销售员，在推销之前，总会尽可能地掌握客户的一手资料，决不让自己做一只肚子里没草的羊。

"排练"好心态才能一炮打响

从前，有一个秀才进京赶考，投宿在一家旅店。在考试的前一天晚上，他连续做了两个梦，第一个梦是一位个子瘦小的女子，出现在秀才的房门口，第二个梦是一条红色的鱼从鱼缸里跳出来从门口逃走了。秀才醒了以后，赶紧找算命先生为自己解梦。算命先生说："梦见瘦小女子，说明你将要遇见小人，这个小人不但会阻挠你高中，还会谋害你的性命。而第二个梦呢，鱼是财的意思，鱼从鱼缸里逃走，则说明你最近将要破财。"秀才听了算命先生的解释之后，心情一下子跌入万丈深渊，于是决定放弃这次考试，卷起行李走人。

就在秀才准备离开京城的时候，店主走进了秀才的房间。秀才把自己的苦恼向店主说了一遍，店主听了哈哈大笑起来，他说："年轻人，祝贺你啊，你要高中了！"秀才听得一头雾水，问道："何以见得呢？"店主说："自古女子被人称为'千金'，你这是将有贵人相助。梦见鱼跳出鱼缸，夺门而逃，这是鲤鱼跳龙门的意思啊，说明你要高中。"秀才一听高兴极了，放下行李，全身心地投入到这次考试之中。最后，这位秀才果真榜上有名。

算命先生对梦的悲观解释，让秀才一下子丧失了考试的信心，寒窗苦读的努力也从此荒废。而店主对梦的积极乐观的解释，则让秀才一下子对这次考试充满信心，认为这个梦是自己将要功成名就的预示，也正是因为店主给了秀才一粒积极乐观的定心丸，所以在这次考试中得以高中。

在销售工作中，一个人的心态决定着他销售业绩的好坏。我们都知道销售人员之间流行着这样一句话："乐观的人像太阳，照到哪里哪里亮；消极的人像月亮，初一、十五不一样。"当一个销售员带着消极的情绪工作的时候，常常使那些本来有希望购买的顾客变成"炮灰"，而积极乐观的情绪则可以让你的业绩越做越好。我们可以来看看下面的这个例子。

王建是山东朱氏药业集团一名经验丰富的销售员，他干这项工作已经十多年了，很多新人向他请教销售的经验，他都只给人讲一句话："学会一笑了之"。简简单单6个字，却是他多年工作经验的心得，它的分量有多重，只有他自己心里清楚。

王建一开始做销售时，对什么事情都很难释怀，客户一个冷漠的眼神，一句冰冷的话语，一次失败的推销都会让他长久地沉浸在痛苦中无法自拔，从而让自己的心理压力很大，导致销售成绩一直平平，没有任何起色。他工作比别人努力，可是销售成绩却远远落后别人，他不知道问题到底出在哪儿，所以整天郁郁寡欢、闷闷不乐。

曾经有一次，王建去向一位客户推销公司的医用水凝胶眼贴，敲了好几次，门终于开了，可是他还没有开口说话，客户就不耐烦地说："你是谁啊？大清早的一直敲什么敲？"客户的态度让王建心里很不舒服，可是他还是继续说："哦，真对不起，我只是想问一下，你需要水凝胶眼贴吗？"客户一听，就说："推销的都是骗子，我不买，你赶快走吧！"说完"砰"的一声，就把门关上了。王建站在门外，突然觉得非常气愤，于是又敲门，客户开门后说："不是说不买吗？还敲门干吗？现在的人为了赚钱真是没脸没皮的。"王建生气地说："你不买就不买吧！干吗说话那么难听？真没教养。"客户也生气地说："你说谁没教养？"王建说："就说你。"结果两个人吵了起来。

回去后，王建还余气未消，于是就向同事说起这件事。一边说还一边骂那位客户。同事听完后说："你这样生气有什么用呢？反而失去了一个客户。"王建吃惊地说："那你碰到这件事会怎么做？"同事笑道："一笑了之嘛，多大点事啊！也值得你这样。做推销员的，这种事情是经常会碰到的，如果你的心放不开，那你就不要做销售。你这样不但失去一个潜在的客户，而且也让自己心情不好，增加了心理压力，何必呢？"

同事的一番话犹如醍醐灌顶一样，突然让王建想通了，自己以前之所以销售成绩一直不好，就是因为自己对什么事情都想不开，放不下，一直耿耿于怀、斤斤计较，应该学会一笑了之。这样既能让自己的心情永远愉快，遗忘那些不开心的事情，同时又容易获得顾客的好感，毕竟"伸手不打笑脸人"。如果你对客户微笑，他也不好意思再对你态度冷漠，这样也许就会换回一个客户。当王建这样做之后，他的销售成绩果然开始一路飙升。公司进行业绩评定时，把他评为"最优秀的销售员"。

在销售之前，先"排练"自己的心态，这是一种提高销售业绩的绝佳窍门。但是很多的销售新手，总是在还未"排练"好心态之前，就匆忙上阵，最后造成了"出师未捷身先死"的结局。

乔·吉拉德说："当我微笑的时候全世界都在对我微笑，所以我每天都要微笑着面对整个世界。"现实也是一样，积极的人总是在忧患中看到机会，而消极的人却总是在机会中担心忧患。

世界上没有哪一个销售员不是在遭受无数的拒绝之后才开始成功的。有很多的销售员心态不好，一旦连续几次遭到顾客的拒绝，就变得心灰意懒，一见到客户就心里发慌，从而对销售产生畏惧感。而一个心态积极的人，即使面对客户拒绝的时候，也会微笑着感谢他，并乐观地认为客户的拒绝让自己离成功更近了一步。他们始终相信，失败是成功之母，没有失败就永远不会成功！

干销售这一行，你就应该明白，销售不可能一蹴而就，更不可能一夜暴富。销售需要你具有胜不骄败不馁的精神，需要你脚踏实地一步一个脚印地赢得客户的心。在销售的过程中，无论你成交的是大单还是小单，都应该认真对待，只要你今天能够成交一个10元的小单，明天就可能迎来一笔 10 万元的大单。让自己具备积极乐观的心态，这是每一个销售人员都需要必备的素质，它会让你在销售生涯中，一路走向成功！

中国有句古话"磨刀不误砍柴工"，说的就是积极准备的重要性。在做好物质准备时，同时也要做好心态上的准备。对销售员来说，尤其是新手销售员心态特别重要，心态好，才能应对激烈的商场竞争，从而一炮打响。

专家点拨

真正成为销售高手的人，并不是因为他们的能力有多强，而是因为他们能够控制自己的情绪，每天都以积极的心态来面对工作、面对顾客，自然就获得了更多的订单。作为销售人员，如果没有一个好的心态，就算你的能力再强，也很难取得满意的业绩。

想让别人相信你，自己心里别打鼓

石油大王洛克菲勒说过一句这样的话："即使你们把我身上的衣服剥得精光，然后把我扔在撒哈拉沙漠的中心地带，但只要有两个条件——给我一点时间，并且让一支商队从我身边路过，那要不了多久，我就会成为一个新的百万富翁！"也许你不觉得什么，可正是这强大的信心让洛克菲勒走向了成功。其实，这种信心和气魄是每个人都需要的，尤其是从事销售的你。因为，在销售过程中你会面对一次次的拒绝和失败，如果你没有信心，结果只能为零。

如果你信心不足，那么，你的客户就会退缩，因为连你都没有信心进行交易，客户的信心又从何而来？在销售过程中，你只有先让自己充满信心，把自己的状态调到像 100℃水那样沸腾，才能感染你的客户，可是很多销售者只有 50℃的热情，而这 50℃的热情能传递给客户的只有 30℃，30℃的水只有在低压情况下才能沸腾。可是，生活在青藏高原的人太少了，大多数都是沸腾不起来的。当你推销时，你发现客户甚至毫无感觉，这是多么可悲的事。在这种情况下，你怎样让对你没有感觉的客户相信你的产品和服务？你的信心不足，就算是再"坚强"的客户也会被你吓跑。

山东朱氏药业集团的销售经理刘涛现在已经是商界很有名气的成功人士。在一次新产品发布会上，他说起了十几年前自己刚刚从事销售工作的那段经历。那时候他还是一个在校的大学生，利用假期到一家鞋店打工。

他打工的鞋店有两种运动鞋，一种是进价35元的，一种是进价60元的，老板给这两种鞋的最低定价分别是60元和80元。只有卖到这个价格才能有点利润可赚。刘涛第一天上班时，他的老板因为有事临时出去了，在这期间来了一位顾客，选了一双运动鞋，付过60元之后，拿着那双鞋离开。

刘涛做成了一单生意，很开心。他去整理货架时，看到了货架背面的标价，发现客户买走的那双鞋放的位子下面标着80元，不好，那双鞋卖得赔钱了！刘涛他担心自己会为此丢掉这份来之不易的工作，他迅速跑出去，追上那位顾客说："先生，实在对不起！我刚才把价格看错了，您手上拿的这双鞋，进价就要60元，另外还有运费和房租，所以我不能按60元的价格卖给您。"

客户听后非常生气："你怎么这样呢，我已经付过钱了，这双鞋就是我的了。"

刘涛坚持说："真的非常对不起，今天是我第一天上班，把价格记错了，如果我按60元卖给您，我的工作可能就没了。"

顾客看刘涛满脸窘迫的样子，于是确定他确实是把价格搞错了，他终于又加了20元钱。当老板回来以后，刘涛告诉老板卖出去一双进价60元的鞋，老板却说，那一双进价35元。原来，是刘涛自己搞错了。

后来，刘涛分析了当时的情况，为什么自己把进价便宜的鞋说成是进价贵的，并得到客户的认可？正是因为自己坚定的信心让客户相信，这是一款进价很高的鞋。于是成功地把一双进价低的鞋卖出了高的价格。

不光是刘涛一个，以这种方式成功销售的案例很多。正是因为他们对自己产品质量的自信，让他们成功地把产品卖给了顾客。

有一天，一个推销山东朱氏药业集团面膜的销售员进了一家公司，十几个女同事纷纷对这位推销员进行询问，推销员一一作答，并且在几个女同事的手上做了试验。但是没有一个人主动购买，其中有一个性格刁蛮的女同事对推销员说："现在很多化妆品都说自己是纯植物的，结果还不是添加了很多化学成分，用完了就会产生副作用。你说自己的面膜是纯植物的，谁知道你是不是在欺骗我们呢，你们说是不是呀？姐妹们！"这个女同事的一番话，提醒了其他的人，她们也跟着说："是呀，是呀，谁知道你的面膜会不会对皮肤有伤害啊？"

销售员听到这些，马上拿出一瓶面膜，挤了一些放在嘴里吃起来，一边吃一边笑着说："我早说过了，绝对是纯植物的，如果不是纯植物，我怎么敢吃进肚子里呢？我不可能为了赚一点点销售业绩而不要命吧！"

这时，所有的女同事都深信山东朱氏药业集团的这款面膜是纯植物面膜，不再担心面膜会产生什么副作用。

先不说销售员推销的面膜是不是真正的纯植物面膜，但是她的推销技巧不得不让人佩服，她用"吃面膜"这个关键的行为，赢得了在场所有客户的信任。而销售员之所以敢"吃面膜"，正是因为她对自己产品的质量深信不疑。如果她都对面膜的成分产生怀疑，那么客户更会怀疑她所推销的面膜没有质量保证。

销售员在销售之前，一定要相信自己的企业是最好的，如果连你自己都不相信自己的产品，就没有办法让顾客相信，你也就不可能成功地把产品推销给顾客。很多时候，客户并不真正地了解你推销的产品，能不能成交仅仅凭一种感觉，顾客是否购买你的产品，决定于你对自己产品的信心。如果有顾客问你的产品质量是否有保证，你模棱两可地告诉顾客："这个嘛，我也不是很清楚。"客户听到这话百分之百会立即打消购买念头。而一个优秀的销售员面对同样的提问时，肯定会斩钉截铁地对客户说："我们产品的质量绝对有保证，您就放心使用好了！"听到销售员这样的话，客户的心也就踏实了很多。

当你手中拿着一块石头，坚定地对顾客说："我手中拿的是一块金子。"只要你让自己足够相信，顾客也会把石头当作金子，这就是对产品自信的魅力。如果连销售员自己都不相信自己的产品，你就没有办法让客户相信，从而让自己一次次与成功交易的机会失之交臂。而一个优秀的销售员，一定能够做到让客户相信自己的产品之前，要自己先相信。

专家点拨

当你进行销售而自己却没有信心时，不要与客户沟通，因为此时你面对的唯一结果就是失败。即使你的客户十分需要你的产品，也会因为你的不自信而寻找别的同类型产品。

不但要自己保持充分的自信，还要通过自己的声音与言辞激发起客户对于彼此合作的信心，做到这一点是赢得合作的关键。

要对自己的公司充满信心，相信公司是一家有远大前途的公司、负责任的公司，公司能够为客户提供优质的产品与服务。

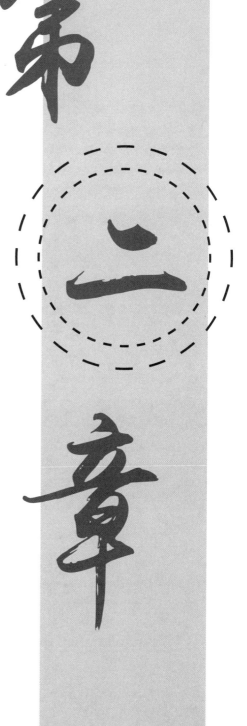

第二章

开头不再难，约谈客户获取其信任

销售行业中流传着一句名言：一次销售的成败决定于初次见面的两分钟之内。可见与客户初次见面多么重要，它是推销准备过程的延伸，又是实质性接触客户的开始，往往决定了你推销的成功与否。只有给客户留下完美的第一印象、获取客户信任，此后的销售才会事半功倍。

怎么约才能见到客户你知道吗

约见是指销售人员与客户协商确定访问对象、访问事由、访问时间和访问地点的过程。在销售过程中，约见客户是一个非常重要的环节，它是推销准备过程的延伸，又是实质性接触客户的开始，它往往决定了你推销的成功与否。要成功约见客户，首先要遵循以下四个原则：

1. 确定访问对象的原则

销售人员必须搞清楚约见的对象到底是谁，其间要注意以下两点：

（1）应尽量设法直接约见客户的购买决策人。

（2）应尊重接待人员。为了能顺利地约见预定对象，必须取得接待人员的支持与合作。

2. 确定访问事由的原则

任何推销访问的最终目的都是为了销售产品，但为了使客户易于接受，销售人员应仔细考虑每次访问的理由。

3. 确定访问时间原则

约见客户一般有两种约定时间，一种是自己所决定的访问时间，另一种则是客户决定的访问时间。一般情况下尽量为客户着想，最好由客户来确定时间。一旦与客户约定了见面的时间后，要注意守时，如果不能很好地把握这一点，那么你就会因此失去一次销售机会。

马先生想买一台计算机，和推销员约好下午两点半在这位推销员的办公室面谈。马先生是准点到达的，而那位推销员却在20分钟之后才满头大汗地走了进来，"对不起，我来晚了。"他说，"我们现在开始吧。"

"你知道，如果你是到我的办公室做推销，即使迟到了，我也不会生气，因为我完全可以利用这段时间干我自己的事。但是，我是到你这儿来照顾你的生意，你却迟到了，这是不能原谅的。"马先生直言不讳地说。

"我很抱歉，我正在餐馆吃午饭，那儿的服务太慢了。"

"我不能接受你的道歉，"马先生说，"既然你和客户约好了时间，当你意识到可能迟到时，你应该抛开午餐赶来赴约。是你的客户，而不是你的胃口应该得到优先照顾。”

尽管那种计算机很好，他也毫无办法推销成功，因为他激怒了客户。

守时也不是说准时就可以了，最理想的是提早 10 分钟到达。比预定的时间早点前去，可以获得缓冲的余地。

4. 确定访问地点的原则

与顾客约定在什么场合见面，总的还是要以顾客的意见和方便为主。除了工作场所和顾客家里以外，在公共场所约见也是可行的，比如茶馆、酒吧、咖啡馆等，以安静和便于谈话交流为宜，环境越雅致越好。有的顾客喜欢选择热闹的地方，我们可以把它作为礼节性的联络场所，能避免的还是应尽量避免。此外，需要提醒的是，约见地点的安全问题也是销售人员应予重视的，必要的警惕性还是应该有的。

约见是推销人员与客户进行交往和联系的过程，也是信息沟通的过程。常用的约见方法有以下几种：

1. 电话约见法

在电话约访的过程中，客户通常都会在电话中一而再、再而三地拒绝见面。这时你要如何去应对，才能既不伤及对方的面子，又能把话题继续下去呢？其实，你只要按以下的方法去讲，就会很容易地达到面谈的目的。

第一步，要肯定对方的回绝。

第二步，一定要提到推荐人。

第三步，赞美对方。

第四步，将谈话拉回主题。

第五步，抛出一个选择问句，让对方做出抉择。

下面结合实例，让大家体会这种讲话模式的威力。

（1）当客户说：“我没时间！”

应对策略：“把您介绍给我的张大哥已经和我提过，您事业做得很大，我也知道成功人士的时间都是很宝贵的，我很怕您在百忙之中难以抽出时间来见面。所以，在拜访您之前一定要给您打个电话，您放心我会很理解您的，我会很珍惜您的时间。我一定不超过三分钟，而且，我相信您给我的这三分钟是绝对值得的。”

（2）客户说：“我现在没空！”

应对策略：“陈先生，您只给我一个 25 分钟，可是我却可以用我们的技术每天帮您多节省几倍的时间、节省几倍的开支。这一个 25 分钟可以换回上万个 25 分钟给您，磨刀不误砍柴工啊，您说不是吗？您如果不方便，我可以到贵公司，简单地陪您喝杯咖啡聊一下。"

（3）客户："我没兴趣。"

应对策略："对于您没有了解过的事物，难免您会没有兴趣。但如果真的是没有价值的东西，我也不会浪费时间来向人介绍的。您听我给您介绍一下，如果不感兴趣我绝不再打扰您。您觉得周几合适我可以拜访您呢？"

（4）客户："说来说去，你就是要营销东西吗？"

应对策略："我是要销售东西给您，但这件东西其实就是我不销售给您，您自己也是需要去买的，我这给您介绍清楚了，就节省了您自己去了解的麻烦和时间的成本。我也是给您提供一些方便。您看下周哪天比较合适我可以拜访您。"

（5）客户："我再考虑考虑，下星期给你电话！"

应对策略："欢迎您来电，但为了让您更简单方便一些，我星期三下午晚一点的时候给您打电话，还是您觉得星期四上午比较好？"

（6）客户："我要先跟我太太商量一下！"

应对策略："好，那很好，方便的话约您的太太一起来谈。您看周末怎么样？或者下周的周三。"

2. 信函约见法

信函是比电话更为有效的媒体。虽然伴随时代的进步而出现了许多新的传递媒体，但多数人始终认为信函比电话显得尊重他人一些。因此，使用信函来约会访问，所受的拒绝比电话要少。

巴罗最成功的"客户扩增法"的有效途径是直接通信，他曾经讲述了自己的一段经历：

"一段时间，我苦恼极了，我的客户资源几乎用光了，我无事可做。我眼巴巴地望着窗外匆匆的行人，难道我能冲出去，拉住他们听我讲保险的意义吗？不，那样显然是不恰当的，他们会以为我疯了。

"我百无聊赖地翻看着报纸杂志，看到许多人因种种缘故登在报纸杂志上的地址，我突然灵机一动，何不按地址给他们写信，在信上陈述要比当面陈述容易得多。我马上行动起来，用打字机打印了一份措辞优美的信，然后复印成许多份，写上不同人的名字，依次寄出；寄走后，我的心忐忑不安，不知客户们看了有何感想。几个星期后，令我兴奋的是，有几个客户给我写了回信，表示愿意参保。这件事对我鼓舞很大，于是，我决定趁热打铁，对于没有回信的直接拜访。不曾想，效果特别好，会谈时，他们不再询问我有关寿险的知识，因为信上已写过，而询问的是参加寿险有什么好处，有何保障等实际操作之类的问题。

"在我寄出的第一批准客户名单中，后来成交率在30%左右，这远比我用其他方法所获得的成功率高得多。"

销售人员在进行书信约见时，要注意以下问题：

（1）文辞恳切。利用书信的形式约见顾客，对方能否接受预约，既要看顾客的购买需求，也要看销售人员是否诚恳待人。一封言辞恳切的信函，往往能博得顾客的信任与好感，也使对方同意与你见面的机会大大增加。

（2）简单明了。销售人员用书信与顾客约见时，应尽可能做到言简意赅，只要将预约的时间、地点和理由向对方说清楚即可，切不可长篇大论。

（3）投其所好。约见书信必须以说服顾客为中心内容，投其所好，供其所需，以顾客的利益为主线劝说对方接受约见要求。如销售人员想用"物美价廉"四字激发某果品公司采购员的购买欲望，在约见书信中不妨写上"汁多味甜，色艳爽口，每公斤2元"一段话更好。前者虽用词简练，但过于抽象；后者具体而翔实，给人一种形象感。

3．电子战约见法

利用电子战，发E-mail，发短信，刷、刷、刷……群发，一秒钟可发几百上千个单位。现在有这样的公司，专门为搞业务的发E-mail，发短信，省时省钱，效率高。市场上也有群发的软件卖，几百元钱就能买到。

专家点拨

约见客户时，要保持适当的语速，语气要柔和，让人有轻松的感觉。不要使用任何带有说教色彩的言辞和语气，影响到客户的情绪，使客户反感。

扎准穴位直接找到决策者说话

新手推销员最常问的问题是："我到一家公司，应该先找谁呢？"答案是："找老板"。

销售员可能又会问："如果被门卫挡在门口，该怎么办？"答案是："说出这个公司老板的名字，说自己是来找老板的。"

当推销员进了公司大楼，被前台问有什么事的时候，怎么办呢？答案是："就说自己找老板。"

推销员又问："那要不要说明来意，或者把手上的产品直接跟前台介绍一下呢？"答案是："千万不要。"

一个聪明销售员会直接找老板说话，而不会把自己的时间浪费在员工身上。你应该明白，一个普通的员工，他不可能知道公司需不需要这方面的产品，很多前台为了不给自己增添不必要的麻烦，总是直接拒绝你说："不需要"。

如果一个推销员被前台直接拒绝了，再想来这个公司推销就会很难。倒不如直接告诉前台说："我是来找你们某总的，我跟他有事情要谈。"这样的话，前台还以为你跟老板是很熟的朋友。当然，在这样说之前，最好跟这个公司的老板在电话里预约一下，不过有些高明的推销员，在没有预约的情况下，也能够以一个不速之客的身份，走进客户的办公室，顺利地让客户签单。

直接找老板说话，就相当于中医针灸中，把针直接扎进穴位里。如果扎不准穴位，就会浪费很多的时间和精力，最后仍然不能够达到理想效果。

你可能经常听到一些销售人员这样的抱怨：

"我的一个客户是我努力争取过来的，他最终被我说服，他说他喜欢我的产品，并觉得要买这种产品，并大致预定了数量，但他说他要争取上级领导的同意。谁知道过了几天后，他却打电话告诉我说领导不同意买这种产品，只好作罢。"

"我挨家挨户地推销化妆品，这次遇到一个挑剔的夫人，她尝试了几种产品的性能，并询问了很多问题，我耐心地一一给她解答。可就在她最终决定掏钱买的时候，她丈夫回来了，一句不同意，把我所有的努力都化为乌有了。"

出现这样的问题都是因为销售人员没有遇到有决策权的人，把时间浪费在了"门卫"身上。

对于这些交易的失败，销售人员的痛苦和失望是可以理解的，他们付出了巨大的努力却没有得到应得的回报。但这不是说他们做错了事，只是他们做得还不够，他们没有真正打动那些最终拿主意的人。

老板是一个公司的决策者，找到他，并直接说明来意，然后开始运用自己的三寸不烂之舌推销自己的商品，买不买就看老板的一句话。如果老板真的需要你的产品，他不需要向任何人请示，就可以直接签单成交。而如果你找到的是一个部门经理或是其他什么不做主的人，就需要经过领导部门的一道道审批签字，耗费的时间少则几天，多则一两个月甚至要大半年的时间。事情不能拖，越拖越没人管。俗话说"夜长梦多"，拖的时间越久，成功交易的概率也就越低。直接找老板销售，就省去了很多不必要的流程。

销售员："刘总，您好！不好意思打扰您了！我是某某，我是在网站上与您的销售员进行交流的时候，觉得您的公司能培养出那样高素养的员工一定是个积极向上的公司。但在交流中，我发现他们对如何有效运用销售技巧还存在一些困惑。所以，今天我打电话来的目的是告诉您一个可以提升员工销售技巧的网站，您看我怎么把网址给您呢？"

刘总："是什么网站？"

销售员："某某网站，这是目前国内最专业、最权威的网站，里面有很多关于企业管理和行销理念的信息交流，而且一些知名销售专家也经常做一些线上讲座，我相信对您及公司一定有帮助。"

刘总："好，一会儿你发到我的邮箱里吧，对了，你是与我们公司哪位销售员进行沟通的呢？"

销售员："哎哟，刘总您这个问题可真是难倒我了，网络上大家使用的都是网名，一般不太方便询问对方姓名，不过，这也不重要，对吧？刘总，我希望您看过这个网站后，如果觉得好，请推荐给您的销售员。"

刘总："好，你发到我信箱里吧，信箱是某某。"

销售员："我马上就发，刘总，您看您还需要些什么这方面的资料吗？

我可以提供给您！"

刘总："不用了，谢谢！"

销售员："好，那谢谢您了，刘总，祝您工作顺利！再见！"

直接找老板推销还有一个好处，就是可以让推销员快速提升自己。向老板推销的氛围绝对与向员工推销的氛围不一样，你可以在推销过程中向那些成功的老板学到很多为人处世的道理，学习成功人士的气质，为以后在工作和生活中变得更加成熟打下良好的基础。

有的销售员可能会问："很多时候，我们并不知道这家公司的底细，这个时候，怎么样才能直接找到老板呢？"找到老板的方法很多，要靠销售员平时在推销过程的经验积累。下面列出几条经验，供大家借鉴。

在和老板面谈之前，你要先搜索和老板有关的资料，否则很难找到老板。比如，你可以到公司大黄页上寻找自己的目标客户，大部分图书馆里都有很多大黄页的书。你也可以浏览各大公司的招聘广告、招聘网站等。还可以通过网络关键字搜索，如阿里巴巴等网站，可以查到很多客户的名单，以及各大公司老板的联系电话和姓名。有了这些信息资料，你就可以在登门拜访之前，给公司老板打一个预约电话。预约成功，你就可以按时赴约。万一预约不成功，你也可以直接"杀"将过去。

在这里，也教你几招过门卫这一关的方法，经过门岗的时候你可以装作是公司里的员工，不要心虚，不要东张西望。这样你就可以轻松地进入企业的大楼。否则的话，门卫一眼就看出你是来推销的，他会以各种理由阻拦你。

如果门卫已经开始怀疑你，他在后面叫你的时候，你就装作没有听见，继续往前走，目不斜视。大多数情况他们叫不住你就算了。假如他们追上来盘问你，前面已经讲过，你就要说自己是公司老板的朋友，跟老板约好的。这时候，门卫一般不会再为难你了，你就可以畅通无阻地走进老板的办公室。

人们常说"心急吃不了热豆腐"，搞销售是一种循序渐进、慢工出细活的事情，然而很多顶级的销售员是不按常规出牌的，他们总能出奇制胜，用别人想不到的方法进行推销，从而让自己脱颖而出，成为一流的销售人员。总之，成功的方法千万种，就看你行动不行动！

专家点拨

　　约见客户时，产品资料是必须要带的，最好是公司统一设计和印刷的，以免不同的业务人员进行不一致的介绍，随身的提包里至少还要有彩色样本、小计算器、记录本、光盘、草稿纸等。有条件的业务人员最好配备一台笔记本电脑，这会给你的演示带来很大的方便，无形中还会提升你的层次。

拜访客户一定要找到好的时机

　　请听下面一个工作人员的叙述：

　　"在上个星期一的早晨，我们刚上班，正在开例行会议，安排本周的工作计划和布置重点工作，有人敲门，原来是一家文具用品公司的人上门推销。'对不起，我是某某文化用品公司的……'没等对方说完，我们中就有人不耐烦地说：'你没看见我们正在开会吗？'

　　对方一看我们都没有笑脸便悻悻地走了。被他这一打扰，我都不记得我说到哪里了，心里对这位不速之客更反感了。"

　　可见，拜访客户需要选择好最佳时机。下面我们再看一则推销故事。

　　有这样一位销售人员，她每天一大清早就守在目标客户们上班的必经路口，总是拦住每一个从她面前走过的上班的人，塞一份产品介绍。当我每次被她拉住的时候，我心里就觉得可笑，为什么？因为现在是上班时间，大家都要赶着去打卡，迟到一分钟都要罚款，谁有心思来看你的产品介绍？

　　从以上的两个推销实例可以看出，销售人员拜访客户一定要利用好的时机，否则会适得其反。就上面这两个例子来说，这两个销售人员根本就没有动脑筋想一想什么是好的时机。

　　很多时候，销售人员之所以在拜访的过程当中还没等切入正题就被客户拒之门外，并不是因为销售人员的热情不高、沟通技巧不过关，而是因为没有选择恰当的沟通时间去。如果在不适当的时间拜访客户，客户很可能会认为自己受到了打扰。比如，当客户正忙得不可开交时，或者正赶上客户情绪低落的时候，这时销售人员贸然拜访，通常都不会达到预期的沟通效果。

不妨在不宜出行的天气拜访那些平时比较忙碌的客户，比如雨雪天气。这样的话，客户在这种天气可能会有更充裕的时间与我们进行沟通，但要特别注意，一定要提前准备好鞋套或换上自备的拖鞋，千万不要把客户家或办公室的地板弄脏。

在上午 11 点钟的时候，山东朱氏药业集团的销售人员去拜访一位医药公司的采购人员，虽然这位销售人员拜访之前对自己的开场白和相关的产品知识都做了非常充分的准备，但是在自己刚一开口说话的时候，他就发现气氛不对。

销售人员："您好，能否打扰您一下，我是山东朱氏药业集团的销售代表，我们公司最近要推出一项新产品，在新产品推向市场之前想要针对本行业内的优秀企业作一次市场调查，只要占用您一点点时间就够了，您不介意吧？"

客户："当然介意！你不知道我正忙着吗？真是的，刚才经理还打电话来催，怪我没有尽快办好这件事，我没有时间！"

销售人员："那么，请问您什么时候有时间？到时候我再过来？"

客户："不知道！我不知道自己什么时候有时间！我的工作很忙，任何时候都没有时间，你以后再也不要来打扰我了，好吗？"

虽然客户嘴里说的是"好吗"，但语气却是十分强硬的，而且在客户刚一说完"吗"字的时候，这位销售人员就听到了"啪"的一声——客户使劲关门的声音。

这位销售人员当然不会因此而放弃，他想也许自己拜访的时机不对，这个时候客户可能正有一堆需要迫切处理的事情摆在面前，于是，销售人员决定等到下午 5 点钟以后，客户手中的问题处理得差不多了、一天的工作将要结束的时候再进行拜访。

下午的时候，天上忽然下起了大雨，路上积水很多，很少有人出门了。5 点钟刚过，销售人员又冒雨敲开了那位客户的门。当销售人员再一次报上自己的姓名及公司名称的时候，还没等他说明自己上午来过一次，客户已经想起并说道："哦，山东朱氏药业集团，我想起来了，上午你找我想做一次社会调查是吗？不好意思，当时我非常忙，确实没有时间。没想到下着雨你还过来了，快请进。"紧接着，这位销售人员便说："其实是我应该向您道歉，是我拜访的时间选的不对，我应该想到那时候您手头正有一大堆事情需要处理呢。是这样的，我们公司……"

在上面的案例当中，销售人员第一次拜访之所以遭到了客户毫不客气的拒绝，很大程度上就是因为他所选择的时机不对——当时正是客户工作最为繁忙的时候。在这种情形下拜访客户，无疑会引起客户的不满和不快。而幸运的是，这位销售人员很快就意识到了这一点，他没有在客户繁忙的工作时间继续拜访客户，而是耐心地等到客户一天的工作将要结束、又下着大雨的时候进行了第二次拜访，结果证明这一次他选择的时机是极为正确的。因为在这样的天气客户一般比较空闲，他们可能正坐在办公室里看着窗外瓢泼大雨发愣。如果这时候你去拜访客户，成交的概率就比较高。即使没有立即成交，你也有充分的时间与客户沟通，使客户尽可能多地了解你的产品，为下一次登门拜访打下基础。

所以说，选择一个客户比较有利的时机展开沟通，其成功的可能性要远远大于不适宜的沟通时间。如何选择恰当的沟通时间呢？销售人员必须在拜访客户之前就明确客户的具体时间安排，然后从中寻找出最适合自己展开拜访的有利时机。

如果客户星期日休息，那么周一就不宜去拜访。不只是周一，比如元旦、春节、"五一"劳动节和国庆节放假结束后的第一天上班时间，也不适合上门推销。因为大家都要处理一些内部事务，而且会议比较多。即使你业务紧急，也要尽量避开上午，最多也就是上午电话预约，下午再过去。还有，月末各公司都比较忙乱，除了催收货款，一般也不要拜访客户。

上午9点半之前，商场刚刚开门营业时，这时不宜拜访。因为刚上班或刚开门，都要做些当天的准备工作。在上午10点或10点半之间，商场开门营业一小时后去比较合适。如果不打算请对方吃饭，就不要在上午11点半之后去拜访新客户；即使是拜访老客户，最好自己在外面吃了饭，等到下午1点半以后再去拜访。但是，如果你想请一些关键人物吃饭，建立比较密切的关系那就另当别论。

在客户下班或要关门的时候，回去休息的时间马上就要到了，对方不可能好好坐下来与你细谈；如果你影响对方下班或关门，对方在心里多少会有些烦你。确实，作为销售人员有时就要像一块牛皮糖，能缠住客户，但在下班的时候你就不能脸皮太厚，老缠着人家不放。对方脾气再好，在这种情况下，他也会用三言两语把你打发走。

总之，拜访的目的在于彼此作充分的沟通。因此，选择最佳的拜访时机就显得十分重要。只有愚笨的销售人员才会以我为主，只顾自己的方便率性而为，置目标客户于不顾。聪明的销售人员总会选择最佳的拜访时机。

专家点拨

客户不愿多谈即将你轰到门外，应另找时间电话拜访，并检讨自己的表达方式或是时机不对。

当客户非常生气地说自己非常忙时，销售人员就不要继续没完没了地进行自己的推销活动了，而应该立刻表示真诚的道歉，并询问客户什么时候有时间。

下雨下雪天客户容易觉得有点疲倦，心情也较松懈，心里多多少少想找个人聊天。如果你在这个时候约他见面，即使他口头上说要考虑考虑，在心里也可能巴不得你快点过去。

最具魅力的开场白如何炼成

开场白，就是电话销售人员拿起电话时最初要对客户说的话，也是通过电话给对方留下的第一印象。最初的几句话非常关键，俗话说"好的开始是成功的一半"，如果电话销售人员能通过最初的几句谈话便深深吸引住自己的客户，那么，接下去的交谈就会变得非常轻松和愉快。

很多销售人员根据自己的销售经验提出，几乎在每天对客户进行电话访问或家庭拜访的时候都能遭遇到客户的"闭门羹"，只不过表现形式有所不同罢了。在这种现实情况面前，销售人员很有必要在开展电话营销之前就对客户的拒绝做好充分的准备，并根据自己的分析和判断设计好自己的开场白，尽可能地使自己在最初与客户进行电话营销的过程当中更多地赢得客户的好感，为自己今后能够更好地获取客户认同提供有利机会。

山东朱氏药业集团一位销售人员打电话给一位陌生的潜在客户："您好，我是山东朱氏药业集团的销售代表……"

客户："对不起，我们不接受任何形式的推销！"

销售人员："我昨天往贵公司送了一份我们公司的产品数据，不知道您看过没有？"

客户："我们没有必要看这些数据，请您尽快将它们拿走吧！"

销售人员："不好意思，我知道我的冒昧已经严重地打扰了您的工作，所以我十分感谢您花费时间接待我。"（切记：即使客户给予你的"接待"只是一味地拒绝，也要表示感谢！）

客户："不必感谢我，我没有为你做任何事情。"

销售人员："对您来说也许接待我只是举手之劳，但是对我来说却是莫大的荣幸，所以我必须要向您表达我对您的感谢与尊敬之情！我的名片就和我们的公司的产品数据放在一起，如果您有这方面的需要只要打个电话就可以了。不打扰您的工作，再见！"

客户："再见，以后有这方面的需要我会打电话与你联系的。"

通常情况下，当客户对上门拜访的销售人员进行了严厉的拒绝之后，如果销售人员表现得极为热情和宽容，客户反而会对自己此前的行为感到后悔，至少他们会因为自己对销售人员的"冒犯"而感到不好意思。在这种情形之下，那些经验丰富的销售人员往往会抓住机会趁热打铁，这样既有助于双方友好沟通氛围的形成，也有助于以后销售活动的顺利开展。如果上面案例中的销售人员在刚一听到客户的第一次拒绝时就消极放弃，那么这次电话就只能是一次非常失败的销售，但如果销售人员能够预想到客户的拒绝并提前设置一个热情的开场白，那么至少你可以为自己的下一次电话营销打好基础。

电话营销人员需要记住一点：开场白不是交易，它只是过渡到整个营销过程当中的一个小环节，这个环节虽然很小，但是因为它是整个营销活动的基础，开场白设计得好坏往往可以影响整个营销活动今后的走向。因此，很多营销专家都认为，开场白的设计非常重要，我们在此也提醒销售人员在开展电话营销的过程当中必须要在营销活动开展之前提前设计自己的开场白，并且要在平时多加练习。

在设计自己的开场白时，销售人员可以参考以下几种被很多销售专家证明都极为有效的形式：

1. 直截了当型开场白

销售人员可在电话当中直接对客户说：我是哪个公司的，来贵公司有什么事，就可以了。只要你连续打上几次电话，客户就会记住你了。

当然了，在每次打电话的时候，销售人员都要具有足够的礼貌与热情，并且要在初次电话拜访之后的每一个电话都巧妙地说明自己曾经来过电话，这样一来可以提醒客户你曾经多次打过电话，增加客户对你的印象，二来也可以令客户充分感受到你的韧性与诚心。比如下面的情景演示：

情景一（第一次电话拜访）：

销售人员："刘经理，您好！我是山东朱氏药业集团的××，我想找您商量一下今后合作的事情。"

客户："对不起，我最近工作很忙，您以后不要再打电话过来了！"

情景二（第二次电话拜访）：

销售人员："刘经理，您好！我是山东朱氏药业集团的××呀！您没有忘记我吧，我昨天上午和您联系过，您当时好像很忙，所以我就没敢多打扰。今天我想传真过去一份我们公司的产品数据，您可以看一下吗？"

客户："我们没有必要看这些数据，请您尽快将它们拿走吧！"

情景三（第三次电话拜访）：

销售人员："您好，刘经理！我是××，山东朱氏药业集团的，我们已经有过两次电话联系了，今天打电话是想问问您有关……"

2. 利益驱动型开场白

省钱和赚钱的方法相对来说较容易引起客户的兴趣，因此销售人员可以根据人们的这种容易受到利益驱动的特点去设计自己的开场白，如：

"张经理，我听说贵公司每年花在电能消耗上面的钱都是一大笔开支，今天我正是想告诉您可以有一种方式帮助贵公司节省一半电费……"

"周主任，我们的机器比您目前的机器速度快、耗电少、更精确，能降低您的生产成本。"

"刘厂长，您愿意每年在原材料进入方面节约10万元吗？"

3. 提及客户认识的介绍人

电话营销人员可以在自报家门之后马上告诉客户，是某人介绍你来找他的。这是一种迂回战术，因为每个人都有"不看僧面看佛面"的心理，所以，大多数人对亲友介绍来的推销员都会很客气。在提及客户认识的介绍人名字时，电话营销人员要尽可能地找那些影响力强的人物，比如在行业内比较知名的人物、与客户关系比较亲密的人物等。而且在提及介绍人的时候，电话营销人员还要注意自己说话的方式与分寸，切勿让客户产生你故意打出介绍人的旗号想要凌驾于客户之上的感觉。

总之，销售人员在提及客户认识的介绍人时，一方面要保证介绍人身份的准确，另一方面还要确保介绍人对客户的购买决策能够产生一定的影响力，同时还要始终保持必要的礼貌与热情，比如下面这些说法："何先生，您的大学老师孙波先生要我来找您，他认为您可能对我们的印刷机械感兴趣。"

"刘小姐，山东朱氏药业集团的王经理让我来找您，他说你们是特别要好的朋友.所以他想要把这种性能高效的产品介绍给您，他说您一定会对我们公司的产品和服务感到满意的，因为他觉得非常满意……"

在设计自己的开场白时，电话营销人员必须要注意，无论采取哪种形式的开场白，都必须要本着尊重、关爱客户的基本原则，要对客户充满热情与礼貌，采取合适的称呼。只有这样，才能既让客户对你产生良好的印象，又能够让客户感到被尊重与被关心，并能让客户有更充分的空间去进行选择。总而言之，设计一个好的开场白，这是电话营销过程当中的一项重要准备工作。好的开场白是成功的一半，销售人员一定要认真对待。

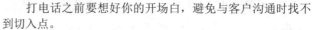

专家点拨

打电话之前要想好你的开场白，避免与客户沟通时找不到切入点。

在设计自己的开场白时，最好能让自己的措辞自然一点，不要拘泥于某种形式，这种轻松自然的方式往往会令客户感到放松，从而有效消除紧张感。

在自己的开场白中，不要直接询问客户买不买，要记住，这只是整个营销当中的一个过渡环节，但是这个环节却非常重要，如果从一开始你就令客户讨厌，那么接下来你将寸步难行。

记住：你的开场白可以新奇、有趣，但是还必须要体现出充分的尊重与礼貌，否则的话你就很难让客户继续与你交谈下去。

往往因为彼此太相似才会喜欢

心理学家经研究发现，人和人在说话时，如果在动作和讲话方式上彼此相似，也会产生更大的亲切感。

在一个心理实验中，研究人员要求被试者在与初次见面的人交谈后，回答对方给他们留下什么印象。与被测试者交谈的人是由专业人员担当的，被分为两组：一组与被测试者自由交谈，另一组则在交谈中故意模仿被测试者的动作、姿态、用词习惯以及讲话速度。

结果表明，采取第二种方式的，即故意模仿被测试者的专业人员，获得了更高的评价，而且被测试者完全没有意识到对方在模仿自己。

其实，在日常生活中，我们的确经常会受到这个规律的影响。

比如在饭店或茶馆里，凡是亲朋好友愉快地围坐在一起，大家的动作和讲话方式往往会比较一致：一个人突然停止讲话，把茶杯端到嘴边，这时另一个人也往往会停止讲话，伸手去拿茶杯；一个人用手去抚摸下巴，另一个人也会很自然地把手放在下巴上；本来两个人脸贴得很近，突然其中的一方打了个哈欠并把身体后仰，另一方也会抬起头来，把身体靠在椅子上。

这说明，关系比较亲近的人之间交谈时，比较容易保持相同的动作和说话方式。正是由于这个原理，成熟的销售员在跟客户谈话时，懂得在动作和讲话方式上尽量和客户保持一致。因为这会在无形中增加客户对销售员的好感和亲切感。

举例来说，由于地域或者习惯上的差异，不同的客户对同一种事物会有不同称呼，例如客户说"埋单"我们就说"埋单"，说"结账"我们就说"结账"，这就是"同步"用词技巧。模仿表现方式是比模仿用词更进一步。例如客户评价道："这款相机的设计不错。"销售人员可以回应："是啊，它的设计更为人性化，使用起来更方便。"一些客户可能习惯使用方言与人谈话，如果销售人员能够用同样的方言表达，同步效果会更好。对待习惯使用英语或其他外语交谈的客户，同样如此。

这些相似之处越琐碎越能发挥作用。一位曾经研究过保险公司销售业绩报告的研究员发现：当推销员的年龄、思想、价值观、背景、某些嗜好习惯等与客户相似时，这个客户就比较乐意买保险。因为这些微小的相似之处可以产生更强的亲和力。

即使我们与客户本来没有什么共同点，但是我们也可以在了解客户之后，努力创造出与他的共同点。下面这个实例，是日本销售大师原一平的一则小故事。

原一平准备去拜访一家企业的老板，由于各种原因，他用尽各种各样的方法，都无法见到老板。有一天，原一平终于找到灵感。他看到附近杂货店的伙计从老板公馆的另一道门走了出来。原一平灵机一动立刻朝那个伙计走去。

"小二哥，你好！前几天，我跟你的老板聊得好开心，今天我有事请教你。请问你老板公馆的衣服都由哪一家洗衣店洗呢？"

"从我们杂货店门前走过去，有一个上坡路段，走过上坡路，左边那一家洗衣店就是了。"

"谢谢你，另外，你知道洗衣店几天会来收一次衣服吗？"

"这个我不太清楚，大概三四天吧。"

"非常感谢你，祝你好运。"

原一平顺利地从洗衣店店主口中得到了老板西装的布料、颜色、式样的资料。西装店的店主对他说："原先生，你实在太有眼光了，你知道企业名人某某老板吗？他是我们的老主顾，你所造的西装，花色与式样，与他的一模一样。"

原一平假装很惊讶地说："有这回事吗？真是凑巧。"

店主主动提到企业老板的名字，说到老板的西装、领带、皮鞋，还进一步谈到他的谈吐与嗜好。

有一天，机会终于来了，原一平穿上那一套西装并打上搭配的领带，从容地站在老板前面："老板，你好！"

正如原一平所料，他大吃一惊，一脸惊讶，接着恍然大悟，"哈，哈，哈哈"大笑起来。后来，这位老板成了原一平的客户。

在这个事例中，原一平从老板公寓的小伙计那里得知老板公寓的洗衣店地点，在找到洗衣店后，从洗衣店主口中得知老板西装的布料、颜色、式样的资料，然后又在西装店店主口中套出关于老板的更多信息，最后穿上和对方一样的衣服。结果，老板显然被他的着装吓了一跳，但随即又马上反应过来，哈哈大笑——他显然也被原一平的"费尽心机"震撼了，随之也转为感动：像这样一个推销员，还能不给他面子？

在这个事例中，原一平充分发挥了"共同点"这一巨大作用。相似喜欢定律决定了见到同样的发型，我们会倍感亲切；热衷于同一种运动，我们会惊异于这种同感；执著于同一个品牌，我们会大谈其种种好处或者新出的款式……我们"找到"了共同的话题，兴致勃勃，结果使原先千篇一律的"我推销，你听着"的交谈模式大大变了模样，从而更新鲜、更惹人注目，也更有效、更易迅速进入主题。

要达到这样的效果，我们需要做很多准备工作，特别是面对大客户，更要用心。我们可以去了解，他在日常生活中更注重哪个方面的修养；再具体到细节，他喜欢穿哪种风格的衣服，喜好什么颜色，看什么样的电影，感受最深的是哪一部。了解到这些"喜好"之后，立即投入工作，包括实物训练、相关书籍资料的翻阅，以及有可能的话还可以求助于有同样爱好的同事或熟人，使自己的准备更恰到好处、更"切中要害"！

有时候，你还可以通过在同一场所出现，而表现你与客户具有相同的爱好。

有一个刚刚从事销售的人员曾接连四次去拜访一位老板，都被拒之门外。他左思右想，决定从这位老板的爱好入手。

他打听到这位老板喜欢卷毛狗，而且每天傍晚都会在小区里面遛狗。于是，他先学习了一些养狗方面的知识，又借了一只卷毛狗，也在傍晚的时候去小区遛狗。

那天傍晚，两个人在小区里"偶然相遇"了，然后津津有味地聊起狗来，并很快成为朋友。后来，那位老板自然而然地成了他的稳定客户。

与此类似的方法还有：客户爱进图书馆，你也可以到图书馆里，装成一个书迷；客户喜欢运动，你也可出现在运动的场所，装成一个运动员；如果客户喜欢上酒楼，你也可以装作过客，在酒桌边和客户"邂逅"；如果客户是一位舞迷，你就学几种舞步，和客户在舞池里相会，等等。

专家点拨

　　人们喜欢同和自己具有相似之处的人交往。不论这种相似性指个人见解、性格特性、嗜好还是生活习惯、穿着谈吐等。与我们越相似的人，彼此之间的亲和力就越高。

　　销售员在推销中，如果表现出与客户相似的地方，那么就可以拉近和客户的心理距离。

　　有意识地模仿客户说话的语气、音量、用词以及爱好习惯，都是简单而有效的同步技巧。

问候客户时的举手投足要得当

　　问候客户的应酬之语，也是一种最基本的礼貌用语，更能显示销售员愿意为客户提供优质服务的心情。同样，销售员问候客户时的肢体语言也是至关重要的。一个简单的握手动作，一个无心的眼神交流，一个不经意的微笑，也许在转瞬间就能成交百万元的销售大单。无论你是政治家、谈判专家或是营销高手，如果能得当地运用这些细微的问候语言，胜负之局就会在不知不觉中敲定。

　　销售员在与客户初次见面时，若能成功地掌握问候语的肢体语言，会为双方进一步沟通做出良好的铺垫。得体地问候客户不仅能给对方一个良好暗示，也能在举手投足之间流露出你的涵养、风度、气质、学识和品位。所以问候肢体语言的技巧销售员必须要学习和了解。

　　在一家商店里，销售员正在与客户交谈。

　　客户："你好！"

　　销售员：（看着客户走进来，面无表情，也没说什么）。

　　客户："我想了解一下这里有没有一些关于××旅游线路的信息。"

　　销售员：（使用一种很友善的话语，但双手交叉抱在胸前，而且没有直视客户）"当然，我们这里有很多关于这类信息的资料，你需要的是一些介绍手册？或者你想查看一下价格信息？"

　　客户："哦，我现在只需要一些关于这类信息的资料，至于什么时候去，我们还没定好呢。"

销售员："那没问题，这就是相关资料（把资料递给客户），您可以查看一下。如果有什么问题，可以问下我，我随时为您服务。"

客户："好的，谢谢你。"

销售员："没关系。"（客户转身离开）

尽管销售员表现得很友好，但是客户还是觉得有点不舒服。

很多销售员也像上述情况一样，对待客户表面上是很客气，但实际上态度是不真诚的，会让客户觉得你只是敷衍他而已。如果加上一些肢体语言，在和客户交谈时，客户觉得你很尊重他，而且非常愿意为他服务。正确的做法应该是。

销售员：（看着客户走进来，面带微笑）"你好，欢迎光临！"

客户："你好！"

销售员：（直面客户，用眼神交流）"您好，我能为您做点什么吗？"

客户："我想了解一下这里有没有一些关于××旅游线路的信息。"

销售员："好的，我们这里有很多关于这类信息的资料，您需要的是一些介绍手册？还是想查看一下价格信息呢？"

客户："哦，我现在只需要一些关于这类信息的资料，至于什么时候去，我们还没定好呢。"

销售员："那没问题，这里就是您所需要的资料（把资料递给客户），您可以查看一下。如果有什么问题，可以问我，我随时为您服务。"

客户："好的，谢谢你。"

销售员："谢谢您的来访，欢迎下次光临。"（客户转身离开）

如果这样做，客户还会觉得不舒服吗？

如果客户能在第一时间看到你真诚的微笑，收到你善意的问候和眼神中交流的信息，就可以打消客户对你的顾虑，感觉到你的注意力集中在他身上。所以说，销售员成功地运用肢体语言，有助于与客户建立和谐的关系，能更轻松地为客户提供优质的服务。

问候用语运用得当的话，会给客户留下良好的第一印象。但问候语言也要注意时空感，把握好时机。一般以距离客户1.5米的时候进行问候最为合适，对于距离远的客户，以点头微笑示意。

希尔顿饭店的创始人希尔顿先生是最早对点头微笑的商业意义表示关

注的。在全球经济萧条时期，希尔顿先生也坚持希尔顿饭店的所有员工都对前来光顾的旅客献上最真诚、最温柔的微笑，结果他创立的旅馆至今仍然蒸蒸日上。

微笑每个人都会，但是微笑也是有一定讲究的，能让微笑轻易地打动客户不是一件很容易的事。

点头微笑的同时也要注意自己的修养和个人素质，既能让客户从你的彬彬有礼中感到尊重和关切，又不至于感到很别扭和做作。

在点头微笑时，尽量不要表现得过于夸张，也不要发出太大的声音，否则会让客户感到很不舒服。

如果在会场、饭厅、办公室正与他人谈话时，可以用微笑，并且点头的肢体语言表示自己的问候。光有问候，没有肢体语言，这样会让客户觉得虚伪。

在肢体语言中，握手是问候客户至关重要的肢体动作。利用握手向客户传达敬意，引起客户的好感和重视，这是优秀的销售员经常运用的方式，要想做到这些，销售员需要注意以下几点：

一定要用右手握手，而且要给客户一种热情和自信的感觉。

紧握双方的手，时间一般不要超过 30 秒。过紧地握手，或是只用手指部分漫不经心地接触客户的手都是不礼貌的。

握手时，如果面对的是异性客户，握手的时间就要相对缩短，一般只宜轻轻握女士手的前半部位；如果是同性客户，为了表示热情，可以紧握对方的双手较长时间，但是时间不能过长，握手的力度也要适中。

被介绍之后，最好不要立即主动伸手。握手也要注意先后顺序，年轻者与年龄较大者相握，年轻者宜稍躬身迎握；如果是女客户，最好对方先伸出手再去迎握；有的时候尊长、职务高者用点头致意代替握手时，年轻者、职务低者也应随之点头致意。

握手时双目应注视对方，微笑致意或问好，多人同时握手时应按顺序进行，切忌交叉握手。

在任何情况拒绝对方主动要求握手的举动都是无礼的，但手上有水或不干净时，应谢绝握手，同时必须解释并致歉。切忌戴手套握手。

专家点拨

　　销售员在和客户初次见面时，要成功地做到微笑、握手、问候客户、使用肢体语言、进行眼神交流、向客户致谢这几点，这样才能在客户心中留下良好的印象。凭着这良好的印象，加上你说话的技巧和丰富的产品经验，定能成功地征服客户。

争取 30 秒内给客户一个惊喜

　　据说，某外企每个应聘者都要过三关才能成为该公司的销售员：

　　第一关，笔试成绩要达标。

　　第二关，身体素质、道德素质要达标。

　　第三关，也是最难的一关。在面试的那一天，人力资源部的经理会拿把椅子坐在门口，手里端杯茶或者拿张报纸，对想进入公司的新人提一个问题："请在30秒内给我一个惊喜！"应聘者如果做不到，即使前两项合格，也将无缘这个职位。

　　你可以想象这30秒的审判是多么可怕。不过，这并不是毫无意义的，"30秒内给出一个惊喜"，考察的就是一个人所具备的"急智"。在生活中，"急智"无处不在，而对于作为销售人员的你来说，更需要这种瞬时解决问题的能力。因为你能利用的资源非常有限，并且你还必须在有限的时间内打动客户，这样你才能取得销售的话语权，为你以后解决销售问题提供通道。可以说，独特且有吸引力的开场白是电话销售不被拒绝、让客户继续听下去的关键。

　　作为一个电话销售员，你在初次打电话给客户时，必须在 30 秒内引起客户的兴趣，这是你要练习的基本功。在这 30 秒钟内，你要清楚无误地告知客户：

（1）你和你的公司。

（2）你打电话的原因。

（3）点出客户的需求。

有了以上三点，客户才能知道为什么应当和你谈，或是愿意听你说下去。如果你的开场白拖泥带水引起客户不满，那么被"扫地出门"就在情理之中了。所以，如果你想成为一名成功的电话销售人员，就必须学会"在30秒内抓住对方的注意力"，否则你将与成功无缘。

那么，如何做到在最短时间内让客户对电话销售员感兴趣，对谈话内容感兴趣，从而很快进入主题呢？以下几种方法可供你参考。

1. 吸引法

吸引法是在各类开场白中运用得最多、最普遍的方法，当然，它也同样适用于电话销售。吸引法使用起来比较方便、自然，并且这种方法不唯一，只要我们用心去观察和发掘，话题的切入点是很容易找到的。

美国百万圆桌协会终身会员约翰·沙维祺是畅销书《高感度行销》的作者，他曾被美国牛津大学授予"最伟大的寿险业务员"称号。一次他打电话给美国哥伦比亚大学教授强森先生。他是这样开始自己的谈话的：

约翰·沙维祺："哲学家培根曾经对做学问的人有一句妙语，他把做学问的人在运用材料上比喻成三种动物。第一种人被比做蜘蛛，他们的研究材料不是从外面找来的，而是由肚子里吐出来的，这种人叫蜘蛛式的学问家；第二种人被比做蚂蚁，堆积材料，但不会使用，这种人叫蚂蚁式的学问家；第三种人被比做蜜蜂，采百花之精华，精心酿造，这种人叫蜜蜂式的学问家。教授先生，按培根的这种比喻，您觉得您属于哪种学问家呢？"

这一番问话使对方谈兴浓厚，最终他们成了非常要好的朋友。

2. 触动法

这种方法是依靠提及对方现在最关心的事情来打动客户，这是因为没有一个人是对自己不关注的。

（1）"张总，您好。我听您同事提到，目前您十分头疼的是公司现在很难招到合适的人，是吗？"

（2）"李经理，如果我们的服务能让您的销售业绩提高30%，您一定有兴趣听，对吗？"

（3）"通过了解，我知道您部门的手机话费每月超过上万元。而我致电的目的是想让您知道我们的资费计划能使您的费用减少一半……"

（4）"王经理，从您提供的信息上看，您的汽车保险保额为 5000 元人民币。可是目前车辆事故的平均修理费用为 9300 元，您的保额不够时您是如何打算的呢？"

3．制造忧虑法

这里的制造忧虑，不可能是真的"制造"忧虑，而只是有意识地强化它们。

（1）"赵先生，我市房屋拥有者中，每 10 个人中就有 8 人的房屋一旦遇到火灾和自然灾害就无法重建。如果您是 8 人中的一位，为了避免您的房屋损失，我建议您能了解一下我们推出的……"

（2）"从资料上看，公司的销售人员流失十分严重，这实在是一件令人担心的事情。张经理，不知道您的公司是不是也有类似的情况？"

（3）"您好，请问是刘小姐吗？""是的，你有什么事？""我是山东朱氏药业集团的医学顾问张笑，我打电话给您的原因是，最近不少顾客都反映现在的美容产品多是治标不治本，而且一旦停止使用马上就会反弹，想请教一下您对这种现象的看法。""不好意思，我不大清楚。""那请问刘小姐目前使用的是什么品牌的产品？"

4．赞扬法

赞扬的另一个说法就是"拍马屁"。"拍马屁"虽然不好听，但是对于电话销售人员来说，这也不失为一个打开与客户交谈之门的好方法。值得注意的是，"拍马屁"也要讲究客观，不能瞎拍。

（1）"如同贵公司在打印机领域的远超竞争对手的领先地位一样，我们公司所提供的集团客户的数额去年占行业的 38%，远比第二名 15% 为高……"

（2）"同事们都说应该找您，说您是这方面的专家。"

（3）"我相信贵公司能够发展这么快，与您的人格魅力是分不开的。"

专家点拨

要对你的解决方案或是产品或是企业完全了解到一定程度，那就是能在 30 秒之内清晰而准确地向你的客户或是顾客解释清楚。

30 秒测试的目标就是吸引对方的注意力，引起客户的兴趣，使客户乐于与我们继续交谈下去，所以说，陈述能给客户带来什么价值就非常重要。

方寸之间可能决定交易的成败

如果你是个营销人员，别以为客户不会在乎一张小小的名片。当你递出名片时，交易的成败可能已经注定了。

名片代表的不仅是你个人的形象，也是公司形象与产品品质的结合。

有一个刚受完培训的业务员带着公司的新产品展开登门推销。由于新产品十分实用，又已取得专利证书，可以合法独占市场，因此他信心十足，相信只要够勤快，一定可以打开销路。

每到一处，他都是恭恭敬敬地先递上名片，然后便开始解说产品的种种好处……经过几个客户后，他的战斗力却渐渐消退了，因为受访的客户都只冷漠地表示：我们再和你联络！连要安排产品试用也被推说没空。他苦思却不得其解，因为产品这么棒，对自己的业务技巧也深具信心，问题到底出在哪里呢？

像只战败的公鸡，他回到家，老婆问他今天的业绩如何，他懒得说话，只把一叠自己的名片及皮夹等杂物放在桌上，便去洗澡准备吃饭了。洗完澡出来，直肠子的老婆劈头就说："你们公司的名片怎么那么差，亏你们卖的东西还号称是高品质！"

他听完后把名片接过来，第一次这么详细地看自己的名片，才发觉这张名片不仅编排呆板，所印的色彩也不太丰满，像是褪色一般，最糟糕的是裁切还有点歪歪的。整体来看，还真的是很差！

他心想，我所拜访的客户是不是也会这么想？客户真的会在乎一张小小的名片吗？

在商场上，大部分的人都以为只要把上面印有公司名称、地址、电话、姓名、职务的名片递给对方，这张名片就功成身退了，接下来只要靠自己的三寸不烂之舌强力推销便可得分了。殊不知当对方接过你名片的一刹那，交易的成败便几乎大势已定。因为从小小的一张名片中，对方看到的不只是公司的资料，他同时也看到了公司的形象与品质。

拿到一张印刷色彩失真的染料公司名片，许多人会想：这家公司连自己名片的色彩都印不准，我怎么相信他的染料品质？

拿到一张呆板的设计公司名片，许多人会想：这家公司连自己的名片都设计不好，怎么去设计别人的东西？

拿到一张排列四平八稳而无新意的名片，谁会相信这家公司"创意第一"？

拿到一张花哨夸张的律师名片，谁会相信这个律师"诚信稳健"？

拿到一张脏污的食品公司名片，谁会相信这家公司所说的"卫生第一"？

拿到一张皱巴巴的名片，谁看不出持名片的人粗心大意？

拿到一张裁切歪斜的名片，谁会相信这家公司"管理严格"？

拿到一张品质低劣的名片，谁会相信这家公司要"永续经营"？

……

的确，在买卖双方达成交易前，卖方公司被客户所看到的第一项产品就是——名片，当客户没有其他的参考指标时，就只能以接到手的这张名片来评断你及你公司的形象（品质好坏）。接到一张经过精心设计、形象良好的名片不仅可以使客户产生好的第一印象，更可能为卖方带来有利的商机；相对的，接到一张设计不良的名片，将使客户产生不好的第一印象，同时对产品的品质打上问号。

作为普通的销售人员，我们应该经常问问自己：你的名片是能体现出与众不同之处，还是能体现出对客户的人文关怀呢？我想大部分人的回答是"都没有"，那么你就真应该在这方面好好动动脑筋了。

先检查一下，你名片的空间是否存在浪费？绝大多数的名片，存在着资源浪费的现象。有的表现在一面是空白，有的则是毫无必要地印着英文。一面空白的自不必说，双面印刷、一面中文一面英文的，是否就是最佳布局呢？要看具体情况。如果与你交换名片的十之八九是使用中文的同胞，那么英文不印也罢，特别是那些英文信息印制得十分粗糙、似是而非的，英文的一面就更可以省了，免得画蛇添足。如果英文内容十分必要，能不能考虑将中英文有机结合到一面，而将背面的空间腾出来？大部分的名片有这种可能。

普通名片有节省出一面空间的可能，如果采用折叠式名片，那就可以再多出正反两面的营销空间。这么大的空间，你完全可以当作"迷你宣传册"来利用，以完整地表现你的产品或业务。折叠式名片的成本，并不比普通名片高出多少，为什么不试试？

我们可以充分利用节省下来的空间,那么节省或拓展出来的名片空间,用来传达些什么样的信息呢?"持此名片到我们的营业部,可以获得免费的书籍、CD、软件、游戏",等等,或者"致电敝人,将免费获赠什么什么"之类,最好是那些能直接引起对方阅读兴趣的信息。一般情况下,"免费"一词,要设计得醒目,比如用大字号、用花体、用粗体。

如果不是统一印制营销信息,手写信息也是一种别致的手法,特别是如果你的书法不错,这一招更有效。要注意,在"持此名片在本店购物,可打7.5折"之类的诱惑之后,最好签上自己的名字,不带姓的名字,这样显得亲切。切忌显摆自己,加个"李先生""张博士"什么的,自己是得意了,人家看着可不一定舒服。

大多数的情况下,人家收了你的名片,并不等于马上就会消费你的产品或享受你的服务。所以,你在设计名片的时候,就该考虑如何让人家愿意留下你的名片,直到有一天产生消费行为。别连你们是做什么的都没弄清楚呢,名片就被投进垃圾桶了,那样名片的价值就一点都没体现出来。

名片除了在交往中用于自我介绍和保持联络外,还有其他多种用途,如用它替代信函,在上面写上简短的祝语,对用户的帮助表示感谢等;还可以作为礼单,附于礼品之上;在登门拜访时,还可以用于通报和留言。

小小的一张名片不仅仅是人们传递信息的工具,还是人与人之间沟通交流和联系的桥梁。名片也是人的第二张身份证,是你工作和生意场上的第二副面孔,关系到你的形象、办事效率和事业成功的机会。名片是一个展现自己的小舞台,一定要充分认识和发挥它的功用。

专家点拨

作为自我身份介绍的名片,其作用不容忽视。要使别人对你的名片喜欢多一点、印象深一点,就必须在名片上下功夫。

结合你的具体业务,你的名片也可以提供更多有用的信息。如果你是音像制品店的,你可以印上娱乐红人的有关电话,或者人家的E-mail地址、网址什么的。如果你是售楼小姐,是不是可以提供水、气公司的维修电话,或者一些地产信息中介公司的服务电话呢?

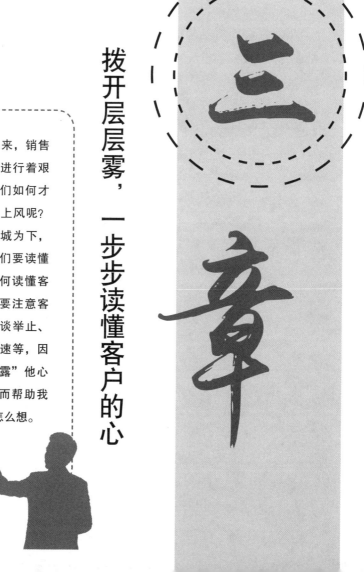

第三章

拨开层层雾，一步步读懂客户的心

自从有销售以来，销售员就一直在和客户进行着艰难的较量，那么我们如何才能在这场较量中占上风呢？孙子兵法中说：攻城为下，攻心为上，所以我们要读懂客户的心。那么如何读懂客户的心呢？我们就要注意客户的服装配饰、言谈举止、脸部表情、语气语速等，因为这些都可能"泄露"他心中的某些信息，从而帮助我们搞清楚对方到底怎么想。

从服装配饰评估客户的购买力

我们常常会说这样一句话"人配衣裳马配鞍"，意思是说人需要服饰来修饰，经过一番打扮以后，会使人变得更加美丽漂亮、更加气度不凡、更加高贵典雅。而从另一个角度来说，服饰则从侧面反映了人们的一些实际的情况，如经济能力、品位修养、爱好兴趣、思想观念等。作为销售员，虽然不应该"只认衣服不认人"，看见穿着华丽的客户就努力巴结，遇到衣着老土的客户就爱理不理，但是却可以通过客户的服饰来对客户的一些基本情况做出判断，以便在销售过程中能够为客户提供合适的商品和服务，使客户满意而归，又不至于弄巧成拙，伤害到客户。

销售员要善于察言观色，而其中十分重要的一个方面，就是销售员要善于从服饰来评估客户的购买力。虽然说没有哪一个客户会主动地告诉销售员自己的经济实力，但是如果销售员能够通过对客户服饰的观察来发现谁是有钱人，谁有超强的购买力，那么就有利于在销售中把握机会，多卖一些商品，给自己带来经济效益。

不同经济水平的人，在穿着上也是各有特色的，从其服装的款式、质地很容易判断出一个人的经济实力。一般地，女性对服饰是十分看重的，因此也比较容易看出其在经济地位上的差别。那些服装款式比较新、面料优质的时髦女性，大多都是收入比较不错的，生活宽裕，经济负担轻，在消费上比较慷慨大方，舍得在与个人生活和事业紧密相关的东西上花钱。

相对来说，男性的服饰不会像女性那么具有很大的区别。一般地，年轻的男性白领在服饰上会表现得比较张扬，在吃穿用度上有自己的新主张，追求时尚、健康，服饰以舒适、简洁、个性为特色。而成熟稳重的成功男士，其服饰的样式会比较简单，但是面料却是非常好，多为毛料、纯棉、真丝，既有光泽又很平滑。

学会从服饰看一个人的经济实力和消费品位，就容易在销售时巧用应对策略，让不同的客户都买到自己喜欢而且满意的商品，为自己赢得更多的利益。

刘媛是一家广告公司的推销员，一次她在一家美发店里遇见一个中年男子，身材很胖，虽然其貌不扬，但是穿的衣服却都是比较名贵的品牌服饰，很上档次。而且她还发现美发店里的人对他都很恭敬，亲切地喊他"徐总"，看来这个人大有来头。于是刘媛就想到向他推销广告。

刘媛主动和他搭话，这位徐总还是很谦和、很有礼貌的，两人交换了名片，开始闲聊。当提及他的公司需要在当地做些宣传时，刘媛便介绍了自己的广告公司，徐总听后觉得不错，就约定到公司细谈。后来徐总同意由刘媛的广告公司代理宣传，并签订合同，一笔50万元的大单在一次不经意的机会中就实现了。

如果刘媛当时没有留意那个人，就会失去一笔不小的生意。

销售员在现实生活中要善于观察、善于发现，通过外表、服饰等特征来判断客户的购买能力，把适当的商品推销给合适的人。

虽然说从穿着是否华丽，可以粗略地判断一个人是否有钱，但是也有人虽然穿得华丽，但却是一身便宜货；而有的人穿着虽然看似很普通，却是高档产品。销售员应该仔细区别、针对不同的人群推销不同的产品才是。除了衣服，鞋子也可以显示出一个人的经济水平，因为鞋子一般不会像衣服那样容易过时，甚至以跳楼价出售，所以一个人可能能用低廉的价格买到质量比较好的衣服，却买不到质量好的鞋子。那些服饰华丽而鞋子普通的人，一般不是很有钱，而衣着普通，鞋子高档的人则正好相反，经济实力应该不错。

此外，看人除了服饰、鞋子外，还可以从客户身上的一些小的佩饰发现其审美倾向和经济实力。戴真金、钻石、美玉的客户其经济实力自然是很强的，而佩戴一些别致精美的佩饰的客户也是不容忽视的，他们的品位比较高，消费上也是舍得投入的。

总之，销售员对客户的观察应该是全面的、仔细的，从整体以及细节上来准确判断客户的消费层次和购买能力，从而有针对性地实施销售，必然会收到事半功倍的效果。

专家点拨

　　服饰是一个人的社会符号。从服饰上可以看出一个人的经济水平、文化程度、社会地位、家庭教养、思想品行等。因此销售员要善于观察和分析, 由表及里, 洞察客户表面之下的真实情况, 对客户进行准确定位, 使销售有的放矢。

言谈举止泄露谁是"当家人"

　　俗话说"办事要办在点子上", 办事不着调, 是肯定不会办成事的。在销售活动中, 销售员要善于"找对人, 办对事", 如果不能找出谈判中具有决策权的关键人物, 那么即使自己再怎么努力, 也是难以取得成功的。在销售中, 销售员往往会遇到全家人一起出动来购买商品, 或者到客户家里推销商品, 夫妻二人共同参与的情况, 这时销售员就要找出到底谁才是真正"当家做主"的人, 谁更有决策权, 只要你能够说服那个"当家的", 其他的人也就不会再有异议, 如果销售员找不到真正管事的人, 而对着做不了主的一方大肆推销, 必然是徒劳无功, 白费口舌。因此销售员要善于从客户的言谈举止中, 判断出谁是具有决策权的关键人物, 这样才会找对人, 把事办好。

　　一对夫妇到商店挑选床上用品, 销售员小娟接待他们。妻子: "这张床的尺寸是多大的?"

　　小娟: "1.5 米 × 1.8 米。"

　　妻子: "有没有更大一点的。"

　　丈夫: "我觉得这个就行。"

　　妻子: "亲爱的, 咱家的卧室比较大。床小了显得太空, 所以不能要太小的。"

小娟："那您可以看一下这个，这张床是 1.8 米 × 2.1 米的，比较适合大一点的卧室。"

妻子："嗯，这个还可以，亲爱的，你觉得怎么样？"

丈夫："我听你的。"

小娟："先生，您的太太真是既精明又能干，娶上这样一位好太太，您真是有福气啊。"

妻子："那就选这张床吧，可以吗？"

丈夫："好的。"

从他们夫妇两人的言谈之中，小娟敏锐地发现，妻子是一个比较有主见的人，而丈夫则多顺从于她，而且妻子总是率先发表意见，对家里的情况也更加了解，所以她的选择会更加适合家庭情况。因此小娟断定妻子应该是家庭中具有决策权的关键人物，因此小娟把说服的重点放在了女主人身上，不仅使他们买了一张大床，还给女主人介绍了几款被套床单，并迎合女主人的品位，使她买了一个"七件套"。

小娟通过察言观色，判断出客户在家中的地位，以及谁更有发言权，并针对关键人物进行推荐和说服，最终成功实现销售。可见销售员"找对人"的重要性。

判断家庭中谁是"当家的"，可以通过在购买过程中，夫妻双方的言行表现来进行判断。一般地，具有决策权的一方，其观点是比较明确的，对要选购的商品有着积极的态度，会率先发表意见，提出要求，并和销售员进行磋商，而另一方则多是附和、顺从，发表不出什么意见。当然有的情况是一人做主，有的情况则是二人共同商议。在我们的观念里一般都会认为，在家庭中多是男方具有决策权，但是也有很多时候是女方当家的，这时销售员就要另行对待了。比如，一位先生带着自己的太太前来买车，虽然车是男主人使用，但是女主人却一直在旁边指手画脚，发表意见。这时销售员为了不让女主人影响男主人的决定，便说："男人的事，女人最好少管！"没想到一句话就使女主人生气地走了，而男主人也说不买，跟着走了。原来，女主人才是真正的决策者，在家里是她说了算的。销售员没有注意这一点而使生意泡汤了。

此外，如果是销售员到客户的家里进行推销，则可以从客户家里的布置格调，是否收拾得干净，甚至从挂历和鞋架都可以判断出在家谁是"当家的"。比如，客户的家中整洁干净，各种装饰品的女性味道比较浓重，色调比较鲜艳，挂历的日期准确，鞋架上的鞋子不仅干净而且摆放整齐，那么女主人就一定是最有发言权的人。如果家中的饰品刚性的成分比较多，则是以男主人为中心的。这就需要销售员善于观察，找出真正的决策者，投其所好，实现交易。

如果销售员是向企业进行推销，也要善于找出实际决策人，并把他作为重点攻关对象，这样才会避免在企业的小人物身上浪费时间和精力，提高最后签单的效率。

专家点拨

找准靶心再射箭，销售员在进行推销的时候，一定要找到家庭中或者企业中具有决策权的关键人物，并把他作为攻关对象，与之进行谈判，这样才会提高办事的效率，而不至于在其他人身上花费太多的时间。

透过客户的眼睛发现客户的心

"眼睛是心灵的窗户"，从一个人的眼神可以看穿他的心理。不同的眼神有着不同的含义，不同的情感会通过不同的眼神进行传递。恋人的眼神总是充满温情，能够在眼神的交流中传达彼此的爱意；朋友的眼神总是满藏鼓励，能够在困难时帮你摆脱悲伤；仇人的眼神却是充斥着厌恶，甚至在无形中诋毁你。

各式各样的眼神表达着不同的含义，有的表示肯定、有的表示鼓励、有的表示嘲讽、有的表示讥笑、有的表示羡慕、有的表示嫉妒、有的表示温柔……爱默生曾经说过这样的名言："人的眼睛和舌头一样会说话。不需要查字典，就能从眼睛的语言中了解对方的心理世界。"因此看懂对方的眼神是了解其心理的重要途径。善于从客户的眼神看透客户的心理，是销售员必须具备的能力。

　　山东朱氏药业集团的销售人员小武敲开了一家客户的门，一位中年妇女开门，一看是陌生人，也没有说话，只是用充满敌意的眼神看着他。小武赶忙递上自己的名片，并主动地做自我介绍。女主人"哦"了一声说："进来吧！"小武觉得这个客户肯定比较苛刻，应该小心对付。

　　进屋后，小武对自己的业务进行了简单的介绍。女主人一直以怀疑的眼神看着他，而且态度很是冷淡，虽然她没有说什么，却让小武有些望而生畏，他知道客户对他的戒心很重，要想办法消除客户的怀疑。于是他说："我们的信誉您可以放心，在这个小区里已经有很多客户购买了我们的产品，因为我们推出一种新的产品，很适合您这样的女士。您可以考虑一下。哦，对了，前几天您楼下的王太太刚买了一份，您也可以向她咨询一下。"听小武这样说，女主人才稍稍放心了一些。这时女主人家的小孩放学回家了，便和小武一起玩，女主人看见他对自己的孩子很好，很会哄他，觉得小武是个真诚而负责的人，于是看待小武的眼神变得柔和而友好。经过小武的说服和争取，女主人终于决定购买他的产品。

　　看客户的眼色行事，重视客户的感觉和反应，从中获得关于客户内心情感的准确信息，从而把握客户的心理，这样才能够有针对性地去应对各种状况，克服不利因素的影响，获得客户的信任和喜欢，使销售顺利进行。

　　在销售中，销售员会遇到形形色色的客户，难免会遭到客户的冷眼，当然也会得到客户理解的眼神、支持的眼神、鼓励的眼神、称赞的眼神。一般地，在销售中，客户的眼神有以下几种类型：

　　有的客户表现出来的眼神是柔和而友好的。这样的客户是善良的、真诚的，对人很少有戒心。在面对销售员时会眉眼含笑，嘴角也有笑意，表现出对人的热情和好感。这样的客户是销售员喜欢遇见的，即使生意不成，也会带着愉快的心情离开。

　　大多数的客户对销售员总是会抱着一种怀疑的态度，因此看销售员的眼神也会充满不信任。客户在购买商品时总是比较谨慎的，如果销售员提供的信息没有足够的说服力就会引起客户的怀疑。客户的眉头就会微皱，眼睛的瞳孔变小，眼睛里透露出迟疑的神情。

　　如果销售员的商品有很多有趣的地方，就会引起客户的好奇，这时客户的眼睛瞳孔放大，眼皮抬高，盯着销售员或者商品仔细地看，表现出很大的兴趣。

　　有些商品有着奇特的功能，在制作工艺上很有技巧性，如果客户之前没有见过这样的商品，就会为商品的奇特性所吸引，并表现出惊讶。他们的瞳孔会变大，嘴巴微微张开。如果销售员能够有效地进行引导，就会促使客户购买。

有的客户的眼神是沉静的，其眼睛的瞳孔保持自然状态，眼皮不动，冷静地看着销售员，这说明销售员的商品或者话题对客户来说不足为奇，无法引起客户的兴趣。这样的客户一般是见多识广，很有主见，而且很沉着，不会为销售员华丽的说辞所迷惑。对待这样的客户，用真诚的服务和优秀的商品品质来打动他是最实际的。

总之，一个人说出来的话可能是假的，而一个人的眼神则是无法伪装的。因此我们可以从一个人的眼神中看到其内心深处最真实的东西。由眼及心，通过这扇心灵的窗户，我们可以看见窗户里面的情景。销售员要学会察言观色，从客户的眼神看出客户的心理，并随机应变，化解客户的怀疑和抵制，换取客户的真诚相待。

专家点拨

眼神可以传递出很多客户内心深处的信息，善于观察客户的眼睛，发现客户的内心，对销售工作的顺利开展是很有帮助的。

滤掉话语中的水分，洞察其真意

销售的过程中，买卖双方往往会为了自己的利益进行一场不见硝烟和战火的争夺战，但是在这场争夺战中，比硝烟和战火还有威慑力的就是谎言和计谋。很多客户，为了争取一个合适的价格，让自己从中获得最大的利益，往往会说一些夸大其词的话，这些话中含有非常大的水分和杂质，以至于让一些销售员真假难辨，不知道该相信哪些是事实，哪些是一些虚假的信息。对此就要求销售员能够过滤出客户话语中的水分和杂质，这样才能够为自己争取到最大的利润空间。

一般来讲，客户往往会这样夸大一些事实，他们或者根据自己以往的经历进行合理的想象，编造一些子虚乌有的例子；或者是根据当时的情景进行仿造；再或者就是提供给销售员一部分真实的信息，但是与自己利益最为密切的那部分信息往往是虚假的。如果销售员不能够辨别出其中的真假，结果可能就是使自己和公司的利益受到损害，或者使销售不能成功进行下去。

晓芮是一家家电公司的销售员，一次销售商品的过程中，她遇到了这么一位客户。当时她给客户介绍的是一款价值7988元的彩电，客户看起来也好像特别中意，但似乎价钱上难以接受。

他这样对晓芮说："我的一个同事上周就从其他专卖店买了这样一款彩电，才花了五千多块钱，同一款电视，你们这里怎么这么贵呢？"

晓芮看着他吞吞吐吐地说着，知道他说的不是事实，因为他们公司的产品全部是明码标价，并规定在销售的过程中不能低于8折销售，但是她知道这位客户是真心想买的。于是就说："是吗？我好像记得我们公司价格是统一规定的。我看您是真心想要的，所以给您优惠一些，您觉得8折怎么样？这已经是最低价了，如果您买贵了，还可以找我来退货。而且我向您保证，我们公司的产品质量绝对是上乘的，售后服务也极为周到。"

结果，这次销售顺利成交。

不难发现，事实可能是这位客户的同事买的彩电比标价要便宜，也可能他的同事根本没有买过这么一台彩电，还有可能是这个客户已经转过其他的专卖店，知道这个价格还有商量的余地。但关键是这个客户的话中含有很大的水分，作为销售员这时就要学会过滤掉其中的杂质，抓住客户的真正心理。晓芮也正是做到了这一点，所以结果是双方都非常满意。

那么在销售的过程中，销售员应该如何判断客户的话中有没有水分和杂质呢？应该注意以下几种情况：

有一些客户为了达到自己的目的,会临时编造一些事实,但是仔细倾听,就会发现在他的话语中有很多漏洞或者是自相矛盾的地方。此时聪明的销售员应该抓住这点，但不要急于揭穿，可以进行委婉地提醒和引导，最好能让客户自己知道自己的漏洞所在，诱导他们说出真实的信息，然后根据实际情况给客户一些可以接受的优惠条件。

另一种情况是，客户的声音会表明他们的话语中含有一定的水分。因为人在说谎时往往会语速加快，而且声音可能会与平时多少有点不同。销售员要从他们的声音中判断出客户提供的信息哪些是真的，哪些是假的，哪些应该相信，哪些不该相信。作出正确的判断之后，交易就不难达成。

还有一种情况是可以从客户说话的语气停顿中揣测出其中是否含有杂质。一般客户在谈判的过程中涉及一些数据的问题时，很可能就会出现停顿。这时销售员可以拿一些相关客户提供的数据给他看，并说明商品的数据、价格等方面与其他同类商品不一样的原因。在事实面前，客户就会很容易信服。

能够从客户的话语中过滤水分和杂质，洞察出他真正的用意所在，这一技巧对每个销售员来说都是十分重要且非常必要的。因此，销售谈判的过程中，千万不要忽略了这一点。

专家点拨

销售的过程中，面对客户在话语中掺杂水分和杂质这一计谋，聪明的销售员一定要运用相应的策略来应对。做到不动声色，不留痕迹，既能够敏锐地发现和洞察，还要巧妙地加以提醒和说服，让客户信服，并使交易顺利进行。

嘴部变化反映内心的"小九九"

嘴，位居五官之首，是表达想法、宣泄情感最直接、最主要的通道。人与人之间的交流任何时候都离不开嘴，也正因为如此，嘴部的动作才越加丰富多样，并且能够直接体现一个人的心理活动。

作为销售人员，在与客户交流时不仅仅要听对方在说什么，更要注意对方嘴部形态的变化，以便从中发现隐藏其内心的秘密。

秦丹丹，某房地产公司的业务员，山东朱氏企业培训集团的一名学员。

刚进班时还是名新人，经过一段时间的培训练就了一双"鹰睛"，成为最善于察言观色的高手。

聊天得知，她曾遇到这样一对客户。对方准备购置一套花园洋房，但对房子的要求非常高。奔波了一周，她才帮他们找到满意的房源，这对夫妻看了以后无论是建筑风格、室内布局，还是后花园、车库，都十分满意。

看房那天，这对夫妇难以掩饰心中的兴奋，尤其是那位女士眉开眼笑，嘴角后伸，上唇都不由自主地提高："这一切都太完美了，我真想立刻就拥有它。"看到对方这种表情，秦丹丹终于松了口气，知道事情已经基本成功了。

秦丹丹对女士说："如果您满意，我们就可以办相关手续了，在与您签单之前，我必须告诉您一件事情，这栋房子价格比您预期的要高些。"

一听这话，女士脸上的笑容立刻消失了，上扬的嘴角开始慢慢下垂，站在旁边的男士则嘴角一撇，半微笑地看着女士。秦丹丹敏锐地感到男士的笑明显是"强装"出来的，对方并不赞同。

秦丹丹觉察到了客户的这一心理变化，便机灵地转移了话题："我想你们肯定是经过慎重考虑才选择来这里吧？"

"我就是这么打算的。"女士讲。

"对啊，您看这儿基础设施完善，环境非常好，交通便利，其价格高也是有原因的。咱们选住宅也图个舒心不是……"经过秦丹丹一番解说，夫妇俩也不在价格上过多地计较了，最后终于成交。

秦丹丹之所以能够不失时机地把握住机会，最关键是通过客户的嘴部变化，准确地把握住了其心理变化。女客户前后两次截然不同的态度完全表现在了嘴角上，嘴角由上翘转而下垂，就是其心理起落的过程。同时，那位男客户听到高房价之后，虽没明确表示自己的态度，但内敛的嘴角、僵硬的笑容已经将其态度表露无遗。嘴角一扬，似笑非笑。

显然，这对夫妇对这个"房价"都有意见。秦丹丹意识到这点，巧妙地避开房子的价格，转而谈起了与房子相关的价值，从心理上给客户一个缓冲，让他们感觉到多付几万元也物超所值。

看了上面的例子，有不少新人可能会感到不可思议，根据客户的嘴部变化来判断内心动向绝对是一个技术活。其实不然，我在这里提醒大家两点，第一是要细心，第二是要掌握必要的技巧。细心的问题只要用心就可以解决。而技巧则需要加强学习。这里就简列几种常见的嘴形所表达的意义：

人在假笑时，嘴角会僵硬地向内收，嘴唇紧闭，眼部几乎没有任何变化。如果是发自内心地笑，嘴角上扬，牙齿会露出一部分。

1. 说话时嘴表现出来的习惯

有的客户在说话时，嘴角总是爱做一些古怪的表情。其实，这是一种习惯所致，或多或少地反映了客户当时的内心状态。

说话时嘴角爱向后拉——表明对方正在集中注意力听你说话，对你的言谈极有兴趣，嘴角下拉，则相反。

说话时舔嘴唇——表明对方心中压抑，紧张。

说话时咬嘴唇——表明对方对自己的言行不满，有愧疚，自我惩罚之意，也有一种可能是对方正在思考。

说话时以手掩口——表明对方存有戒心，或者在尽力掩饰什么，或者这人较为害羞。

2. 嘴形表达的意义

开口讲话时可以表达心声，闭嘴不言同样可以表达，有时候，甚至比说话时表达得更真实。下面是常见嘴形表达的意义，可供参考：

张大嘴巴，似"O"形——感到吃惊，或高兴、开心。

嘴角上扬——表示善意、礼貌、喜悦，这种语言能让人感觉到真诚。

嘴角下垂，似倒"U"形——内心痛苦、悲伤，或者被负面的情绪所困扰。

嘴角扁平——紧张和沮丧，而且随着紧张程度越来越大，嘴唇会更加扁平。

抿嘴——意味着对方正在下决心，有种不达目的誓不罢休的意思。

撇嘴——不屑、无奈之意。

嘟嘴——撒娇。

撅嘴——不满。

专家点拨

嘴部作为与客户交流、谈判的重要工具，要充分利用起来，在营销中，如果能善于利用好"嘴"，你的推销工作将会更加顺利。

眉毛是表露内心的可靠情报员

大量事例证明，多数销售人员推销的失败与自己不善于观察，忽略细节有关。这里就为大家提供一个能够有效控制客户心理的方法——观察客户眉毛的变化。

眉毛是人脸部非常重要的组成部分，能够表达当事人的一种心情。比如，一个人在你面前轻抬眉毛，这表示对你有好感，对你提的意见或建议表示认可；相反，如果眉毛轻轻一抬，瞬间回复到原位，则表示对方丝毫不关注你的一切。所以，在人际关系中，当你看到对方眉毛表情过于丰富时就要引起注意了，要认真揣摩一下对方心理，思考一下对方想要表达的意思。

然而，由于眉毛位列五官之外，位置不够显眼，其动作大多非常微妙，所以往往被很多人忽略掉。但是，其隐含的信息却不可忽视。

某销售团队里有一位新人叫唐玉林。当时，为了给新人一个锻炼的机会，公司要销售经理徐然陪他去拜访客户，并让他充当这次谈判的主角。在去之前，徐然把谈判话术的重点、细节都向他一一做了交代。他来到客户办公室，明显有些不自信：

"×总您好，我是A理财公司的职业顾问唐玉林。"

"您好。"

简单的寒暄之后，小唐就直接介绍产品："您最近关注过股市行情没？"

"知道一点，不过我一直很少关注。"对方很显然是在应付他。

"那您的股票收益呢？"

"一般般。"

"我们公司有一款产品让您足不出户就对行情了如指掌，还能及时准确地指导您交易，希望您看看。"唐玉林迫不及待地对客户说。

"哦，那怎么卖？"

"5000元，我先给您详细介绍一下吧。"

接下来，他就从头到尾说了一遍，客户听得一头雾水，一点反应也没有。徐然注意到客户听得非常吃力，斜着眼睛，眉头紧皱，只能让这场谈判提前结束了。这时，徐然赶忙过去打圆场："×总，前两天我在报纸上，看到贵公司的产品非常受年轻人的欢迎。听说他们参加野外活动订购的产品全是出自贵公司。"

听了这句话后，客户紧皱的眉毛立刻舒展开来，满脸堆笑，立刻对徐然说："没错，我们的产品质量很好，销售非常好，尤其是年轻人对这款产品有极大的兴趣……"

客户侃侃而谈起来，有大概20分钟之久，显得非常兴奋。在此过程中，徐然基本上一言未发，只是默默地听着。

直到客户停下来时，徐然才巧妙地将话题引入正题上来。自此，对方的兴趣也慢慢提上来了，他们谈论得非常轻松，对方仔细询问了一些细节上的问题，最后愉快地答应先订购一套试用。

这次推销结束后，徐然向唐玉林强调："在介绍产品的过程中，一定要注意客户的面部表情。客户的眼神和眉毛的表情已经告诉你'他不愿意继续这话题'，此时就应该巧妙地转移话题，想尽一切办法引起对方的兴趣，而你仍然不顾客户的感受，漫无目的地说着，这样，客户能不烦吗？"

还有一点，徐然对唐玉林说："要想与客户的谈判顺利进行，在谈话中千万不可一开始就推销产品，而是要找到客户感兴趣的话题，在心理上与之拉近距离。只有彼此之间产生了共鸣，你才更容易被客户接受，这样即使不成功，也能给下次拜访留一个机会。"

由此得出，在与客户进行交谈的时候，一定要善于观察客户眉毛的变化。因为眉毛是最能表露一个人心理的地方，是最可靠的"情报员"。一般来讲，眉毛以及与眉毛有关的动作包括：

眉毛抬高——表示吃惊、惊奇或难以置信。

眉毛半放低——表示疑惑不解。

眉毛全部降下——表示生气愤怒。

眉头紧锁——表示内心忧虑、犹豫不决。

眉梢上扬——表示高兴、心情好。

眉心舒展——表明其人心情坦然、愉快。

双眉上扬——表示非常欣赏或极度惊讶。

单眉上扬——表示不理解、有疑问。

皱起眉头——要么是对方陷入困境，要么是拒绝、不赞成。

眉毛迅速上下活动——说明心情愉快，内心赞同或对你表示亲切。

眉毛倒竖、眉角下拉——说明对方极端愤怒或异常气恼。

专家点拨

　　眉毛变化多端，不同的表情隐藏着不同的心态。正如克拉森所说："面部的一些细微动作和表情，能够很好地显示出对方的所思所想，所以与人打交道时，别忘了注意他的眉毛和眼睛。"

空间距离反映彼此的心理距离

　　有一句话叫做"距离产生美"，人与人的交往也是要讲究距离的，不同的关系，彼此之间的距离是不同的。一般地，关系比较冷淡，彼此之间的距离就会离得很远，关系密切，距离就会比较亲近，距离的远近程度与交往关系的好坏有着直接的关系。因此，空间上的距离，可以看做是人们情感的一种外露，从空间距离可以反映出彼此之间的心理距离。我们发现在现实生活中，情侣之间是亲密无间的，而两个素不相识的人之间则会彼此防范，避而远之。

　　心理学研究表明：空间距离与心理距离是密切相关的。每种关系都有着不同的距离范围，陌生人之间不会离得太近，亲人之间不会离得太远。

　　美国人类学家爱德华·霍尔通过多年的观察和研究，发现了人们之间的四种距离：

　　（1）密切距离（0.15～0.45米）：这是亲人之间的距离，如父母、恋人、夫妻之间，为了给对方以爱抚、安慰和保护而保持的较近的距离，使彼此伸手可触。

　　关系比较密切的同伴也可以离得这样近。

　　（2）个体距离（0.45～1.2米）：这是朋友之间的距离。能够拥抱或抓住对方的距离。对对方的表情一目了然，适合促膝谈心。

（3）社会距离（1.2～3,6米）：这样的距离超越了身体能接触的界限，是正式的社交场合人与人之间的距离，给人一种庄重感和严肃感。这种距离也适合在一起工作的同事之间，使彼此在工作时既不受他人影响，也不给别人增添麻烦。

（4）公众距离：分接近型（3.6～7.5米）和远离型（7.5米以上）两种，适合于演讲等公共场合，说明说话人与听话人之间有许多问题或思想有待解决与交流。

通过彼此之间的空间距离，一般能够比较准确地判断出你与对方的关系和密切程度。销售员可以通过在与客户会面时客户与你保持的空间距离，来丈量客户与你之间的心理距离，从而洞察客户的情感变化，并善于运用空间距离的转换，使客户的心向你不断地靠近。

一般销售员去拜访客户，或者是到客户的家里，或者是到客户的办公室。如果客户始终把你挡在门外，或者即使把你请进门，也是隔着很远的距离，让你站着简单地说几句，这说明客户对你的抗拒和防范心理是十分严重的，生意很难成功。

如果客户把你请进了家或者办公室，和你面对面隔着茶几或者办公桌，彼此坐着进行交谈，那么则表明客户对你以及你的商品都是可以接受的，交易的成功可能性也就比较大。

如果客户越过了彼此之间的隔离，愿意坐在你的身边，听你详细地讲解，那么只要你稍微争取一下，客户就会购买你的商品。

周超是山东朱氏药业集团的一位医疗设备推销员，他想把自己的医疗设备推销给某医院，便去拜访该医院的院长，但是去了几次，效果并不是很好。第一次去，院长避而不见，把他堵在了门外，说自己的医院不需要这些设备。第二次去，虽然让他进了办公室谈话，但是也没有让他坐，只是站着聊了几句，就说有事离开了。

但是周超并不甘心，这一天他又来拜访这位院长，恰好碰上院长和自己的秘书正在费劲地搬一盆花到自己的办公室，而且一副小心翼翼的样子，可以看得出院长很喜欢自己的这盆花。于是周超主动上前帮忙。周超的热情和善意让院长很感动，于是便在忙完之后和他坐在一张沙发上聊起天来，最后愉快地同意试用他的医疗设备。

销售员与客户初次见面彼此之间难免会有隔膜，客户对你避而远之也是情理之中的事情，销售员不能够因此而灰心失望，而是应该想方设法地缩短彼此之间的距离，使客户的心渐渐地向你靠拢，接受你并接受你的商品。

销售员可以通过转换谈判场所来缩短彼此之间的距离，比如把会见的地点换成茶馆、酒吧、咖啡厅等比较休闲的场所，创造一种轻松和谐的氛围，减少心理上的陌生感，使双方的心理距离自然拉近。同时，销售员还要善于借助各种社交活动，如棋牌、保龄球等娱乐方式，来了解客户，和客户尽快熟悉起来，并增进彼此的亲密感。

销售员不仅要努力地赢得客户的信赖，缩短自己与客户之间的距离，还要善于控制这种距离，保持必要的礼貌和尊重。如果销售员和客户的距离靠得太近，则会显得不庄重，反而会引起客户的反感。销售员一定要与客户保持合适的距离，要既显得礼貌庄重，又不失礼节，才会使彼此的关系顺利发展。

专家点拨

空间的距离从一定程度上反映了彼此之间在心理上的距离，距离的远近与关系的亲疏密切相关。

销售员要善于通过客户与自己保持的距离来透视客户的心理，还要善于利用空间的转换拉近自己与客户之间的距离，增进彼此的情感，让客户接受你，进而接受你的商品。

口头禅中隐藏客户的不同心理

日常生活中，我们会经常听到各种各样的口头禅，例如"晕""有没有搞错啊""真没劲""无聊"……其实在销售的过程中，销售员也经常会听到一些客户的口头禅。不同的是，有些销售员不以为然，一笑了之；而有的销售员则能从不同客户的不同口头禅中洞察出他们的不同心理，进而使销售成功进行。因为，一个人的口头禅往往能够反映出一个人的心理，有的口头禅会表现出这个人比较清高、孤傲；有的表现出的是武断、主观；有的则表现出一种委婉、谦虚。

口头禅最早来源于佛教的禅宗，本意是指不去用心领悟，而把一些现成的经验和公案等挂在嘴边，装出一副有思想、有学究的样子。发展到今天，主要是指人内心对事物的一种看法，是外界的信息经过心理加工，形成了一种固定的语言反应模式，以至于出现类似的情形时，它就会不假思索脱口而出。所以，口头禅会在一定程度上反映出一个人的心理。

在销售的过程中，如果销售员能够领悟到这些口头禅背后的意思，则往往会把握住客户的心理，使销售的过程少费周折，让客户愉快地购买自己的商品。

李颖是一家化妆品公司的销售员，她是一个非常聪明的女孩子，往往能从客户的口头禅中洞察出客户的心理，使销售的过程少走很多弯路，而且常常使客户满意而归。

一次，店里来了一位中年妇女，看样子有三十来岁。她对李颖说想要一种护肤品，因为冬天天气比较干燥，所以最好是保湿效果好的。于是，李颖向她介绍了今年新上市的一种套装，包括洁面乳、营养水、润肤霜和补水面膜，价格是598元。

详细介绍了这套化妆品的主要功用之后，李颖询问中年妇女的意见。妇女笑着说："还可以吧！"其实，李颖已经注意到在她们交谈的过程中，她已经说了几次"还可以吧"。因此，李颖断定，她是一个比较随和的人，但是自信心不强，需要别人来肯定。而且她不会过多暴露自己的想法，即使她内心对这种产品不太满意，她也不会挂在嘴边。

不过，李颖发现，她一直在仔细看这套产品的说明书和价格标签。李颖认为，可能是价格方面的原因，努力争取一下，应该可以成交。于是，李颖说："这套化妆品是公司为了促销，特意推出的一种实惠套装。您可以发现，这几件产品单卖时，价格都在一百元以上，所以价格方面是非常实惠的。而且它的保湿效果非常好，如果这几款能够一起使用，效果会更明显。此外，它也特别适合您这一类型的中性皮肤。我发现，您皮肤非常好，平时肯定特别注重皮肤保养，遇到一套价格实惠、效果又好的化妆品，您还用犹豫吗？"

经过李颖的一番劝说，那位女士很高兴地买走了一套化妆品。而且临走时还说要介绍朋友过来购买。

可以看出，这次的销售之所以能够成功达成，主要是因为销售员李颖成功地从客户的口头禅中透析出了客户的心理。然后对症下药，让客户满意而归。

其实，在销售的过程中，如果能够从客户的口头禅中洞察出客户的心理，就会从中找到突破口，使销售顺利进行。比如，喜欢说"差不多吧""无所谓""随便""就那样"的客户往往是没有主见的人，他们目标不明确。所以对待这一类型的客户，销售员就要肯定他们的眼光和选择，并中肯地赞美他们的品位，提升他们的自信，这样就会使客户开始肯定自己的选择，而销售员也将会赢得客户的好感。

有一些客户喜欢说"听说""别人都说""也许"，这一类型的客户明显表现出的是自信心不足。因此，销售员要鼓励他们坚定自己的选择，让他们知道人与人之间是不同的，适合别人的产品并不一定适合自己。这样，当客户知道自己是在为自己购买商品时，他们的自信心就会上升，而销售也会随之成功。

还有很多客户喜欢说"真好玩""真有意思"，这是他们好奇心的一种表现。如果销售员能够抓住客户的好奇心，使他们对商品充满浓厚的兴趣，这样不用销售员再进行其他的语言解释，客户就会主动掏腰包。

另外，有的客户喜欢说"没问题""我认为""我觉得"，此类人多是自信心十足，而且乐于承担责任。

总之，对于讲不同口头禅的客户，只要销售员学会加以区别，就一定能够使销售朝着良性的方向发展。

专家点拨

销售的过程中，千万不要小看短短的一句口头禅，因为其中蕴含着客户的思想和心理。他们买不买、要不要，很可能就会通过这句口头禅表现出来。

如果销售员足够细心，就不难发现客户口头禅背后隐藏着的心理特征。

语气和语速暗含客户的真想法

在销售的过程中，聪明的销售员不但要从客户说话的内容中洞察出客户的心理，还需要注意客户说话的语气和语速，因为客户说话的语气和语速中也可能会暗含着他们的某种真实的目的和用心。从细微处发现别人发现不了的客户的心理，你才能抓住别人抓不到的商机。

一般来讲，如果在与客户商谈的过程中，他突然间说话的声音变得很大，而且语速也明显加快，此时聪明的销售员大都知道，他出现这一变化的目的要么是想控制谈判的局面，在声势上压倒对方；要么是想用这种手段达到说服对方的目的。他用这种方法的结果很可能让一些懦弱和胆小的销售员就此屈服，或者是半途而废。但是优秀的销售员知道应付这种局面的最好办法就是以柔克刚。可以先让客户大声讲出自己的观点、建议和想法，然后再对其进行委婉、合理、真诚的解释。这样就能够在声音之外战胜他。

当然，也会有一些客户会在商谈的过程中突然变得慢声细语。通常来讲，慢声细语往往会让周围的人感觉亲切和自然。他的这一转变的目的主要是渴望成交或者是想要中断商谈。此时，销售员一定要根据具体的情况判断出客户的真正心理，如果是客户具有成交意向，自己就应该尽快提出；否则就应该礼貌地提出告辞或者是约定下次见面的时间、地点等。

一次，销售员小吴已经和客户达成了购买的协议，而且双方对这次合作都感到十分满意。但是，正准备付款时，客户发现她想要购买的MP4的耳机有一只没有声音，就突然大声急促地说道："你刚才还一个劲儿地说你们的MP4质量怎么好，这还没有买回去耳机就有一个不响，我看买了也用不了几天。"

小吴仔细一听，确实有一只耳机不响，但是经过刚才的交谈她已经知道，对方是真心想要购买这款MP4的。因此，她微笑着说："实在不好意思，可能是我们在进货的时候没有注意到这一点，但是它的质量我可以向你保证，绝对没有问题。这只耳机不响可能是个例外，我可以马上给你换一个耳机；如果您实在不满意的话，我明天进货时可以再帮您进一款一样的。

您看怎么样？"

听到小吴真诚的解释，客户好像有点不好意思地说："其实也没有什么的，您帮我换一副耳机就好了，刚才突然发现有点毛病，情绪有点激动。"最后，客户高兴地离去了，而且还介绍了许多朋友、同学来这里购买。

可见，小吴正是抓住了客户的心理，才能够使这场交易顺利进行。在销售的过程中，如果销售员能够抓住客户的真实想法，则会达到事半功倍的效果。

此外，销售中客户如果想要中断合作时，往往会采取撒谎的方式，此时，细心的销售员会发现客户说话的语速会像"放连珠炮"。为了隐瞒事实，客户往往会选择背诵之前准备好的台词，这样回答起来就会非常迅速，但是当销售员提出一些具体的问题时，他们就会变得支支吾吾，扭捏造作，语速变得快慢不一。遇到这种情况时，销售员不要急于指出对方的错误，而应该采取诚恳的方式对其动之以情，晓之以理，努力突破你们之间的障碍，为接下来的销售工作顺利进行奠定基础。

当然，还有一些客户为了想要使销售员重视自己所讲的话，往往会变慢语速。此时销售员要给客户一定的重视，让客户感觉自己是非常受尊重的。不过如果他们在讲话的过程中还伴随着一些肢体语言，如打呵欠等，则可能是他们发困的一种表现，此时，销售员应该适时告退。

人类的语言是非常丰富的，语言的丰富不仅仅指它的内容，还有语气和语速。有的客户对于一些他认为不值得重视的销售员，语气中往往会透露出不屑；但对于一些能够给他带来很大利益的销售员，他语气中则会充满着谄媚和恭维。所以，销售员一定要用心体味语言中丰富的含义，为销售的成功实现做好准备。

专家点拨

在销售中，如果销售员能够从客户的语速变化或者声音高低中读懂客户的心理，了解客户的真实想法，于细微处发现客户的心理变化，并积极引导和争取，这样就会使销售的过程最终柳暗花明，实现皆大欢喜的交易。

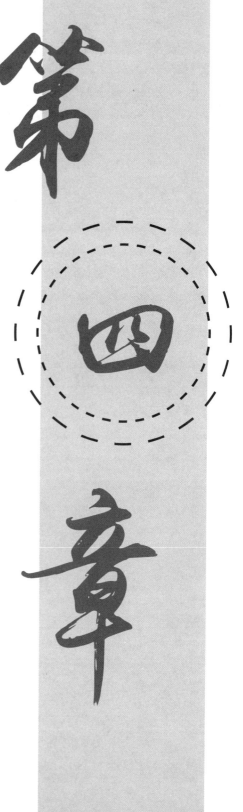

第四章

训练嘴上功夫，会说话就是生产力

俗语说："好胳膊好腿，不如一张好嘴。"对销售人员来说，一天跑两百公里，在公交车上耗费的时间可能会占三四个小时，与客户进行交流的时间只不过是几十分钟，但是那几十分钟的交流才是最重要的。其他都是辅助，只有口才才决定了你是否能够说服客户。

唠家常似的寒暄能抓住客户的心

寒暄就是话家常，比如谈一些轻松的话题、聊一些对方关心的问题、说一些互相恭维的话等。寒暄看上去很简单，但功效不可忽视。因为唠家常似的寒暄能让第一次接触时彼此的紧张情绪轻松下来，因而解除警惕的武装，将距离感慢慢缩小，以至建立起可信赖的关系。尤其在礼仪之邦的中国，寒暄能表现出人际关系的和谐，几句得体的寒暄会使气氛变得融洽，有利于顺利地进入正式交谈。

很明显，用寒暄作为推销的开场白对于迅速拉近销售员与客户间的距离是十分有效的。因而一个成功的销售员应注重利用寒暄开场法，抓住客户的心。相反，一个不能使用寒暄的方式与客户进行互动的销售员是无法抓住客户的心的。一个无法抓住客户的心并与之建立感情的销售员不是一个合格的销售员，因为对于他而言，交易能否进行下去尚且是个问题，更别提交易成功的可能性了。

那一年我想买车，经过无数次的选择，我选定了 A 车。来到 A 车展售中心，业务员请我坐下，我开门见山地表示："基本上我很满意这辆车。但我有几个问题要请教，在车上再加装两个喇叭要多少钱？"

"这要看你喜欢哪一种的喇叭，我才能告诉你价钱！"

"喔！那再加 CD 音响呢？"

"这也要看你的爱好，CD 种类很多，要你先试听可以了，我才能告诉你价钱！"

"那隔热纸呢？"

"隔热纸也分很多等级，要看你要哪一级的！"

"喔！"

这时电话铃响，业务员去接电话，我借机开溜！

按理说，对于一个已经决定购买的顾客来说，交易的成功率是极大的。因为顾客已经看好你的产品，换言之就是说销售员不用再浪费双方的时间去向顾客推销自己的产品，并且在谈话的开头，顾客已经就此进行了暗示。应该说这是一个即将到手的买卖，接下来销售员要进行的工作就是强化顾客购买的心理，尽可能地消除顾客的犹豫心理。对于这个案例而言，这位业务员当时应进行的工作是尽自己最大的能力给顾客所有的疑问以满意的回答。

但这桩即将成功的买卖还是失败了。这是为什么呢？有人问这位顾客："你为什么要开溜？"这位顾客回答："那是因为我感觉到互动的关系很僵硬，使我面对购买的抉择缺乏可依赖的支撑点。同时我担心以后的售后服务，他也会让我有不好的感觉，所以我只好借机开溜。"

从上述顾客的回答中，我们可以很轻易地总结出业务员犯的错误，他没有先寒暄，就直接谈到商品的本身。这让顾客感觉到这场交易没有人情味，因而销售员根本无法与顾客建立融洽的关系，更别提抓住顾客的心了。

那么，销售员怎样在销售的实践中充分利用寒暄的功效呢？让我们来看一个成功的案例。

销售员："小姐您好！这边请坐，准备拍结婚照吗？"

小姐："是。"

销售员："是朋友介绍过来的？还是无意看到进来的？"（寒暄以收集资料）

小姐："无意看到进来。"

销售员："婚期什么时候呢？"（收集资料）

小姐："下个月底。"

销售员："小姐你算比较有时间概念，知道提前一个月来拍照，因为拍到取件需要二十多天。我给您推荐这个目前最超值的优惠套系，真是价廉物美，我来介绍给你。"

……

销售员："这套很便宜哦！你真是有福气订到这一套，来，我把订单写一写。"

小姐："我今天没跟老公一起来，所以想询问老公的意见。"

销售员："也对，该询问老公的意见，你真是又细心又尊重老公。其实拍结婚照一般老公都没意见，你那么尊重他，我想他也会尊重你的意见。这样好了，这套系你也很喜欢，这优惠的剩下不多了，这样我先开单保留优惠，你先不告诉老公你订了，明后天你带他来我再做一次介绍，如老公没意见优惠也保留了，如有意见我再解说清楚一点我想没问题的。"

在谈话的开始，这位影楼的销售员就主动去占据谈话的主动权，对顾客的心理进行全方位的把握，并由此收集总结顾客的情况（需求），然后有针对性地为顾客选择合适的产品和服务，并向顾客进行介绍。在介绍的过程中，他适时地恭维顾客（称顾客有福气），并用优惠政策套牢顾客的心，强化了顾客的购买欲望。当顾客提出要和丈夫商量的时候，其实顾客的潜台词是：这套照片很好，但我还需要考虑一下。这样的潜台词，即使顾客不明说，一个合格的销售员也能听出。但这时，销售员不可放弃对顾客购买心理的强化，而是尊重顾客的意见。当然在赞同顾客意见的时候，为顾客进行全盘考虑，并再次强调优惠计划，抓住顾客"捡便宜"的心理，将考虑计划明确告诉顾客，以此稳住顾客，强化顾客的购买心理。

在这一销售过程中，这位销售员看似无心却有心的开场，首先让顾客放下警惕的武装，轻松地进入与销售员的交谈中。那拉家常似的介绍，让顾客感觉到销售员的热心。不好意思拒绝热心是大多数人的正常心理，这位销售员就充分抓住了顾客的心理，用拉家常似的热心笼络顾客的心。

聊天是每个人与生俱来的与他人交往沟通的本领。销售员如能充分运用这一本领，用寒暄开场，为顾客创造和谐的氛围，并与顾客建立融洽的关系，那么在这种轻松愉快的氛围中所进行的交易将是成功的敲门砖。只要用敲门砖开启了这扇大门，那么成功也就离你不远了。

专家点拨

在切入正题之前，与客户寒暄几句有助于接近彼此的距离。

找话题和客户寒暄，要有真诚的态度和善意的动机。

在寒暄中，适时地赞美很重要，千万不要过度赞美，过度就会显得虚假。

寒暄时间不宜过长，创造出适宜交谈的气氛即可。

用统计数据让客户自己说服自己

食品销售员沈剑，带着销售新产品的目的去拜访老客户李东先生，当他开始销售谈话时，突然意识到，随着竞争对手的增加，再像以前那样靠交情拉拢生意，恐怕难易奏效了，于是就采取了另一种方式。他说："嗨，李东先生，我又来了！如果有一笔生意，能为你带来两万元的纯收入，你会感兴趣吗？"

李东的眼睛一下子就亮了："两万元？我当然感兴趣了，你说吧！"

沈剑说："今年秋天，香料、食品罐头和香肠的价格最起码上涨20%，我已经做了严谨准确的市场调查，按照你去年的销售数量，今年你能出售多少这方面的产品，我告诉你吧……"

然后，他就把一系列的数据写了下来，非常准确。这是他的老习惯，对客户的生意十分了解，精确到了每一组数字。他在纸上用这些数字做了计算和预测，得出的结果让李东先生非常信服。

于是，他马上就得到了食品店老板李东一笔很大数量的订货，而且预付了超过往年的定金。

在向客户介绍产品、提供服务时，适当结合一些实际的数字来进行说明，会让自己的话更具权威性，更有专业说服力。并且，客户相信这些数字会给他带来真正的帮助，那么他就会主动加深与你的联系，进而相信你帮他做出的选择。

这就是数据的力量。用详细准确的数据帮助客户做出最佳的选择，并让他看到产品能为自己带来的好处究竟有多大。销售员在了解客户的心理需求的基础上，如果能够恰当地使用数字说明，就能让客户更加相信自己的购买决定是正确的，也就更利于产品的销售。

一位销售员，到某公司销售高速打印机，和该公司的戚主任进行交流，最后因为两千元的价格差异，戚主任有些犹豫。

这时，销售员说："戚主任，既然您认为高出的两千元钱不能接受，那么我就替您计算一下，这两千元钱是否像您认为的这么不值。"

戚主任说："好啊，如果你能说服我，我当然愿意接受你的报价！"

销售员说："这台打印机的使用寿命是五年，这一点您已经确定了吧？如果用两千元除以五年，贵公司每年在这台机器上面多投资四百元。您一年使用打印机的时间应该为五十周，如果把四百元除以五十，那么每周的投资是八元。"

戚主任点点头："没错。"

销售员接着说："我知道，贵公司会经常加班，所以按照每周使用六天的时间来计算，应该是合理的。那么麻烦您用八块钱除以六，答案是什么呢？"

这个数字，销售员让戚主任自己说了出来："一块三。"

说到这里，戚主任顿时觉得，为了每天节省一块三毛钱，在这件小事上浪费时间实在是一件可笑的事，也显得本公司太没有气魄了，而且，这台高速打印机的质量又是相当不错，比同类产品更可靠，于是，笑着接受了销售员的报价。

这位销售员并没有因为已经卖掉了产品，就得意忘形地拿着订单离开，而是继续为戚主任算了一笔账："这种高速打印机的功能齐全，还有省时节能的优点，它在一天之内为贵公司创造的利润，节省的人工费，比一个最低工资人员在一小时创造的利润还要多，相比于这一块三毛钱，又算什么呢？"

戚主任听到这里，已经心悦诚服了，频频点头："你说的没错，我们现在就签约吧，本公司日后所有的办公用品，都交给你来代理！"

凭借数字的力量，这位销售员不仅卖掉了一台打印机，还获得了未来的潜在订单。他的成功之处，就在于有翔实数据的加入，他的语言具备更强的说服力，让客户无比信服。

数字在销售中的作用有哪些呢？你要运用数字达到什么功效呢？首先，体现产品的卖点，尤其是独特卖点。卖点是客户买产品的理由，销售员如果能用准确的数字说明自己产品的优势，客户就会更加容易地购买你的产品，而不是竞争对手的。

其次，体现产品的优点，让客户量化地看到该产品将会带给他的实惠。比如电脑、手机、空调、彩电等零用电器，详细的数据说明是客户进行对比的最重要的信息。如果你说不出自己卖的电脑硬盘有多大，手机的像素有多少，空调的耗电有多大，客户显然是不会购买的。

另外，取得客户的信赖，建立一种专业形象。足够的数字说明，会让销售员树立一种专业的销售形象，加深与客户之间的情感联系。

最后，运用数字，可以了解竞争对手的产品，进行优劣的对比，找出不足，扬长避短地制定最佳销售策略。

专家点拨

优秀的销售员不仅要具有好的口才和过硬的专业知识，在适当的时候，使用一些数字来说明事情，往往会让你的话听起来更具有专业性和权威性。

一个善于销售的人，总会把产品的优点数字化、具体化，这样更有利于产品的销售。

适宜的好故事胜过千万遍的推销

我们都有这样的经验，对于接受和理解能力不强的孩子来说，通过生动活泼的故事往往更能教育和开导他们，而且故事本身的形象性和趣味性也能吸引孩子的注意力和兴趣。正是因为故事的这些特点早在孩童时代就深深地扎根在人们的心底，许多成人在工作之余还是喜欢看故事书或动画片来消遣。这是为什么呢？因为人是图像导向的动物，故事中塑造的图像和形象往往比抽象的文字更能吸引人们关注的眼球。因此推销时，不妨多使用故事的表达手法，用激励、振奋的语气，取代消极负面的说教，使客户对你的谈话产生深刻的印象，甚至永远不会忘记。

为了使读者相信故事的效果，下面我们来讲述一个故事。当然在讲故事之前，我们还必须假设一个场景，那就是假设一位推销保险的业务员在说服一名男性的客户购买终身保险。

进行完场景的设置后，让我们言归正传，开始我们的故事。

这是一个发生在美国的真实案例，案例中的男主角80岁，女主角79岁，老两口为了离婚，闹上了公堂。

当律师问提起离婚诉讼的妻子："你是多久前开始产生要离婚的念头的？"

"从22年前就想到要离婚。"

"22年？怎么可以持续22年的婚姻生活？"

"我22年前是58岁，当时人均寿命是63岁，因此我想再忍耐5年，等到他死了，不但可以领取他的人寿保险，还可以请领遗属年金，因此一再忍耐下来。"

"后来怎么样？"

"后来没想到他到了63岁，不但没死，还一直活到现在的80岁高龄。由于他的年金也领完了，保险也到期了，即使自己再如何为丈夫牺牲奉献，他死后也不会为我留下什么。更何况他现在比以前更精神了，极有可能活过百岁。所以我就……"

"原来事情是这样的。"

故事讲完了，下面该接着阐述引用这个故事的理由了。其实这个理由早已在故事的讲述过程中体现出来了。那就是故事中如果一个男士不投终身保险的话，他连老婆也留不住。听了这个故事，你还能为不买终身保险找到更好的理由吗？

由此可见，销售者向买家传达理念和经验的最好方法就是讲故事。用故事为理念的有效性提供证据。适宜的好故事，胜过推销员一千遍、一万遍说教的力量。用故事说话，有时产生的感染力是无穷的，它就像巫师手中的魔法石，能产生让客户无法抗拒的魔力，甚至为推销员省去千篇一律的繁冗的毫无吸引力的推销词。

让我们再来看看赵小姐的经历：

赵小姐最近签了一笔100万元的保单，这是她讲述的经过：

我去拜访唐太太时已是下午4点多，只有她的女儿和儿子在家写功课。"妈妈去烫头发很快回来"，我只好陪着他们，过了一阵子他们写完作业，就缠着我讲故事，我临机一动就说，"阿姨可以给你们讲故事，但你们要保证今晚把故事讲给你们的爸爸听，看谁的记忆好，好不好？"

"好！"两个小孩异口同声地答道。

"'曲突徙薪'的成语故事听过没？"

"没有！没有！"

"这个故事发在汉朝，有一位客人到吕员外家，看到他们灶上的烟囱是直的，烟囱旁边又堆着很多木材，客人便告诉吕员外烟囱要改用弯曲的，而且木材要移开，否则将来会发生火灾，吕员外听了不做声。不久吕员外家失火了，邻居都跑来救火，才把火扑灭。吕员外杀了牛准备酒菜，请救火的人来吃，借以酬谢他们。而且按照救火功劳的大小顺序入座，却没有请最初建议他将烟囱改弯将柴火移开的人。有人对吕员外说：'当初如果听了那位客人的话，今天就不用破费杀牛买酒，而且根本不会有火灾。如今论功请客户，那位客人应该功劳最大呀。'吕员外听了顿时觉悟。这故事好不好听？"

"好听！好听！再讲一个。"

"好，好，我下次再讲。爸妈晚上回来时，你们要先将阿姨讲给你们的这个故事讲给爸妈听，然后问问爸妈有什么感想好不好？"

"阿姨的工作就像那位客人一样，在苦口婆心地希望人家参加保险哩。时间不早了，我下次再来。"

隔天我接到唐先生的电话，很快就签成这份保险。

这就是故事的魅力所在，所以销售要会讲故事，好的故事自己会说话。

俗话说："台上一分钟，台下十年功。"推销员的每一次推销都相当于一次上台展示的过程，因此为了让脑子里有源源不断的故事，必须在平时加强学习，增加文化积淀。

那么我们在平时的业余学习中应该注意积累哪些方面的素材呢？即我们给客户讲述的故事可以包括哪些内容呢？

（1）惊叹式故事。用任何可能激发听众兴趣的方式，先吊起他们的胃口，引起顾客的惊叹，然后再向他们进一步解释。销售的开头，是你吸引听众的最佳时机。

（2）幽默或笑话。以幽默或笑话的形式开场有时可以缓解对方敌对的气氛。但在使用时必须慎重，你要在你认为适合时使用，而且你能够讲得绘声绘色、惟妙惟肖，刚好起到锦上添花的作用。

（3）与个人经历相关的故事。用自己与产品相关的故事开场也不失为一个特点鲜明的选择。通过这种亲身经历可以迅速拉近你与听众的距离，博得听众的同情与好感，同时也使你的主题得以认可。

专家点拨

销售时，销售员可以借用一些故事或自己的亲身经历和体验来开启顾客的心门。

销售员所讲的故事要根据对象的不同而创造不同的氛围，故事的内容也应当根据对象的不同而变化。

真诚赞美将获得意想不到的回报

古语有云："良言一句三冬暖，恶语伤人六月寒。"销售员在与客户见面时，善于发现客户的优点，并真诚地给予赞美和欣赏，只是简单的几句话语，往往可以收到意想不到的效果。

赞美不仅可以使陌生人变成朋友，可以使对方感到温暖和振奋，甚至可以化干戈为玉帛，化解彼此之间的矛盾。作为一名销售员，一定要掌握赞美的技巧，让客户喜欢你、相信你、接受你，从而购买你的商品。

李明是一名十分优秀的保险推销员。一次公司先后派出 10 名推销员去向某公司的大老板赵总推销保险，但是都遭到了他的冷遇，理由是自己很忙，没有时间和他们交谈。而且他向来就对推销员没有什么好感，总是避而远之的。所以只要有推销员上门，他都会用自己的冷漠使推销员知难而退。李明了解到这样的情况，却还是决定亲自去试试。

到了赵总的办公室，李明开始做自我介绍："先生您好，我是保险公司的推销员，很高兴见到您。"

说着便把自己的名片递了上去。赵总瞥了一眼名片便扔在了办公桌上，不高兴地说"又是一个推销员。在你之前已经有 10 个推销员光顾我这里了。你高兴见到我，我却不高兴见到你啊。我还有很多事情要做，不能花时间听你们这些推销员的唠叨，我没有时间的，不要再烦我了。"很明显，赵总已经下逐客令了，并且态度十分冷漠，一般的销售员肯定都会灰溜溜地离开。但是李明却没有选择就这样离开。

他完全没有理会赵总的态度，而是微笑地对赵总说："在见您之前，我想象中觉得作为这么大的一个公司的总经理，应该是一个上了年纪的老者，没想到您还这么年轻。能成就这么大的事业，真是不容易啊。"

一句话触动了赵总的心弦，他感慨地说："是啊，很不容易啊，摸爬滚打地闯了 10 年才有今天的事业。"

李明说："哦，10 年啊？那您不就是从十八九就开始创业了？那时一定是胸怀大志，斗志昂扬吧！我真是很佩服您啊。很想听听您的创业史，只可惜您很忙没有时间啊。"

李明的话勾起了赵总的兴趣，他很少和别人讲自己的经历，而此时难得有了聆听者，他也不愿意放过，于是就说："我的经历说来话长啊。不过我今天没有安排，如果你感兴趣，我可以讲给你听听。"

李明说："万分荣幸啊。"

于是赵总仰身靠在自己的老板椅上，态度亲切地讲起了自己的经历。李明很认真地倾听着，并不时地给以赞叹，表达自己的感慨。因为他们年纪相差不大，交流起来更加融洽。很快就熟识起来，到中午的时候，赵总还硬拉着李明一起吃饭，并参观自己的公司。

虽然整个过程中，李明基本上没有提及推销保险的事情，但是他对赵总的事业表现出了极大的兴趣，并对他的创业经历给予了真诚的赞美和欣赏，因此很快就赢得了赵总的心。最后赵总不仅给自己买了保险，还为自己的女儿买了一份。

由此可见，赞美对于销售员来说是十分重要的。适时地向客户传递你的赞美和钦佩之意，使客户感受到你的重视和欣赏，这样就很容易捕获客户的心，使客户信赖你，喜欢你，倾心于你。

心理学中有一种叫作"强化规律"的心理效应，就是当人们把某些东西强调出来，不断地重复，就会造成很强的效果，激起很强的情感，或者留下很深刻的印象。而赞美就会制造这样的效果，从而产生不可思议的力量。

想要赞美和欣赏客户，就要善于发现客户的优点与长处，而不是将他身上的缺点与短处讲给他听。告诉客户你欣赏他的地方，有时客户自己可能都没有注意到，但是由你说出，客户就会对你十分感激和青睐。赞美并非一定是语言，有时一个眼神、一个手势或一个动作，也可以传递出同样的赞美的含义。

当然销售员不能为了赞美而赞美，说些虚伪的话，而应该真诚，发自内心。夸张的赞美会使人产生受愚弄的感觉，反而不好，而委婉、贴切、得体的赞美却能够使人回味无穷，喜不自禁。

赞美的内容多种多样，包括外表、衣着、谈吐、气质、工作、地位及能力、性格、品格等。只要恰到好处，对方的任何方面都可以成为赞美的内容。对于男性你可以赞美他的事业很成功，西装很高档，领带很漂亮，说话很幽默等。如果你去办公室拜访客户，可以赞美他的办公室布置得很有格调、很有品位；如果你到客户的家里去拜访他，可以赞美他家里的布置和特点，特别是客户喜欢的东西和人物。总之，销售员要找到客户很在意，又很希望更多人重视的东西加以赞美，这样就会起到事半功倍的效果。

要想成为一流的销售员，获得客户的好感，就要能够在最短的时间里找出对方更多的优点，并大声地告诉客户，进而俘获客户的心。

专家点拨

赞美是一种很好的俘获人心的有效方法。销售员要善于发现客户的优点，并选择客户最在意，最感兴趣的事情给以肯定和赞美，当你夸到点子上，简单的几句话就可以让客户向你敞开心扉，对你信赖有加。

适时地告诉客户："你真不简单！""我很佩服你！""你很特别！"等，你将获得意想不到的回报。

用你的舌头刺激客户的购买欲望

"买卖不成话不到，话语一到卖三俏"。由此可见推销语言的重要性。一个推销人员要想让产品介绍富有诱人的魅力，激发客户的兴趣，刺激其购买欲望，就要讲究语言的艺术，能步步到位，捕捉到客户的想法和需求。要想成交，你就要有让客户信服的理由，要对客户晓之以理，动之以情，站在客户的立场，多为客户考虑，定能找出使客户信服的理由。

第二次世界大战期间，美国军方推出了一项保险。保险的内容如下：如果每个士兵每月缴10美元，万一上战场牺牲了，会得到1万美元的赔偿金。

这项保险出台以后，美国军方高层以为，大家一定会踊跃购买。结果意外的是，买者却寥寥无几。

其中的一个连，按照上级的指示，把战士们召集到一起开了个会，就买保险这件事情向大家做出了说明，鼓励大家踊跃购买。

可是时间一点一滴地过去，这个连没有一个人愿意购买这种保险。

战争频繁，战士们过的是一种"过了今天都不知道明天在哪里"的日子。命都将不保了，还买保险干什么？与其每个月用10美元来缴保险，还不如买两瓶酒喝喝舒服呢！怀着这样的想法，大家都僵在那里不动。

这时，连里的一个老兵站了起来，对连长说："连长，让我来和大家解释一下这个保险的事情。我来帮助你推销一下吧！"

一个普通老兵，他能有什么办法把保险推销出去呢？连长很不以为然，他说："我都说服不了。你能有什么办法呀？但是，既然你愿意说，那就给你一个机会，你来试一试吧！"

这个老兵得到许可，站了起来，他对大家说："弟兄们，我和大家来沟通一下。我所理解的这个保险的含义，是这样子的：战争开始了，到了前线，你要是被打死了，投保了的话，你的家属会得到政府赔偿给你的1万美元；但如果你没有投这个保险，你上了战场被打死了，政府是不会给你一分钱的。也就是说，你等于是白死了，是不是？各位，请你们想一想，政府首先会派战死了需要赔偿1万美元的士兵上战场，还是先派战死了也白死的，不用赔给一分钱的士兵上战场呀？"

这一席话说得全连的战士纷纷投保，因为大家都不愿成为那个被第一个派上战场的人。

这个故事中的老兵，他看到了买保险的利害关系，将买保险的好处展示给战士们，使大家觉悟，买保险比每天都买啤酒享受生活更好。它能提供给你更多的保障，使你的家庭不至于因为失去你而损失太多，也不会使你的死成为没有价值、没有意义的事情。老兵想到了别人所不能想出的东西，然后，他用恰当的语言将意思讲给其他人听。

一个人的说话能力，是获得交易成功的必要条件。就像卡耐基所言："一个人的成功，约有15%取决于知识和技术，85%取决于沟通——发表自己意见的能力和激发他人热忱的能力。"当然，这所有的前提是，你的产品必须足够优秀，能够打动客户。销售产品既是你的工作，又是你的人际交往。同形形色色的客户打交道，除了有一副健康的好身板，敏捷的思维、全面的知识、灵活的应变能力，才是你是否能在销售领域取得成功的关键。

你需要能言善辩，但又不夸大其词。你必须言为心声，给自己披上时刻为客户着想的外衣，却又能够达到目的，让客户从口袋里掏钱，把你的产品抱回家。所以说话就是生产力，用你的舌头引导客户从你这里购买尽可能多的产品。

客户："我们是小企业，暂时不需要这么专业的软件。"

销售员："我能理解，我遇到过很多客户一开始也都觉得自己不需要，但当他们对产品有所了解之后，就会觉得很有必要拥有一套。那么接下来呢，我就将这款软件可以给您的企业带去的好处简要地介绍一下。"

客户沉默。

销售员："首先我想请问您的企业现在有多少位员工？"

客户："一共是30多位吧，大部分的员工都是业务员。"

销售员："那么您对业务员们走访客户的情况通常是怎么掌握的呢？"

客户："通常都是每周一开晨会时大家轮流汇报一下。"

销售员："看来您的公司还是很正规的，每周都有例会。那您有没有过因为没有及时了解和掌握业务员跟踪客户的情况，而失去了最佳战机的时候呢？"

客户："有的，上周就是因为业务员沟通不及时，而错失了一次绝好的机会。"

销售员："真是太可惜了！我们这款软件就能够解决企业经常遇到的这些问题，特别是像您这样的中小型销售代理公司。它的优点有以下几条……"

客户："嗯，听上去的确不错！但它真的有你说得这么好吗？我们很多业务员，包括我在内，只懂得简单的文档操作。"

销售员："因为时间的关系，我并没有把这款软件的好处全部解说清楚，如果您不相信可以上网搜索，网上有好多对我们这款软件的评价。同时，对购买这款软件的客户，我们还会派专家上门讲解，直到所有人都会使用它为止。您看您要订20用户版的呢，还是30用户版的？"

客户："我订 30 用户版的吧，公司过段时间可能还要招人。"

总之，对销售来说，每一个环节都离不开嘴，每一次交易都是一场外交活动。你需要探知客户的背景（购买实力），摸清客户的目的（购买兴趣），还需要了解客户的购买要求（对产品的要求和价格的接受范围）。而这些，无一能离开你与客户的交流和互动。

专家点拨

作为一名推销员，要善于思索，勤于思索，想别人未想，做别人未做，要练习口才，使自己的话语能够感动别人，这样的推销才能够有特点，有成效。

能让客户笑出来就能把钱掏出来

如果你是一名推销员，那么你每天都会与许多陌生人打交道，如何让一个陌生人接受你，然后接纳你的产品，最好的办法就是制造笑声。如果你在顾客面前表现得压抑、死气沉沉、没有活力……顾客会是多么失望，因为他们原本希望你带给他们一丝快乐，而现在他们实在是没有时间去承受你的折磨了。你完全可以诙谐一点，活跃一下气氛。

有一家公司的总裁说："我专门雇用那些善于制造快乐气氛，并能自我解嘲的人。这样的人能把自己推销给大家，让人们接受他本人，同时也接受他的观点、方法或产品。"缺乏笑声的推销活动是失败的，严肃或者呆板无异于自掘坟墓。要有效地避免这种情况，就必须掌握幽默的技巧。

有一位推销旅行用品的新手，在路上碰到一位老前辈，就向他大诉苦水。"我做得太不好，"他说，"我每到一个地方，就受人侮辱。"

"那太糟了，"老前辈深表同情，"我没法理解那种情况。40 多年来我到处旅行推销，我拿出来的样品曾经被人丢到窗外，我自己也曾被人丢出去过，被人踢下楼梯，被人用拳揍在鼻子上，但是我想我比较幸运些，我从来没有被人侮辱过。"

一个人能够以如此达观、幽默的态度对待工作和生活，他还会有什么克服不了的困难呢？

一位资深业务员有一次到某大学去拜访一位教授，一进研究室，某教授问明是谁后，上来就是这么一句话："趁我还没生气前赶快走。""好，好，那我赶快走，趁你还没生气。"这位业务员笑着回答，教授却不好意思地笑了起来。人总免不了有情绪不佳的时候，这时如果能幽默地化解，留下再次见面的好印象，成交的概率是很大的。

幽默是推销活动的润滑剂，它能制造一个愉悦的交际气氛，化解不愉快，改善与客户的关系。如果你能够让顾客笑出来，就能够让客户把钱掏出来。

推销员史蒂芬在一次展览会上向大家推荐一种钢化玻璃杯。他首先介绍了这种钢化玻璃杯的最大特点就是强度高、不怕摔，即使扔到地上也不会打碎。很多人都对这种新产品表示出极大的兴趣。介绍完产品后，史蒂芬为了证实刚才说过的话，也为了能够吸引更多的客户，他决定当场为大家演示一下。只见他拿起一只玻璃杯猛地向地上一扔，可结果却大大出乎所有在场人的预料，玻璃杯被摔碎了。因为他碰巧拿到一只质量不合格的杯子。

这样的事情在整个推销玻璃杯的过程中从未发生过，史蒂芬不禁大吃一惊，客户们也都感到惊讶。他们虽然都相信史蒂芬刚才所做的介绍是真的，可是眼前的事实确实使局面显得十分尴尬。

此时，如果史蒂芬惊慌失措，乱了阵脚，那结果就可想而知了，用不了一秒钟，所有的客户就都会拂袖而去，交易也会因此而失败，前面所做的一切辛勤劳动，全部付之东流，真可谓是前功尽弃。但是史蒂芬立即控制住了自己的情绪，稳住阵脚，没有露出丝毫的惊慌，反而对大家哈哈大笑。

然后，他沉着而又富有幽默地说："请大家放心，像这样的杯子我们是不会出售的。"顾客们也都大笑起来，气氛也立刻变得活跃起来了。紧接着，史蒂芬又连续扔出四个玻璃杯，都没有碎。顾客们相信了亲眼目睹的事实，纷纷提出订货，使得史蒂芬本次的推销活动获得了圆满的成功。

这种随机应变的幽默能化解沉默和尴尬，活跃气氛，让销售过程愉快和谐。所以，在向还没有对自己的产品建立信任的新客户推销产品时，幽默的话语越多，交易成功的概率越高。

所以，在与客户见面推销的过程中，应当设法打开沉闷的气氛，而让对方开怀大笑就是一个很好的办法，要知道，笑声是很具有感染力的。林小平曾以"跳楼"来逗准客户笑。

有一天，林小平拜访一位准客户，"你好，我是某某保险公司的林小平。"

对方端详着名片，过了一会儿，才慢条斯理地抬头说："几天前曾来过某保险公司的业务员，他还没讲完，我就打发他走了。我是不会投保的，为了不浪费你的时间，我看你还是找其他人吧。"

"真谢谢你的关心，你听完后，如果不满意的话，我当场跳楼。无论如何，请你拨点时间给我吧！"

林小平一脸正气地说，对方听了忍不住哈哈大笑起来，说："你真的要跳楼吗？"

"不错，就从你这里跳下去……"林小平边回答，边用手比画着。

"你等着瞧，我非要你跳楼不可。"那位客户说。

"来啊，我也害怕跳楼，看来我非要用心介绍不可啦。"讲到这里，林小平的表情突然由"严肃"变为了"鬼脸"。见此情景，客户开怀大笑，林小平也和他一起大笑了起来。至此，面谈的气氛变得非常融洽，推销进展得很顺利。

林小平本来面对的是一个沉闷的气氛，客户显然对他们的推销很排斥。但是他用一句幽默的话语，同时配上搞笑的动作逗笑了客户，让两人之间的气氛瞬间轻松起来，会谈也因此变得愉快、顺利。

幽默是推销员的制胜利器。不过，在使用幽默推销时，一定要注意以下三点。

首先，幽默一定要注意分寸，不能太过，要充满智慧与情趣，那些有色情成分或内容不健康的"幽默"，不但不能拉近与消费者的距离，还极有可能点燃消费者心中的怒火。

其次，幽默要充满善意与好感，不能针对消费者的缺点或弱点。比如：有个推销减肥品的推销员，对一个女性消费者开玩笑："如果您吃了我们的减肥药，就会由'包子'变成'油条'。"结果，消费者很不高兴，推销也以失败告终。

此外，如果不具备幽默的天性，千万不要赶时髦，这样就如同挠对方的胳肢窝一样，让人十分难受，对推销只会起副作用。

专家点拨

　　善于运用自己的幽默来逗客户笑，是优秀推销员必备的素质。只有在欢快平和的气氛中，才能更顺利地推销出自己的产品。

　　幽默要与环境、时间等相协调，要无伤大雅，取其生动、风趣，而避免低级、庸俗。变了味的幽默往往会适得其反，会引起顾客的鄙夷。

夸大其词的推销活动注定要失败

　　销售员向客户介绍产品的过程，是努力促成交易的过程，是需要展示产品特色和优点的过程，需要"王婆卖瓜，自卖自夸"。只有努力张扬产品的好处，吸引客户的兴趣，才能保证销售工作的顺利进行。但在这个过程中，过分夸大产品的优点，势必让对产品比你还了解的客户因此不再信任你；而不知情的客户购买产品后，如果发现产品并没有达到你所夸耀的好处，就会对你产生抗拒和厌恶的情绪，不会再继续购买你的产品。

　　有一个药厂的销售员对一家医院主管药品采购的医生说："我们这种药是所有治疗肝病中药中最好的，对所有的患者可以说是药到病除。"听了这话，医生生气地说："你也真敢吹牛，这种药我们也试用过，效果并不好。"于是他谢绝了销售员的推销。

　　事后，院长问医生："这种药真的没有疗效吗？"医生回答："其实还是有一定效用的，它确实使一些患者病情减轻，但并没有像他说的效果那么好。如果他把市场试用情况告诉我，还是可以接受的。但他为什么要无端夸大产品的效用呢？"

　　这位销售员的失败之处在于他夸大了药品的功效，引起了医生的反感，让推销工作不能顺利进行。虽然随着市场竞争的日趋激烈，销售员为了推销产品，增加业绩，往往会对产品进行有效的宣传，但任何一种宣传都要诚实，要实话实说，要对消费者负责。不能为了一时的销售业绩，就夸大产品的性能和价值。

那么，销售员应该如何避免夸大介绍呢？

首先，销售员在介绍产品的时候，要尽量保持简单明了，避免啰唆，这样不但可以突出产品的特性，还让客户容易接受。例如，"这种无油烟炒锅，炒菜时不但没有油烟，还不会煳锅。""这款手机虽然价格便宜，但支持蓝牙、红外和数据线，扩展功能强。""这种复印机只要扫描一次，就可以复印很多次，而且每次复印效果同样清晰。"

销售员应该注意，在介绍产品使用的资料时，要绝对真实可靠，因为它展示的是该产品的主要功能和特性，如果存在虚假信息，必然会产生不利的影响。

其次，介绍产品要扬长避短。任何一个产品，都存在好的一面和不足的一面。作为销售员，应该站在客观的角度，清晰地与客户分析产品的优势，对于产品的缺点，要懂得尽量去回避，而不是去欺瞒客户。

"的确，这个产品的牌子不太响亮，但它的优点却是最适合你的。它的节电功能可以让你尽情享受3天，你根本不必担心会用多少电。而且它的价格也比同类产品便宜很多，何乐而不为呢？"一个手机推销员如是说。

一个空调推销员对顾客说："价格是高了点，但它的性能是卓越而人性化的，有了它，您就会有一个舒适的夏天。"

这些推销员在推销产品时的成功之处，就是在于抓住了产品的特点，突出产品的长处，来淡化产品的弱势。推销员在向客户介绍产品时，如果不能让产品的价值和优势打动客户，在接下来的工作中就会非常被动。

当然，推销员应该注意的是，说明产品长处时，必须针对客户的实际需求展开。如果提出的产品长处并不符合客户的需要，例如向需求实惠产品的客户推荐时尚而价格高昂的产品，那么这种产品的长处再大，也不会引起客户的购买兴趣。如果客户的需求与产品的长处一致，那么你就可以将自己产品的优势和盘托出，并强调这款产品非常适合客户，简直就像为他量身定做。如果客户的需求与产品的长处相悖，那么你就要委婉地说服客户，让他明白：你的产品在他所坚持的需求上虽然不具备很强的优势，但也可以满足他的需求，不但如此，你的产品在其他方面还有卓越的表现。

在家电商场，一位购买冰箱的客户对销售员说："我家的冰箱放在客厅里，所以不想要噪声特别大的。那种 AE 牌冰箱和你们的冰箱是同一类型、同一规格、同一星级，可噪音却小得多，制冷速度也比你们的快，看来还是 AE 牌冰箱好些。"

这个销售员立刻爽快地回答说："是的，您说得不错，我们的冰箱噪声是稍大些，但仍在国家所允许的范围之内，不会影响您家人的健康。我们的冰箱制冷速度虽然慢了点，但耗电量却小得多。另处，我们的冰箱冷藏室很大，能贮藏更多的东西，夏天的时候，可以买很多冰棍放到冰箱里，想什么时候吃都行。再说了，我们的冰箱在价格上要比 AE 牌冰箱便宜 300元，保修期也长一些，我们还可以上门维修。"

结果，客户痛快地买走了冰箱。

上面这个案例中的销售员用"省电、冷藏量大、价格便宜、保修期长、维修方便"五种"长处"，弥补了自己冰箱"制冷速度慢、噪声大"的"短处"，因而提高了自己冰箱的整体优势，使客户不再执着地要求买噪声小的冰箱。假如销售员不了解客户的需求，只是一味地讲别家冰箱的缺点，或者一味地讲自己产品的优势，不但不会成交，还会招致客户的反感。

无论销售员多么努力地向客户表明产品的各项优势，可聪明的客户还是会发现，你推销的产品在某些方面达不到客户理想的要求，这是不可避免的。这时，你要主动出击，以免让客户步步紧逼，使自己处于被动地位。

如果你的产品达不到客户的要求，可以运用以下两个方法来弱化客户的异议：其一，只提差价。这种方法适用于很多产品的推销。如"只要多付800元，您就可以享受到纯粹的夏威夷风情。"其二，进行贴近生活的比较。这要求销售员对自己的产品要有相对程度的理解，并且这种理解符合大多数人的生活习惯。如"您只要每周少抽一包烟，购买这个产品的钱就出来了。"

专家点拨

让消费者买到真正需要的好的产品，是销售员的职责所在。

任何欺骗和夸大其词的谎言都是销售的天敌，它会致使你的事业无法长久。

介绍产品要注意扬长避短，找准客户最关心的地方介绍产品的优点。

把话说到客户心坎儿上才能成功

销售活动是销售员与客户之间的交流过程。从销售员的角度来看，就是销售员运用各种方式和手段来说服客户购买的过程。因此销售员首先要说，说好了客户才能服，才会促使交易的成功。这就需要销售员要懂得说话的艺术，善于抓住客户的"痛处"，把话说到客户的心坎儿上，让客户听得明白，听得舒服，听得高兴，那么你的销售就已经成功一半了。

但是，有很多销售员往往总是按照自己的想法，或者是自己喜欢的方式来说话。例如，销售员一见到客户就开始滔滔不绝地介绍，总是说自己的产品与众不同，能给客户带来很多的利益，同时比同类产品更受客户的欢迎等。但是很可惜，客户不想听这些，即使你说得再好，也不会起到任何打动人心的作用，反而会让客户感到厌恶。所以销售员在开口之前，就应该先想想客户是否愿意听我说这些，这样说是不是会让客户听了很高兴，不然的话，说再多也是白费口舌。

哈里面包公司生产的面包不仅味道好，而且信誉极佳，这是众所周知的。公司老板哈里一直想把自己的产品推销给当地一家著名的五星级酒店。

为了达到这个目标，他一直在努力着，几乎天天给酒店的负责人打电话，向酒店负责人推销自己的面包，告诉客户，自己的面包的味道有多么的好，外观有多么的别致，品种有多么的新……这一打，他就打了4年，到了后来，酒店负责人只要一听到是他的电话，就会直接挂掉电话。

然而哈里也是一个很坚韧的人，为了能够实现目标，他已经坚持并努力了4年，更加不可以中途放弃。为了能继续向酒店负责人推销面包，他甚至在酒店包了一个房间。遗憾的是，他如此煞费苦心，却似乎没有什么效果，他的推销始终没有被酒店的负责人接纳。

后来他想，要是谈的是酒店负责人感兴趣的事情，能够言中客户心中的关键所在，那么，酒店负责人一定不会拒绝和自己交谈，这样他就有机会把面包卖给他了。于是，他开始四处打听该酒店负责人的喜好和关心的事情。经过一段时间的调查，他知道该负责人是一个酒店协会的会员，恰好最近刚刚担任了该协会的会长，这个负责人心肠很好，很喜欢参与公益事业。得知这些后，哈里明白了自己该做什么。

哈里像往常一样去拜访该负责人，哈里这次不仅没有提及一点面包的事情，谈话的内容也都锁定在那个协会上面，让该负责人听得津津有味，并热情邀请哈里加入他们的协会，哈里爽快地答应了。

此次谈话结束后几天，该酒店的工作人员就给哈里打来电话通知他把公司面包的样品和价格表送过去。赶到了那位工作人员的办公室，哈里喜出望外地拿着酒店需要的东西，那位工作人员看着哈里后说："真不敢相信，你是怎么做到的，我的老板相当固执啊！"

事后，哈里感慨万千，自己公司的产品好大家都知道，可是努力了4年，连一粒面包屑都没有卖给酒店。可是现在仅仅说了一下酒店负责人感兴趣的事情，竟然促成了合作。

有人说，一个人的成功15%是依靠专业知识，而85%则是依靠有效的说话，可见说话的重要性。只有掌握了说话的技巧，善于抓住客户的心理，见什么样的人说什么样的话，让自己的话语合乎人心，给人以如坐春风的感觉，那么不仅使彼此的交流轻松愉快，也会使销售水到渠成。

如一般人希望购到物美价廉的商品，推销中就要突出商品质量的可靠及价格的低廉。某推销员上门推销新一代抽油烟机清洁剂："抽油烟机内部积满油垢，拆下来清洗很麻烦，这种清洁剂是新产品，清洗时不必拆卸，只需往上喷射，油垢自然落下，省时省事。"边说边演示，果然灵验。顾客先被"物美"吸引住了。接着又介绍："这种清洁剂外面卖要20元一瓶，现在是厂家直销，每瓶只要15元。"比在商店买便宜，客户有可能动心。此时推销员进一步说："您可以先买一瓶试试。如果有什么不满意的地方，可以打电话找我们。如果您满意，请告诉您的邻居和亲友。"言语中充满自信，在"物美价廉"上做文章，从心理上步步"征服"，把话说到客户的心坎儿上，满足顾客的求廉心理，有可能使这部分顾客实现购买行为。

为使推销形成有效诱惑，推销人员应注重对顾客心理的观察、分析，据对方年龄、性别、职业、经济状况乃至交谈时的面部表情变化，随时调整推销策略和推销言辞。如你作推销时，对方的眼睛向下或转向旁观，表情冷漠，说明他对你的推销不感兴趣，还未抓住客户的"痛处"；如果对方专注于你的介绍，甚至注视你的眼睛哪怕几秒钟，面部有不易察觉的瞬间微笑，说明你的介绍对他有了诱惑，有可能推销成功。

俗话说"酒逢知己千杯少，话不投机半句多"，销售员一定要训练自己的"嘴上功夫"，做到说话有"术"，能够把话说到客户的心坎儿里去，才是真正的能说会道。在销售中，销售员要注重平时语言的学习和积累，在不同的场合，面对不同的客户，要选用最得体、最恰当的语言来准确地传递信息、表情达意，力争取得最佳的表达效果。

专家点拨

销售员要把自己变成一个善于说话的智者，用最巧妙的语言，把话说到对方心坎儿去，为自己顺利开凿一条成功销售的通道。

学会说话的技巧，能够深深地吸引客户，满足客户倾听的心理，这样才能引起客户的兴趣和注意，从而促使销售活动顺利进行。

第五章

问题式销售，成交属于会提问的人

对于销售员而言，提问是一门非常有趣的学问。首先要善于提问，如果只是一味地向客户推销，就会抑制客户的购买欲望，即使再好的产品也无人问津。其次问题要提得好，提到点子上，不能对所有人一概而论，也不能忽视客户当时的情绪，劈头就问只能引来对方的反感，使其根本不愿意与你交谈下去。

你真的听懂客户说的意思了吗

有一次，某电视台知名主持人采访一位小朋友，问他说："长大后你想干什么呀？"

小朋友回答说："嗯，我要开飞机。"

主持人接着问："如果有一天，你的飞机飞到高空中，突然没油了，你会怎么办？"

小朋友想了想："我会先告诉坐飞机的人绑好安全带，然后我穿上我的降落伞跳出去。"当现场的观众笑得东倒西歪时，主持人继续注视着孩子，大家都在想这个小孩是一个自私的家伙。

没想到这位小朋友的两眼热泪夺眶而出，显示出深深的悲悯之情。于是主持人又问他："为什么要这么做？"

小朋友的答案透露出一个孩子真挚的想法："我要去拿燃料，我还要回来！我还要回来！"

看完上面这个故事，请问当你听别人说话时，你真的听懂他说的意思了吗？如果你还没听懂，就请听对方说完吧。在很多时候我们往往自作聪明地打断别人的话，急于下结论、表达自己的观点，这种做法不仅显得没有礼貌，另外更容易曲解说话人的意思，造成误解甚至误会。

俗话说："知之为知之，不知为不知，是知也。"营销人员不是神仙，也不是圣人，只是普通人，不可能明白客户说出的每一句话。当你不明白客户的意思时，千万不要自作聪明，不懂装懂，然后按照自己的理解来猜测客户的意思，希望自己的猜测能正中客户的下怀。其实，这往往会让你误解客户的意思，甚至会闹出笑话！

如果你实在听不懂对方所说的意思，只需要做一件最简单的事就行，你问一句："您的意思是……"这句话给客户传达了一种积极讯号：一是你在认真地听他诉说，二是你对他所说的事情很感兴趣。客户听到你问这句话时会很高兴，他们会认为自己终于遇到了一个能够和自己交谈的人，但他不知道，他正在随着你的问话，一点一点将自己的内心需要告诉你。

赵岩是山东朱氏药业集团里最受客户好评的销售人员。他总能受到客户的奖励。经常有客户打电话来公司，表扬他文明、高雅、有气质、博学、多才、有胆识。公司的人都很好奇，为什么赵岩在跟客户谈任何话题的时候，好像都无所不知，总能和客户谈得十分投机。终于在一次公司的客户联谊会上，同事们发现了他的秘密。

那天晚上，公司在市里最大的酒店举行客户联谊会，来了许多新老客户。一个同事发现赵岩和一位刚刚有业务来往的客户坐在一处角落里。出于好奇，他远远地注意了一段时间。他发现那位客户一直在说，而赵岩好像一句话也没说。他只是有时笑一笑，点一点头，仅此而已。几小时后，他们起身，互相碰了杯酒，起身告辞。

第二天一早，公司经理接到那位新客户的电话，又是夸奖赵岩的。那位同事很是奇怪，见到赵岩时禁不住问道："昨天晚上我在酒店看见你和新客户在一起的情景。他好像完全被你吸引住了。你是怎么抓住他的注意力的？"

"很简单。"赵岩说，"经理把那位客户介绍给我，我只对他说：'您对我们这个行业有什么看法？'

"'它的前景很好，中国未来几年里这个领域将会开辟一片新的天地。'客户告诉我。

"'您的意思是……您能详细地跟我谈谈吗？'我说。

"'当然。'他回答。我们就找了个安静的角落，接下去的一个小时他一直在谈论我们公司的业务领域前景。

"我知道今天那位新客户打电话给经理，说他很欣赏我的才华，说很希望再见到我，认为我是一个有才华、有意思的谈伴。但说实话，我整个晚上没说几句话。

"我只是时常问他：您的意思是……"

对他人说："您的意思是……"这足以让一般人激动好几个小时。因为你将你的真诚和兴趣主动地向客户表白，这不但拉近了与客户的距离，更能进一步引导客户说出自己心中的需求，一箭双雕，何乐而不为呢？

很多人抱怨自己很难和客户沟通，很难了解客户的内心需求，疑惑和不解总是充斥于销售员与客户之间。其实，最复杂的问题，答案往往最简单。当你对客户的话充满疑惑的时候，只需真诚地向客户问一句"您的意思是……"一切问题都迎刃而解了。

在销售中，学会正确地向客户提问，会让自己少走很多弯路，这不但让客户认为你对他的话感兴趣，同时也让你在客户面前留下良好的形象。我们在与客户的沟通中，时刻要保持主动，而不是被动，这就需要我们有效提问。"您的意思是……"，一个看似简单的问句，足以让你了解到客户更多的信息，从而就将谈话的主动权掌握在了自己手中。

专家点拨

知之为知之，不知为不知，当你不明白客户的意思时，千万不要不懂装懂，这样会误解客户的意思，甚至会闹出笑话！

学会正确地向客户提问，这不但让客户认为你对他的话感兴趣，同时也让你在客户面前留下良好的形象。

有魔力的问话改变糟糕的局面

一般而言，人们对陌生的推销员总是心存戒备，往往以没有时间为由将其打发走。如果你是一名推销员，当你的客户中断了你们的对话时，你可以用一句具有魔力的话来改变糟糕的局面。这句有魔力的话是："您是怎么开始您的事业的？"

乔·库尔曼幼年丧父，18岁那年成为一名职业球手，后来不幸手臂受伤，无奈之下便做了一名寿险推销员。29岁的时候，他成了美国薪水最高的推销员之一。到目前为止，在20多年的推销生涯中，他销售了40000多份寿险，平均每天售出5份，这使他成为美国的金牌推销员。库尔曼把自己的成功归结为他能够熟练运用这句有魔力的话："请问您是怎么开始您的事业的？"他在自己的传记中这样写道："这句话似乎魔力无边，看看那些忙得不可开交的人们吧，只要你一提出这个问题，他们就总是能够挤出时间来同你聊。"

汽车推销员王羽打听到，一个规模较大的仪表公司总经理张先生想换一辆新车，但由于生性节俭，所以迟迟没有行动。王羽决定前去一试。

王羽来到总经理办公室，办公桌后头发梳得一丝不苟的张总经理并没有抬头。也许秘书小姐早就通报了他是一名汽车推销员，所以张经理只是埋头于他手中的一堆资料。

王羽并没有耽搁时间，走近几步，开口说："张总经理您好，我是推销员王羽，很荣幸可以为您效劳介绍各种款型的汽车。"说完，双手递上名片。

"又是一个推销员，都以为我自己没主意吗？"张总经理终于抬起头，但看上去满脸的不耐烦，瞥一眼那张名片并随手放在桌子上。

王羽想解释，但马上就被张经理打断了："你已经是今天第三个推销员了。我很忙，有许多事情要做，还是以后再说吧。"

王羽还想努力："稍稍打扰您一会儿，请让我介绍一下好吗？我来是想和您约个时间。您方便的时候，只要20分钟就够。"

张经理提高了嗓门儿："没听我说没时间吗？"也许他看资料遇到了不顺心的事，或者是因为被打断思路而恼怒了。

王羽顿时心情阴暗，正想告辞时，瞥见办公桌旁边的木柜里有许多仪表，这时，她灵感来了。她目不转睛地看着这些产品，足足一分多钟。

埋首阅读资料的张经理忽然觉得面前的人还没走，抬起头来正要不耐烦地发话，当他看到王羽专注的目光，不由得把已到嘴边的话咽回去了。

王羽注意到这个细节，马上不失时机地问道："您制造了这些精致的产品？"

"没错。"张经理顿了一下答道。显然因为一个外行人关注他的产品而引起了他的注意。他对王羽打量起来，态度也变得和善许多。

"您干这一行多少年了？"王羽接起了话题。

"哦，好几年了吧。"张经理深有感触，手里的资料也完全放下了。

"您当初是如何创业的呢？"王羽一副好奇的表情。

张经理显然对眼前这位年轻的女孩有了好感，他背靠椅子，开始了话题"说起来话就多了。17岁那年我就开始给一家工厂打工，没日没夜地干了10年，后来终于自己办了这家公司……"

张经理开始滔滔不绝地讲了起来，从早年的不幸到创业的艰辛，再到自己取得的成绩，一口气谈了一个多小时。最后，张经理还热情地邀请王羽参观自己的工厂。那一次会面，王羽并没有卖出去车，但是她却和张经理成了朋友。然而，在接下来的三年里，张经理先后从王羽那里买走了两辆车。

许多有经验的推销员都喜欢投其所好以说服客户，这方面成功的案例数不胜数。刚开始的时候对方对推销员很厌烦，但是后来由于推销员巧妙地聊起了他们感兴趣的话题，而使对方产生了好感，并最终交易成功。由此可见，再忙的人，再抠门的人，都乐意花费时间，或者花费钱财，在他喜欢的事情上。如果你要想让推销变得容易，就该记住一个原则：发现人们的需要，并满足他。

我们知道，提问是为了找到客户的需求，问出问题才有可能去解决问题，会沟通的人同时也是会问问题的人。问客户感兴趣的话题，让客户喜欢回答你；问客户不能抗拒的问题，让客户能够回答你；问能够给客户带来好处的问题，让客户愿意回答你。

我们在做什么？我们在通过问来寻找客户的购买点。找购买点不是找客户买什么样的产品，因为产品会变化，会出新。我们是在找客户是一个什么样的人。"人性之所在，推销之所在"，通过客户对问题的回答来初步把握他的心理与需求，把握了客户的心理与需求，也就把握了产品。因为我们可以通过客户的需求来制定"移魂大法"的进攻思路，去传递给他相应的感觉。客户对产品的感觉有了，购买也就成了顺理成章的事情了。

我们如果要得到一个好的答案，就要学会提出一个好的问题。也就是说这个答案是能够帮助我们成交的答案，然后我们的任务就是朝着这个方向来设计问题。当你问别人"您是怎么开始您的事业的"，人们通常会说"那说来话就长了"。他们会讲很多，成功者都希望有听众。如果你表现出真心的兴趣，他们愿意告诉你很多。与成功人士为伍，他们会告诉你成功的秘诀。会面之后，再记下对方的一些资料，比如他出生在哪里，他家人的名字，他未来的目标、他的爱好等。把这些东西整理成卡片，这样你对你的客户就会了如指掌。

君子不开口，神仙也难下手。所以，推销员最怕对方三缄其口。如果遇到这种情况，你可以像王羽那样，说出那句有魔力的话。

专家点拨

"您是怎么开始您的事业的",其实就是为了提及对方喜欢的话题,引起对方的兴趣,从而进一步沟通,获得推销的成功。

提问有顺序成交易如反掌

销售员向客户提问,其目的无外乎是为了更多地了解客户,探究客户最强烈的内心需求。只要找到客户最关心的话题,销售员才能有效地展开下一步的工作。而如何能够让客户真正说出最强烈的需求,就需要销售员掌握提问的技巧和提问的顺序,销售员只有适时适度地向客户提问,与其一步步深入交流,才能最终了解到客户的真正需求。

凯文是一家机械设备公司的销售员,一天,他上门拜访一位客户,在之前他已经通过各种途径对客户做了一定的了解。

销售员:"您好,我是××机械公司的销售员。我们公司生产的机械性能好、价格公道,不知道您之前是否听说过我们公司的产品?"

客户:"听说过,不过还不是太了解……"

销售员:"其实不少知名企业都是我们的客户,我们的产品……(介绍产品情况)这是产品的相关资料。您觉得我们的产品怎么样?"

客户:"这个……我先看看吧,还可以。"

销售员:"请问您对我们的产品有什么疑问吗?"

客户:"没有……"

销售员:"那么您打算什么时候签订单呢?"

客户:"这个,我们暂时还没有这个想法……"

销售员:"那是您还有什么不清楚的地方吗?"

客户："不，我还需要和公司领导再商量一下……"

在与客户交流时，常会有一些销售员像上面的凯文一样，只是一味地想要加快销售进程，而没有按照客户接受程度提问，给客户一种咄咄逼人的感觉。销售员不注意提问顺序，自然很难让客户说出内心的真正需求，销售工作也就很难取得成功。针对以上情景，销售员可以采取这样的提问模式。

销售员："您好，我听说您的公司准备购进一批机械设备，请问您是否能够说一说最符合您公司要求的产品都应该具备哪些特征呢？"

客户："性能好、耐用、易于清理、价格公道、售后服务周到……"

销售员："我们公司非常希望与贵公司取得合作，不知道您对我们公司的产品印象如何？"

客户："你们的产品我倒是听说过，不过不知道具体怎么样，我们的那些标准是否都能符合？"

销售员："如果我们的产品能够达到您要求的所有标准，并且让贵公司的生产效率大大提高，您是否有兴趣了解一下我们产品的具体情况呢？"

客户："是吗？那我倒是有兴趣听一听。"

销售员："我们的产品……（介绍产品情况）这是产品的相关资料，请您过目。"

在经过一段时间交谈后，客户已经对产品有了较为深入的了解，并有了较为浓厚的兴趣。

客户："哦，不过在运输的问题上你们真的能保证时间吗？"

销售员："对于产品的运输问题，其实您完全不用担心，只要订单签好，我们都会在一个星期之内将产品送上门。那么，您打算什么时间签署订单呢？"

客户："哦，是这样啊。那么就下周一吧。"

销售员："好的，如果您对这次合作满意的话，一定会在下次有需要时首先考虑我们，对吗？"

成功的销售员在向客户提问时总是带有针对性和系统性的，先弄清客户的需求，再利用产品做好铺垫，引起客户的兴趣，之后再以满足客户需求的立场向客户提问，逐步有目的地向客户传达产品相关信息，并针对谈判局面进行合理控制，那么实现交易也就是很自然的事情了。

在沟通过程中，销售员要通过不断提问去帮助客户发现自己内心的需要，这样销售工作就变得易如反掌，想要取得销售成功也就不再是一件难事了。那么，想要掌握好提问顺序，销售员需要注意哪些技巧呢？

1. 声东击西地问

在与客户初次见面时，销售员最好不要马上将话题引入销售的具体问题上来，而是以了解客户为前提，从客户熟悉并愿意回答的问题入手，比如向客户询问：您对产品有哪些具体要求？或是您所满意的产品都具备哪些特征呢？这样先向客户提一些较为容易接受的问题，边问边分析其反应，从客户的回答中找出谈话重点，再一步步引导客户进入正题。

使用这种声东击西的提问方式，就要求销售员对话题做到有效地规范和控制，既不可漫无目的地与客户谈论与产品毫无关系的话题，又不可过于直接地向客户询问与产品直接相关的问题。做到不给客户咄咄逼人之感，又能在之后顺利引入正题。总之，销售员要让客户自愿提供信息。

2. 试探性地问

试探性地提问也是销售员在提问时需要掌握的一种方法，与客户谈话的任何一个阶段，这种提问都是重要而不可缺少的。在具体交谈中，试探性提问可以分为以下两种。

（1）舒适区试探。这种试探一般用于销售沟通初期。在与客户初次见面时，为了建立沟通的开放性，销售员需要针对客户感觉比较舒服的内容进行提问，从而使客户愿意主动传递相关信息。例如在与客户初次交谈时，销售员可以向客户提问：不知您比较欣赏哪种款式的产品。这样比较开放式地向客户提问，让客户根据自己的意愿回答，往往能使客户说出内心更多的想法。

（2）敏感区试探。所谓敏感区试探，就是指销售员针对客户所存在的问题，或是客户比较在意的问题进行提问。这种提问一般用在销售沟通开放性被建立起来之后，也就是客户的戒备心已经消除，开始信任并愿意与销售员进行深一步的沟通时。

3. 演绎式地问

在客户完整地表述过自己的信息之后，销售员就要对此进行深入理解，并将客户的内心需求和想法通过沟通的方式转化为客户能够理解，并且对销售工作有益的内容。以销售手机为例，当客户表示对音乐手机非常喜欢时，销售员就可以向客户提问："那么您是否觉得我们这里的音乐手机也很符合您的标准呢？"通过演绎式的提问，销售员就可以将谈话引入与产品相关的话题上，从而更接近谈话的根本目的。

专家点拨

与客户的交谈是一个循序渐进的过程，只有按顺序向客户提问，一步一步地深入到客户的内心，你才能了解到客户的真正需求。这样一来，你就一步一步地化被动为主动，成功的可能性也越来越大。

问的越多销售成功的可能性越大

《销售巨人》一书的作者尼尔·雷克汉姆曾经对提问与销售的关系进行过非常深入的研究，他认为：在与客户进行沟通的过程中，销售员问的问题越多，获得的有效信息就会越充分，最终销售成功的可能性就越大。可见，销售员要想推进销售，向客户提问是必需的。

向客户提问，表面看似是一件非常简单的事情，但其中也有一定的技巧。下面就介绍几种向客户提问的方式。

1. 主动式提问

主动向客户提问，就是销售员把心中所想的问题全部说出来，以得到客户的直接回答。这是一种直接的提问方式，如果客户配合回答，销售员会很容易了解客户的需求及其自身情况等。比如以下提问就是主动式提问：

"您好，您认为什么样的洗涤液最理想呢？"

"王先生，您今年多大年龄了？"

"赵小姐，您平时都用什么牌子的化妆品呢？"

销售员通过直接提问可以让客户说出他自己想要的产品，这种方式比较适合那些与销售员沟通较好的客户。

2. 选择式提问

选择式提问是销售员常用的一种提问方式，它可以限定客户的注意力，要求客户在限定范围内做出选择，通过这种提问方式，销售员就能掌握整个谈话的主动权。

> 销售员："看来这个阳台最理想的尺寸是26～30厘米，对吗？"
>
> 客户："对。"
>
> 销售员："您想要一个矮墙，还是一个全装玻璃的阳台？"
>
> 客户："我想要矮墙的，因为可以暖和一点。"
>
> 销售员："您想要的是双扇窗还是单扇窗，是3个通风孔还是2个呢？"
>
> 客户："我想要的是双扇窗，而且是3个通风孔。"

销售员把要介绍的产品分成几类，让客户从中选出一个或几个，这样方便明白，也能让销售员容易找到解决的方法，销售起来更加便捷。

3．建议式提问

建议式提问对那些拿不定主意的客户来说是非常有效的。销售员可以主动向客户说明产品的优点，同时也要让客户认为你提的建议是正确的，这样客户才会很快地做出决定。

"你家小孩如果是四五岁，玩这个玩具会比玩那个更能开动脑筋，您说呢？"

"我个人认为在车上听轻松的歌曲比听摇滚型的音乐更能让您安全驾驶，您认为呢？"

"我觉得你家小孩骑三个轮子的车虽然稳定些，但是让他早点学习骑两个轮子的车会更好，您觉得呢？"

4．诱导式提问

诱导提问方式是要求销售员一步步地诱导客户跟着他的思路走，让客户没有回想的时间。就好比："在陈述一个事实前，先做好一个框架，然后让客户自动跳进去。"这样用一个预先做好的框式，就可以引导客户做出销售员想要的回答。

> 客户："有没有一层的房间？"
>
> 销售员："如果我要能找到一层的房间，你是不是肯定能买？"
>
> 客户："你能不能提供10年而不是5年的分期付款？"
>
> 销售员："如果我能提供10年的分期付款，你是不是肯定能买？"
>
> 客户："如果我们今天就决定，你能下个星期一送货吗？"
>
> 销售员："如果我保证下个星期一送货，我们今天是不是就可以签合同了？"

5. 重复式提问

重复式提问是以问话的形式重复客户的语言或观点，这样让客户觉得你是很认真地倾听他的谈话，是尊重他的。

"您是说对我们提供的服务不太满意？"

"您的意思是，由于机器出了问题，给你们造成了很大损失，是吗？"

"也就是说，先付 50%，另外 50% 货款要等收货后再付，是吗？"

销售员以问话形式重复客户的问题或者抱怨，会让客户感到他们的意见已受到重视，相应的，其否定情绪也会减弱，在此基础上，再用提问的方法说出自己想说的话，这样接下来的沟通会比较容易。

专家点拨

对于销售人员来说，通过采取有效的询问方式，可以启发客户心智，引导客户积极参与到沟通中，达到自己的销售的目的。

正确运用反问句才会平中出奇

销售员在与客户沟通的过程中，如果能正确地运用反问句，往往可以一语中的，平中出奇。因为当销售员向客户提出反问时，客户的注意力往往被锁定在沟通的情景中，其谈话方向也能被销售员掌握。反问可以使销售员有效地掌握主动权，从而抓住更多了解客户的机会，对销售进程做到了如指掌。

小李是一家电子科技公司的销售员。一天，他去拜访一位科贸公司的经理，这家公司人脉广泛，小李希望通过与其合作，完成自己本季度的销售任务。但是在沟通的过程中，科贸公司的经理提出了不同看法：

客户："到现在为止，所有厂商的报价都太高了。"

销售员："哦，不过您应该看到，我们的报价虽然较高，但是我们的产品质量却最好啊。"

客户："就是同质量的产品相比，你们的价格也还是高了很多。"

销售员："也许您对我们的产品认识还不够，我再向您仔细介绍一下……"

客户："不用了，我都了解，主要就是价格问题，如果你们的价格可以在我固定的范围之内，我们可以考虑一下。"

销售员："我们产品的质量真的不错啊，同其他厂商相比，我们的价格虽然有些差别，但是从产品质量上来说，绝对可以保证，我们还是有优势的。"

客户："这个……我认为同其他产品相比，你们的产品优势有限……"

不懂得用反问争取谈话中的主动，销售员就会处于被动而无法继续获取客户信息。在上面的谈判过程中，客户一直处在主动的位置，而销售员则始终被客户牵着走，没有任何可以控制客户的空间。针对上面的情景，销售员可以这样来做：

客户："到现在为止，所有厂商的报价都太高了。"

销售员："所有的报价都太高了？真的是这样吗？"

客户："是的。"

销售员："不过，我想您应该不会反对我与您进一步展开合作吧？"

客户："反对倒还不至于。"

销售员："那么如果我们有机会再次合作，难道您不觉得我们可以帮助您建立更广泛的客户群吗？"

客户："嗯，很有可能。"

销售员："您想我们平时买质量优质的手机和传真机，都是为了拥有更好的通话质量，对吗？如果我们的产品通过与您的合作被更多人所使用，那么那些受益者第一个想到的就是贵公司的名字对吗？"

客户："嗯，倒是这么回事。"

销售员："所以您不反对我们通过和您的合作可以帮助更多人建立起一套更实用的电话系统，是吗？"

客户："是。"

要想成为销售工作成败的决定者，就要在谈判中掌握主动性，这样才能获得掌控销售进程的权力，进而决定销售工作的前进方向。销售员反问客户的首要作用就是将被动转变为主动。在销售中掌握了主动，想要实现成交也就不再困难了。

那么，在具体销售过程中，销售员应该如何向客户提出反问呢？

1. 机智型反问

机智型反问是指反问者通过考虑交谈对象和情景，从侧面和不同的角度表达态度、倾向和观点，机智巧妙地回应对方。在购买产品时，客户有时会提出一些"另有他意"的异议，这些异议一般是指客户为了压低价格，或是有意摆脱客户身份的假异议。当销售中出现这种情况时，销售员难免会感到尴尬，这时销售员就可以使用机智型的反问来消除尴尬，并活跃销售气氛。

客户："你们的产品质量太糟糕了，肯定不会有人来买！"

销售员："是吗？其实我和您的意见完全相同，不过遗憾的是，只有我们两个来反对那么多来买产品的客户有什么用呢？"

2. 幽默型反问

幽默型反问是指反问者的问话既能令人感到很有意思，又能令人从中有所领悟。这种反问一般用于销售气氛紧张的情况下，例如客户投诉、提出重大异议，或是双方因为某些问题即将展开争论时。

销售员使用幽默的反问回应客户，不仅能够较为明确地表明自己的观点，还能避免伤及客户心理，起到了调节气氛、融洽双方关系的作用。有这样一则笑话，就使用了幽默型的反问，让人在感到快乐的同时又有所领悟：

妈妈："你选哪一个苹果？"

儿子："我要那个大的。"

妈妈："你应该懂礼貌啊，要小的才对。"

儿子："难道懂礼貌就是要撒谎吗，妈妈？"

3. 讽刺性反问

讽刺性反问是指反问者在受到不平等回应时，所使用的一种表面不伤及双方感情，但却一语中的的反问方式。

地主："天亮了，怎么还不起来干活？"

长工："等我抓到虱子。"

地主："天这么黑，能看到虱子吗？"

长工："天这么黑，能干活吗？"

这种反问方式既表达了反问者的想法，又不会使谈话气氛太尴尬，同时也给了对方一种自打耳光的窘境。在销售过程中，销售员使用这种反问方式时一定要掌握分寸，不要激怒客户，更不要让其难堪，要为接下来的沟通留下空间。

4. 疑问型反问

疑问型反问是指反问者直截了当地提出观点、倾向、意见，以得到答案为目的，证明、推理、求证自己的看法。在与客户沟通时，有些销售员与客户沟通许久也没有获得足够的信息，这时，销售员就可以使用这种疑问性反问，以较快地获得答案。

例如销售员可以问"您喜欢红色的风衣，为什么不试穿一下呢""您家的客厅既然那么大，为什么不选这套大一点的沙发呢"等，使用疑问型的反问句，销售员就可以在短时间内明确谈话的重点，引导客户进行有效的沟通。

5. 层递型反问

层递型反问是指反问者通过层层加深的语言内容和语气，加深对所叙事物的认识，有言简意赅、引人入胜的效果。这种反问方式一般使用在销售员探究客户需求，唤起客户购买欲望的过程中。例如，在销售员向客户推销电脑系统的过程中，可以向客户反问：电脑系统崩溃一定是您在工作时不愿看到的，如果您的电脑系统出现瘫痪，您会是什么心情？坏心情会给您的工作带来怎样的影响？销售员这样逐级增加问话的深度，往往能让客户有一种购买产品的紧迫感和冲动。

专家点拨

在销售过程中，当你使用反问型的问题与客户沟通时，就是在让买方自己解释反对的理由，这时，你就成了提问者，而客户则成了回答者。这样一来，你希望从客户那里获得什么答案，都会比较容易。

用简单狡猾的提问赢得客户好感

山东朱氏企业培训有限公司专为各公司培训管理人员和销售员，小顾是公司的销售顾问。在一个星期五的下午，天气很热，小顾2点钟有个约会，因乘车顺利，他1点40分就到了。为了不让这20分钟的时间白白浪费掉，他决定找个客户进行推销。

小顾找到了一家规模比较大的汽车销售店，并走了进去。

"你们老板在吗？"他问销售员。

"不在。"

小顾并不退缩，又问道："如果在的话，他会在什么地方呢？"

"在大街对面。"

小顾走到街对面，在接待室他问："你们老板在吗？"

"他在，在他办公室里。"接待小姐说。

当时那位老板正在和销售经理商量事情，小顾走进他的办公室，问道："作为贵公司的老板，我想您大概总是在想办法增加销售额吧？"

"年轻人，你没看见我正在忙吗？今天是星期五，又是吃午餐的时候，你为什么在这样的时间拜访我？"

小顾满怀信心地盯着对方说："您真的想知道吗？"

"当然，我想知道。"

"好吧，我是刚从雷丁乘车过来的，我有个约会是下午2点，有20分钟的空闲时间，因此，我想利用这短暂的时间来访问。"稍作停顿，小顾又压低声音问："贵公司大概没有把这种做法教给销售员吧？"

那位老板听到小顾的问话后，绷着脸看了销售经理一眼，过了一会儿，老板微笑着对小顾说："多亏你，年轻人，请坐吧。"

小顾之所以能在20分钟内得到客户的认可，正是由于他有效利用了这种"很简单，但却很狡猾"的方法。同样，销售员采用这种方法，可以让客户放下心中的怀疑，与你心平气和地交谈。

与客户沟通时，销售员"狡猾"地提问是有一定技巧的，如果用得不恰当，就会起到相反的作用。那么，这些技巧都有哪些呢？

1. 二选其一

当发现客户有购买意向，却又犹豫不决拿不定主意时，销售员应立即抓住时机，采用"二选其一"的谈话技巧。销售员不必询问客户买不买，而是在假设他买的前提下，问客户一个选择性的问题。

一位保险销售员去拜访客户，见到客户时他说："保险金您是喜欢按月缴还是喜欢按季缴？"

"按季缴好了。"

"那么受益者怎么填？除了您本人外，是填您妻子还是儿子呢？"

"妻子。"

"那么您的保险金额是 20 万元呢，还是 10 万元呢？"

"10 万元。"

有人说：当我们在第一时间接受某一信息并即刻做出决策时，思维往往会被这一信息所固定。不仅是推销保险，任何一个产品的销售员在必要时都可以使用这种二选一的技巧，来固定客户的思维。同时，销售员在问客户问题时，也要注意语言的技巧，要用肯定的语气问客户问题，不能让客户有一丝怀疑，这样客户就能条件反射地回答销售员的问题。

2. 吊客户的胃口

有时候销售员可以在销售的开始设下悬念，如同看侦探剧一样，吊一下客户胃口，让客户对产品产生好奇心，然后就像魔术师刘谦常说的"接下来是见证奇迹的时刻"一样，为客户揭晓答案。

一个中国留学生在澳大利亚经历了这样一件事。

一天，我独自走在悉尼的街头，突然一声"请原谅"使我吓了一跳，回头一看，原来是位金发小姐。

"您是中国人？"金发小姐问。

"嗯。"我下意识地回答了一声。

"我能问您几个问题吗？"

"我不懂英语。"我打着手势装着不懂。

"只四个问题。"金发小姐一笑，继续问，"您是学生还是已经工作了？您最想做的事是什么？将来想从事什么工作？对未来有何打算？"

我的顾虑打消了，心想在这陌生世界中，竟还有人关心起我这个不起眼的人的生活和工作，甚至未来，于是答道："我现在是边学习边打工，每天感到生活压力很大、又很累。我最想做的事就是交到更多的朋友，将来能从事自己喜欢的工作，未来我希望获得成功。"

金发小姐一边点头表示理解，一边尽快地在本子上记下了"压力""朋友""工作"和"成功"，并在"成功"一词与前面三个词之间画了一个圆，打上了大大的问号。

"您希望成功，目前却遇到压力，朋友和工作这些问题，那么通过怎样一个中间媒介去实现呢？我将告诉您。"然后指着问号说道，"但愿我能帮您解决这个问号。"

我十分惊讶，于是带着好奇，跟着金发小姐来到了她的办公室，她告诉我，她的工作是帮助那些有困难的人，根据他们的具体情况，指导他们购买他们所需要的书，特别是在这儿购书可比外面书店便宜10%。在金发小姐的热情介绍下，我不得不买了她推荐的一本书。

在这个案例中，金发小姐所制造的悬念就是她所提出的问题："您是中国人？""我能问您几个问题吗？"这两句对话以及她后面提出的问题都让对方感到疑惑，丝毫没有想到这是事先设计好的一种推销形式。不仅如此，你还会感觉到虽然身在异国他乡，但是金发小姐对你还是很关心的。这就是成功地"吊客户胃口"，也是一种"狡猾"的推销方式，随着与金发小姐的交谈，客户会一步一步地掉进她事先设定的陷阱里，成交也就很自然地实现了。

3. 拖延战术

在销售产品时，面对客户提出的敏感问题，如果销售员不想对此做出回答，可以设法拖延，让客户暂时放下这个问题，直到你真正想回答为止。虽说这种方法会让客户觉得销售员在敷衍他，但对于一些性格较好的客户还是比较适用的。

"李先生，你说这个款式的产品要卖多少钱？"这是客户的第二次询价。

"请等一下，我马上就会谈到价格的问题。"然后山东朱氏药业集团的李先生继续介绍产品。

过了一会儿，客户进行第三次询价。

李先生说："我很快就会谈到价格，但是我要让您多了解一些，这样您就可以发现这是一笔多么合算的交易。"然后用一种友好、诚实的口气说，"别担心，请耐心听我解释。"

当李先生最终准备报价时，他先制造了一种悬念。"好了，我知道您现在已经开始喜欢这个产品了。我相信，等您发现这笔交易真是物有所值的时候，您一定会激动不已。"稍作停顿之后，李先生说，"好吧，让您等了这么久，我现在告诉您价格是……"

随后，李先生写下价格给他，在他开口之前，李先生又满面笑容地补充道："您看我是不是为您提供了周到的服务呢？"

有的客户在没有了解产品时，就急着询问价格，面对这种情况，销售员要先稳住客户，让他尽可能多地了解到你所推销的产品有哪些优势，等时机成熟了再报价。这样做的好处是，为你说服客户提供更多的机会，避免有些客户一听到产品报价转身就走，从而使你错失销售良机。

专家点拨

人是世上最聪明的动物，有时候，人的聪明可以用"狡猾"来形容。其实，销售员在与客户沟通的过程中偶尔也可以利用自己的小聪明，用简单、却很狡猾的提问赢得客户的好感。这样提问不但可以更快、更准确地了解客户的真正需求，还可以按客户的需求调整自己的谈话重点。

产品是决定销售是否成功的重要因素。在产品日益同质化的今天，产品之间的差异越来越小，但仍有客户对某品牌的产品情有独钟。对销售员来说，就是要用自己如簧的巧舌让客户从感情上喜欢上自己的产品，这样一来，成交就会变得容易得多。

第六章

用舌头挣钱，让客户对产品一见钟情

激情四射才会让产品介绍更出彩

我们在听新闻广播时，发现播音员往往都不带主观意识，不带感情，只是在进行平实客观的述说，这是出于其职业的需要。但销售人员就不同了，一般来说，饱含感情的说话是至关重要的。在向客户进行产品介绍时，如果没有抑扬顿挫或不带感情时，听起来就会让人感到无聊乏味。即便销售员掌握了丰富的产品知识，也不能将其很好地传达给客户。只有充满感情地去和客户交流，才能收到良好的效果。

一家集团公司要购置一批办公用的笔记本电脑，一家电脑公司的销售人员小李带着样品找到了行政主管韩女士。韩女士看了一下电脑的样式，最后问小李：

"这款笔记本电脑的配置是主流型吗？"

"是的，主管，这是主流型的。"小李面无表情，有问有答。

韩女士："主流型电脑用着倒是可以，但是会不会不便于携带？"

小李："不会，这款电脑挺薄的，很方便携带。你看，携带的时候你只要把它放在包里……"（一气呵成介绍携带知识）

很多销售员或者店员都会犯这样的错误：就是对待客户不冷不热，由此也导致其在介绍产品时过于呆板，打动不了客户，当客户有异议时，也只能说："这款产品挺好的"或者"不会出现您说的问题"等。致使很多时候客户明明已经对产品有了兴趣，但是看了销售员的态度，听了销售员的介绍，反而没兴趣购买了。就以上的情景，销售员可以这样回答客户的提问：

"这款笔记本电脑的配置是主流型吗？"

"是的，主管，您真有眼光，这就是主流型的，用起来非常方便。"销售员微笑地看着客户，目光充满了对客户正确判断的肯定和赞许。

客户："主流配置的电脑用着倒是可以，但是会不会不便于携带？"

销售员依然保持微笑，一边用手指比划着计算机的厚度，一边解释：

"主管，一看您就是选电脑的行家，的确像您说的很多主流配置的笔记本不便于携带，但是您放心，您看中的这款计算机机型非常薄，方便携带到任何地方，您无论是办公用还是出差用都相当轻便。还有，它有很多种颜色，我觉得纯黑、银灰都显得非常沉稳和气派，而纯白则显得高贵和宁静，您喜欢哪种颜色呢？"

"相对来说，我更喜欢银灰色，因为我觉得这种颜色既不十分张扬又显得气派，而且……"这时客户已经表现得十分主动了。

有了微笑，有了肢体语言，销售员这种声情并茂的亲切介绍，会将其与客户间的距离拉近许多，也让客户对销售员有了信任感。信任感一旦建立实现销售就是很自然的事情了。

销售员在向客户介绍产品时一定要讲究技巧，切忌说话没有高低、快慢之分，没有节奏与停顿，生硬呆板。无论是产品路演还是与客户面对面地介绍产品，销售员都要声音洪亮、节奏鲜明、有声有色、声情并茂，掌握了这些说话技巧再加上你自己本身丰富的产品知识，一定会顺利地征服你的客户。

具体来讲，销售员要让自己在介绍产品时声情并茂，就要做到声音洪亮。声音洪亮可以让客户充分被你感染，增加对你个人的信任，并能对你的产品产生一种强烈的兴趣，也能产生一种想听下去的愿望。客户会从你洪亮的声音里感受到你的热情，以及你对自己工作的激情和你对自己产品的那份热忱。很多销售员在面对客户时，说话声音较小，甚至有些低沉、沙哑，这不但让客户难以听清你说话的内容，同时也会给客户留下一个不好的印象。在说话声音洪亮的同时，销售员不要忘记把你的微笑挂在脸上，因为微笑不但可以打动客户，塑造你的形象，有时还能化解矛盾。

另外，在销售中，轻柔舒缓、委婉温和的语调及适当的语速能很快缩短销售员与客户之间的距离，进而吸引和感染客户。很多销售员由于内心较急，在向客户介绍产品时节奏过快，没有抑扬顿挫，客户无法听懂他所表达的意思。还有些销售员由于性格较内向，说话语速过慢，停顿间隔时间较长，向客户介绍产品时根本不能引起客户的注意，这都是销售员需要特别注意的。在向客户介绍产品时，销售员可以通过声音的强弱、呼吸的急缓、音调的高低、节奏的快慢等营造各种氛围，或慷慨激昂、或激情奋进，从而将以声传情作为提高销售口才、吸引客户的重要手段。

还有一点需要销售人员特别注意的是，在与客户进行交流的整个流程当中，销售人员都要尽可能地调动自身的积极性，要自始至终都展现给客户你对产品的激情。如果销售人员在销售的最初阶段还激情澎湃，可到了后来这种激情却渐渐消退，那就很难让客户对产品保持持久而强烈的兴趣，最终也无法获得成交的机会。

世界级的推销大师弗兰克·贝特格先生尤其推崇销售工作中的激情。他认为，激情是最有价值和最有感染力的一种感情。如果推销员想把自己的意思向客户表达清楚，想让对方认真听你的介绍，想让客户给予你最大的理解和信任，那么激情就是最好的办法。事实上也是如此，你不妨想象一下，如果你是客户，当一个推销员面无表情、始终一个腔调地向你介绍一种产品的时候，你能够忍受下去吗？

总之，声情并茂是销售员具备良好口才的标志。销售员说话的目的就是要打动客户，而打动人心者，莫先乎情。所以，要想成为一名出色的销售员，在向客户介绍产品时，就一定要声情并茂，这样才能感染客户、感动客户，从而实现成交。

专家点拨

从你的语调中，客户可以看出你是一个充满激情、令人信服、可亲近的人，还是一个呆板保守、具有挑衅性、阿谀奉承的人。

在向客户介绍产品时，销售员可以通过声音的强弱、呼吸的急缓、音调的高低、节奏的快慢等造成各种氛围，或慷慨激昂、或激情奋进，从而将以声传情作为提高销售口才、吸引客户的重要手段。

让客户亲自体验

销售活动是由销售员和客户共同参与的活动，销售员应该尽量促使客户参与到你的销售活动中来，实现彼此之间的互动，进而使客户更深层次地了解和体验你的产品和服务，这样才能有利于交易的达成。

自我实现心理是人的一种很高层次的心理需要，而参与则是自我实现的一个重要的途径，在参与过程中，人们的心理会得到满足，感到自身价值的存在，从而获得愉悦的心情。

销售员在销售自己的产品和服务的时候，光靠一张"巧嘴"是不够的。很多抽象的东西是只可意会、不可言传的。通过客户的参与，反而可以向客户传递更多更加真切的信息，也更容易让客户接受你的产品。

山东朱氏药业集团新近开发了一种按摩仪，在商场的柜台上摆了两个月，居然无人问津，这让集团很是纳闷和着急。后来行销部的一个新员工毛遂自荐，把推销任务揽了下来。这位员工来到商场，一改以前销售员只是坐着等客户上门的销售方式，不仅主动地给客户介绍产品的性能，而且还在现场进行示范表演，并且邀请客户参与进来，让其亲身体验按摩仪的作用和效果。当一位患关节炎的老人在使用仪器的按摩治疗后，本来无法自由活动的胳膊能够自由弯曲了，这一实际效果赢得围观群众的信服，不再像以前一样只是观望，而是踊跃地前来购买。结果滞销两个月的产品，在一个星期之内就卖出了 200 多台。

销售员要说服客户购买自己的产品，其方式并不是唯一的，只靠销售员滔滔不绝地讲解而客户傻傻地听，这样的销售是难以收到良好效果的。除了言语的说服之外，文字、图片、样品等非语言的手段有时会更加具有吸引力和说服力。让客户参与到你的销售活动中来，是一种更加有效和直接的销售方式。

邀请客户前来参加，不仅可以满足客户的参与心理，获得自我实现的心理满足，而且还能够让客户更加深刻地了解你的产品和服务，更加真切地体验到你的产品和服务的质量和效果，从而更加容易地接受和购买。

这天，乔·吉拉德在展厅中看到一位女客户，那位客户围着一辆崭新的车转来转去，显出特别喜欢的样子。

于是吉拉德就上前为她介绍这辆车的性能，并对她说："夫人，你可以坐上去试试看。"

这位女士显得很惊讶："对面的车行里每辆车上都写着'请勿触摸'，你们的车真的可以坐上去试试吗？"

"当然可以。"吉拉德微笑着说。

这位女士坐在车里，操作了一番说："这款车真不错。"

"那你决定买这辆车吗？"

"我再考虑一下吧，不知道我丈夫同意不同意。"

"夫人，这辆车真正驾驶起来是很舒服的，你愿意的话可以把它开回家体验一番。"

"真的吗？"这位女士显然觉得很不可思议。

最终，这位女士购买了这辆车，因为她把车开回家后，丈夫对其赞不绝口，同意她购买。

乔·吉拉德的成功，就在于他善于调动客户前来参与，让客户真真切切地感受到自己产品的质量是多么的优质，从而赢得客户的信赖。

正所谓"百闻不如一见，百看不如一用"，只有让客户真正地参与进来，感受到产品的真实状况，才会获得客户的青睐。客户在购买商品的时候，特别是比较昂贵的产品时，总会有一种戒备心理，害怕产品的质量不好，唯恐上当受骗，给自己造成巨大的损失。如果商家或者销售员能够让客户亲自来试一试，在试用中了解产品的特性和优缺点，然后再确定买或者不买，才能获取更大的成功率。

现实中，我们往往会遇到这样的情况，客户对于自己喜爱的产品"只可远观而不可亵玩"，面对商家"禁止触摸""样品勿动"的警示语，客户望而却步，只好悻悻地离去。商家这样"不让摸不让碰"的行为在一定程度上反而是拒绝客户的参与，相当于把客户拒之门外，想想客户受此冷遇还会购买你的商品吗？

向客户成功地销售产品，就是要让客户产生一种参与意识，让客户感觉出这款产品中有自己的意见，从而引发客户的购买欲望。与"样品勿动、禁止试穿"的警示语相对，有的商家和销售员会特意邀请客户参与。"请坐上去吧！感觉一下它有多么的舒服！""请试试吧，您穿上它一定更加漂亮！"这样的话语一下子把客户的心拉了过来，进而十分乐意地试用和购买其产品。

那么，在进行销售时，如何才能让客户更多地参与到产品的体验中来呢？

1. 让客户亲自体验产品

优秀的销售员会积极创造让客户亲身体验产品的机会，客户也只有对产品有了一些切身的体会，才会在心中对产品有一个很好的印象。所以，销售员没有必要舍不得让客户试用产品，反而要在客户试用产品的时候，有意地引导客户，询问客户的兴趣所在，并让客户亲自感受产品在用户兴趣方面所展示出的性能和特点，满足客户的心理享受。

2. 让客户参与到问答活动中来

销售员在做产品介绍时，可以运用一些问题作为对产品性能的描述，这样就能让客户更多地参与到产品展示中来。比如，销售员在现场展示打印机的打印品质，介绍完一种特性后，可以问一下客户，他对打印的质量是否满意，或者可以用这种特性打印什么样的图片。然后再接着讲述产品的另一种特性。

让客户参加到产品展示问答中来，不但可以让销售员更好地控制产品展示的场面，还能更大程度地引起客户的注意，活跃展示现场的气氛，并且可以更好地引导客户的心理，让其最终做出购买的决定。

3. 销售员要了解和欣赏自己的产品

让客户亲身体验产品时，客户可能在体验过程中，提出一些实际操作的问题，这些问题可能是销售员在介绍产品过程中没有考虑到的。这就要求销售员要非常了解自己的产品，只有认真操作和使用过自己的产品，对产品怀有一种欣赏和热爱，才能像产品专家一样回答这些问题。如果销售员并不欣赏自己的产品，在展示的过程中，就会不自觉地流露出厌烦的态度，这必然影响一些细心的顾客的心态和选择。

专家点拨

在销售员允许客户亲身体验时，应该告诉他试验可能的结果是什么，这样，客户才会将注意力集中到试验的正确方向上来。

销售员在向客户推销产品时，只要有可能就应当由客户自己来亲身体验。

客户对产品的试用感受，要比市场调研来得准确得多。

对产品知识显得专业才值得信赖

任何一位客户在购买某一产品之前都希望自己掌握尽可能多的相关信息，因为掌握的信息越充分、越真实，客户就可以购买到更适合自己的产品，而且他们在购买的过程中也就更有信心。可是，很多时候，客户都不可能了解太多的产品信息，这就为客户的购买造成了许多不便和担忧。比如不了解产品的用法，不知道某些功能的实际用途，不了解不同品牌和规格的产品之间的具体差异等。对产品的了解程度越低，客户购买产品的决心也就越小，即使他们在一时的感情冲动之下购买了该产品之后，也可能会在购买之后后悔。

可见，客户对于一些必要的产品知识有着非常大的需求。面对客户的这种合理需求，销售人员一定要尽量满足，可以说，满足客户这方面的需求是销售人员的一项基本职责。而且在时下这种竞争日益激烈的市场环境下，往往是销售人员对产品的相关知识了解得越多，表现得越是专业，就越能引起客户的注意，而最终，这类销售人员通常都会用自己丰富的专业知识和高超的销售技能与顾客达成交易。而那些对产品知识了解得不够充分的销售人员往往不能非常专业地回答客户提出的问题，更不能有效消除客户心中的疑虑，也不能针对客户的实际需求为客户提供令人信服的建议，所以这类销售人员注定难以取得客户的信任。

某计算机公司的销售人员小周正和一位客户谈话，在双方谈话进入实质性阶段的时候，小周对客户说："吴女士，我是否可以详细说明我们公司最新开发的一些产品的情况呢？"

吴女士回答："当然可以，我就是想买一台最新上市的计算机，现在计算机更新换代这么快，我可不想我的计算机一买回去就被马上面临被淘汰的局面。"

听到客户这样说，小周又热情地说："看来您很注重计算机的功能了，我们公司生产的×××型号计算机是目前市场上功能最为齐全的产品之一，这款产品兼容性很强，所以您买回家以后，即使将来计算机需要更新换代，您也不用再购置新计算机了，只要到市场上再购买一些好的硬件就可以了。另外，这款计算机的中文操作系统非常先进，出错率特别低，它可以与手机上的信息直接进行互换，从而更加快捷、方便地与同事或客户进行联系……"

吴女士想了想又说："我想问一下，这款计算机是属于掌上计算机吗？因为我是做销售的，有个掌上计算机会方便很多，而且我最近在网站上看到你们公司的另外一种型号的产品看上去特别小巧，而且是淡紫色的外壳，我特别喜欢这种颜色。不知道我说的那种型号的产品怎么样？"

"哦，我知道了，您说的是另一款计算机，这种型号的计算机也是我们公司最近推出的一款产品，它的确是最新款产品当中外观设计最为精巧的一种计算机。不过，这种型号的计算机主要针对的客户群是香港和台湾用户，所以开发的中文操作系统都是繁体字，如果您想用简体汉字输入的话需要另外安装一个繁简字转换系统，但如果这样的话计算机的识别率和速度都会变慢，而且和手机互换数据的时候经常会出现乱码。所以，如果您的客户大多是内地客户的话，我建议您购买×××型计算机，它可以让您更加……"小周诚恳地对客户说。

客户："那么你们的×××型计算机是否也有淡紫色外壳的呢？我刚才说了，我特别喜欢这种颜色。"

听到客户已经有了成交欲望，小周继续趁热打铁地说："正好上个星期我们公司刚刚推出这种外壳颜色的×××型计算机，看来您真是和我们有缘……"

如果对产品的相关信息没有一个充分而详细的了解的话，客户是不会轻易做出购买决定的。而且，即使客户打算购买某种产品的时候，也会针对这一产品以及相关产品的具体情况进行详细的询问。在这种情况下，如果销售人员不能及时而准确地回答客户的问题，那么就会给客户留下不够专业的印象，而这又必然会降低客户购买产品的积极性。

从某种意义上说，销售人员的工作是通过自己的商品知识为客户创造利益，协助客户解决问题。为此，销售人员必须坚持不懈地、全方位、深层次地掌握充分而专业的产品知识。作为一名销售人员，在开展营销工作之前需要熟悉本公司产品的基本特征，这实际上是销售人员的一项基本素质，也是成为一名合格销售人员的基本条件。

在分析产品的基本构成情况时，销售人员的表现更应该像一个专业而沉稳的工程师，应该客观冷静地向客户表明产品的构成、技术特征、目前的技术水平在业界的地位，等等。当然了，此时销售人员介绍产品的语言一定要力求简洁明朗，而不要向客户卖弄难以理解的专业术语。此时，销售人员对产品的基本构成分析得越是全面和深入，表现得越是从容镇定，给客户留下的印象就越是专业和可靠。建立在这一基础之上的客户沟通就会比喋喋不休地对产品进行华而不实的宣扬顺畅得多。

当然了，在激烈的市场竞争环境下，很多产品的相关信息几乎在每一天、每一分钟都有变化，销售人员很可能对其中的某些信息掌握得不够全面和准确。此时，销售人员应该实事求是地向客户说明事情的真相，而不应该为了显示自己的"博学"和"多知"而胡编乱造地欺骗客户，那样的话，只能使客户离你更远。

专家点拨

客户有权利了解相关的产品知识，而作为一名销售人员，则有义务帮助客户弄清产品的相关情况。

人们只有在对你以及其他同类产品有了足够的了解之后，才会下定决心购买。

不断丰富自己的产品知识，直到愈加完善。

销售的不是产品而是产品带来的好处

在一家公司举行的销售培训课上，有一个新入行的销售员向一位销售前辈推销一款办公软件，前辈问他："什么是你销售的产品？"销售员说："这款办公软件。"前辈又问他："你到底在推销什么？"他说："我说过了呀，我销售的是办公软件。"听了他的回答，前辈接着问："你的这款办公软件有什么用处？""我的办公软件能够提高工作效率，假如公司用这款办公软件，效率会提升30％，这样人员可以减少大概20％。""这对公司有什么好处？""假如这些都能做到，公司的营业额会增加40％，成本降低15％，因此一年可以增加营业利润35％～50％。"前辈说："这才是你销售的产品，而不是办公软件！"

推销员时常会犯这样的错误。他们总是认为自己卖的是产品，因此总是在宣传自己的产品有多好，自己的服务有多棒……其实客户买的不是产品，而是产品可能带给他的好处，而这个好处对他来说应该是非常直接的。所以，从事销售的你必须熟悉自己的产品，找准产品卖点。在熟悉产品的过程中要学会问自己：如果我是客户，我会对产品的哪些卖点感兴趣？我会为哪些介绍产品的方式所动？当你能回答这两个问题后，要尽量写出来让它变成自己的语言。总之，无论在什么时候都要记住：你销售的目的不是产品而是产品带来的好处，因为这样有利于打动客户。

有一位推销空调的高手，他从来不滔滔不绝地向客户介绍空调机的优点如何如何，因为他明白，在很多情况下，人们并非完全因为东西好才想得到它，而是由于先有相应的需求，才会感到东西好。如果没有需求的话，东西再好，他也不会买。

所以，他在推销他的商品时并不说"这样闷热的天气，如果没有冷气，实在令人难受"之类刻板的套话，而是把那些有希望购买的潜在客户，想象成刚从炎热的阳光下回到一间没有空调的屋子里，然后再诚恳地对他说："您在炎热的阳光下挥汗如雨地工作后回家来了。当您一打开房门，迎接您的是一间更加闷热的蒸笼。您刚刚抹掉脸上的汗水，可是额头上立即又渗出了新的汗珠。当您打开窗子，但一点风也没有。您打开电扇，吹来的却是热风，使您本来就疲劳的身体更加烦闷。可是，您想过没有，假如您一进家门，迎面吹来的是阵阵凉风，那将会是一种多么惬意的享受啊！"

在上面的销售语言中，销售员的说辞都具有较好的说服力。他能够抓住产品的特点，突出产品的长处，来淡化产品的弱势。销售员在向客户介绍产品时，如果不能让产品的价值和优势打动客户，在接下来的工作中就会非常被动。因此，介绍产品要扬长避短，针对客户需求点中的关键部位来介绍产品的功能，以此来赢得销售上的成功。

在了解产品的过程中，你还必须问自己："为什么客户要购买我的产品而不是竞争对手的？"这一点非常重要。假如没有做到这一点，你就很难跟你的产品和服务"谈恋爱"，因为你不知道你的产品到底比别人的好在哪里。当你的客户问道"我听说××牌子的产品和你们的差不多，为什么他们的比你们的便宜很多"时，你要怎样回答呢？

有一位客户到家具店想购买一把办公用的椅子，售货员带客户看了一圈。

客户："那把椅子价钱怎么算？"

售货员："600元。"

客户："这一把为什么这么贵，隔壁有一把和这个看起来差不多，只要250元。而且从我们外行看来觉得这一把应该更便宜才对！因为那一把比较漂亮。"

售货员："这一把进货的成本就快要600元了，只赚您50元。"

客户："为什么这把椅子要卖 600 元？"

售货员："先生，请您两把椅子都坐一下比较比较。"

客户依着他的话，坐了一下，感觉比 250 元的稍微硬一些，不过坐起来还蛮舒服的。

售货员看客户试坐完椅子后，接着告诉客户："250 元的椅子坐起来较软，觉得很舒服，反而 600 元的椅子坐起来觉得不是那么软，因为椅子内的弹簧数量不一样，600 元的椅子由于弹簧数较多，绝对不会因变形而影响到坐姿。不良的坐姿会让人的脊椎骨侧弯，很多人腰痛就是因为长期不良坐姿引起的，光是多出弹簧的成本就要多出将近 100 元。同时这把椅子旋转的支架是纯钢的，它比一般非纯钢的椅子寿命要长一倍，不会因为过重的体重或长期的旋转而磨损、松脱，这一部分坏了，椅子就报销了，因此，这把椅子的平均使用年限要比那把多一倍。另外，这把椅子，看起来不如那把那么豪华，但它完全是依人体科学设计的，坐起来虽然不是软绵绵的，但却能让您坐很长的时间都不会感到疲倦。一把好的椅子对成年累月坐在椅子上办公的人来说，实在是非常重要。这把椅子虽然不是那么显眼，但却是一把精心设计的椅子。那把 250 元的椅子很好看，但是质量就差了一点。"

客户听了这位售货员的说明后，心里想：还好只贵 350 元，为了保护我的脊椎，就是贵 800 元我也会购买这把较贵的椅子。

在上面的销售语言中，销售员的说辞都具有较好的说服力。他们能够抓住产品的特点，突出产品的长处，来淡化产品的弱势。销售员在向客户介绍产品时，如果不能让产品的价值和优势打动客户，在接下来的工作中就会非常被动。因此，介绍产品要扬长避短，针对客户需求点中的关键部位来介绍产品的功能，以此来赢得销售上的成功。

专家点拨

在介绍产品时，要把产品的特征转化为产品的益处，如果不能针对客户的具体需求说出产品的相关利益，客户就不会对产品产生深刻的印象，更不会被说服购买。

在与客户沟通中，你要做的就是彻底地了解自己的产品，这当然不是单纯地记住产品的名称、产品的功能以及产品的一些优势或是其他，而是要将自己当作一个客户，了解你想知道的这个的产品的哪些东西，它可以给你带来的什么好处。

站在客户角度介绍产品才能打动他

美国汽车大王曾经说过这样一句话："成功是没有秘诀的，如果非要说有的话，那就是时刻站在对方的立场上。"多为别人着想，多了解了别人的想法，这不仅仅有益于你和别人沟通，最重要的还是你借此知道别人的"要害点"，做到有的放矢。如果学会时时站在客户的角度上看问题，沟通的顺利程度将会超出你的想象。

乔治钢铁公司总经理想为公司买一栋房子，于是他请来了房产业知名人士莱特，他说："很多年来，我们钢铁公司租住的都是别人的房子，我不希望这样，我希望可以拥有自己的房子。"乔治此时的目光透过窗户，看着外面说道："这样的景致很美，希望我新买的房子也可以看到，你能帮我吗？"

莱特随后花了大量的时间琢磨乔治的需求，他做过预算，画过图纸，但却一点头绪都没有。

原本有很多可以考虑的房子，可是乔治都不想要，而最佳的选择就是乔治现在的钢铁公司所在的那栋房子，只有那栋房子可以看见像乔治要求的那样的街景。

于是莱特找到乔治交谈这件事情，却遭到了乔治的强烈拒绝，乔治表示他不想买旧房子，他要的是新房子，当乔治在说这些的时候，莱特只是安静地听着，并没有表示反对。他试图换位思考，发现乔治想要的房子，其实就是他那栋旧房子，只是乔治现在还不知道自己真正想要的是什么。了解这些以后，他开始向乔治提问："当初刚刚创业的时候，你的办公室在哪里呢？"乔治回答："这里。""你的公司在什么地方成立的呢？""也在这里。"之后，莱特什么都不说了，只是看着乔治。没多久，乔治突然笑着说："这幢房子才是我想要购买的，是的，它见证了我们的起步和发展，毕竟这是我们公司的发祥地！还有什么地方比它更合适的呢？"说完这些，乔治在很短的时间内就完成了购买。

这场推销其实很简单，莱特并没有用华丽的辞藻。成功的奥妙在于莱特考虑了乔治的需求，站在客户的立场上分析了他想要什么样的房子，再运用适合的方法刺激乔治，使乔治看清楚自己真正想要的。莱特的成功是依靠他设身处地地为乔治着想，站在客户的角度看问题，使乔治明白什么是最适合自己的，从而帮乔治解决了心理矛盾，获得成功。

简言之，要使客户与你合作，你要学会站在客户的立场，掌握客户的真实动向，了解客户的真实需求，从而成功完成推销。

而事实上，很多销售员总是一味地关心自己的产品卖出去，一味夸赞自己的产品多么先进，多么优质，而不考虑是不是适合自己的客户，客户喜不喜欢。这样给客户的感觉就是你只关注自己的产品，只注重自己能赚多少钱，而没有给客户足够的关心和重视，因此客户的心理需求没有得到满足，于是会毫不犹豫地拒绝你的推销。因为毕竟客户购买商品，是为了满足自己的需要，客户注重的是如何解决自己的问题，只有当商品和服务确实能够帮助客户解决问题的时候，即使销售员不去推销，客户也会主动去买。

甲、乙两个推销员到同一个客户那里推销商品，推销员甲一到客户的家里，就开始滔滔不绝地介绍自己产品的质量多么好，多么畅销，如果不购买的话会多么的可惜，结果客户很生气地打断了甲的介绍，说："不好意思，先生，我知道你的产品很好很畅销，但是很抱歉，我完全不需要，因为它不适合我。"甲只好很尴尬地说抱歉，然后离开。

等到推销员乙到该客户家里推销时，却是另外一种情况。乙到了客户的家里，边和客户闲聊边观察客户的家具布置，揣测客户生活档次和消费品位，并和客户家的小孩玩得很好，似乎小孩已经喜欢上了这位叔叔。同时乙在向客户介绍自己的产品时，先询问的是客户需要什么样的款式和档次，并仔细地为客户分析产品能够给客户带来多少潜在的利益，比如会给客户省下多少开销，几年时间能够节省下来多少钱，等等，最后乙并没有把自己的产品卖给客户，而是说公司最近会推出一款新机型，特别适合客户的要求，希望客户能够等一等，自己过段时间再来。

乙的一番言语让客户非常感动，因为推销员乙切实地从客户的立场出发，为客户考虑了很多，表现出对客户真诚的关心，使客户得到了真正的实惠，赢得了客户全家人的信任。

当乙再次来到客户家中的时候，还给客户的小孩带了些小礼物，受到了客户的热情接待，并且很顺利地购买了他的新产品。之后，推销员乙和客户建立了长久的销售关系，客户从他这里买走了很多产品。

上面的例子让我们知道，客户需要得到销售员的关心和重视，需要得到适合自己的、能给自己带来实惠的产品和服务，当销售员真诚地为客户考虑了，让客户感受到了关心，客户才会和你达成交易，甚至和销售员建立长期的伙伴关系，实现彼此的双赢。因此，让客户满意的根本，是让客户感觉到销售员是在为客户服务，而不是为了获得他口袋里的钱，这样才能消除彼此之间的隔膜，使客户欣然接受。

不管是在购买商品时，还是在享受服务时，消费者往往都是以"自我"为中心的，他们首先想到的是自身的利益，希望通过购买商品来解决自己的问题。所以客户关心的是自己，如果销售员在推销的时候，能够站在客户的角度去考虑问题并介绍产品，为客户着想，让客户感到你的关心，客户就会主动降低自己的心理防线，对你产生信任，乐于接受你的商品和服务。因此，销售员要懂得推销不是给客户传授知识和说教，而是为其提供服务和帮助，解决问题和困难，这样才能真正赢得客户的心。

专家点拨

在消费过程中，客户会特别注重商品对于自身的价值，同时也希望得到销售员对自己的关心和重视，如果产品不错，销售员又站在自己的角度去考虑问题并介绍产品，那么客户就会很高兴地购买其产品。

对比出来的产品效果才是最好的

在推销产品的时候，为突出产品的优势可以采用对比的陈述方式向客户介绍产品。这种比较方式，既可以是利用其他同类产品的缺点去突出你所推销产品的优点，又可以是借助同某些大众认可的知名品牌优势的对比来抬高产品的身价。对比性的介绍不仅使客户对产品的性能有了明晰的认识，而且使客户对产品的市场定位有了准确的把握。客户在明确产品的市场定位后，就会很容易下决心购买你推销的产品。对比出来的产品效果才是最好的，通过对比，很多事物的优点才更具光彩。如果不对比，推销员即使磨破嘴皮也可能无法让客户迅速地看到产品的优点。可以说对比性应用是推销员让客户在短时间内觉察到产品优势的快捷方式。

晓风是山东朱氏置业有限公司的推销员，一直以来，她都是公司里的推销好手，业绩总是稳居第一。她有什么秘诀使得她成为了公司里的销售精英呢？

一次，一位客户来看房。在晓风的介绍下，客户看中了其中的一套房子，看起来客户对那套房子各个方面都比较满意，但当晓风给房子开价120万元的时候，客户就皱眉头了。

"我昨天在另一家公司看的房子和这套房子差不多，但是人家只要100万元，为什么你们的房子贵了这么多呢？"

"那怎么可能？这么说，你能给多少钱呢？"

"就110万元吧，让你们也不吃亏。"

"行，110万元就110万元，但是不是这套房子，而是对面的那一套。"于是晓风把客户带到了她所说的房子里，这套房子和刚才的那套房子比起来，简直一个在天上，一个在地上。不管是宽敞程度还是采光程度，都比不上刚才的那套。

"这套房子就只要110万元，很适合你的价格。"看着客户满脸的疑惑，晓风说道。

"这套房子和刚才的相比，相差太远了。刚才的那套房子你到底还能少多少呢？"

这时候，晓风知道有戏了，最后房子以115万元的价格卖给了客户。

晓风之所以在她的推销生涯中能取得好的成绩，和她的推销能力有莫大的关系，但是她又是能充分利用对比原理的推销高手。正是因为她让客户看了另一套便宜的房子，并把它当作一个参照物，把自己想要推销的房子同另一套房子作比较，对比着同客户进行讲解，这样才能够打动客户，让客户毫不犹豫地掏出钱，买下她所推销的房子。

尽管对比在销售中作用重大，可还是有要注意的几个方面。

首先，要接近客户，这是首要的条件。如果跟客户的距离疏远，就不会得到客户的信任，不会跟客户有谈判的可能。所以首先要做的就是让客户觉得你可以信任，愿意和你接近，愿意听你讲述产品的优点。

其次，对比性应用最重要的就是要熟悉自己所推销产品的优点，这样才能同其他产品作对比。所以作为一个销售人员，一定要对业务十分熟悉，熟知自己所推销产品的优点，这样才能成功地劝服客户购买你所推销的产品。

再次，要对客户真诚，不可为了抬高自己产品的身价而故意贬低竞争产品的价值。特别是在利用别的产品的缺点来突出自我产品的优点时，尤其要注意这一点，切不可夸大其词。

最后，在对比介绍中，要把握好一个度，即不要过分强调同类产品的不足。即使竞争产品确有某些不足之处，也不可三番五次地强调其缺点。因为推销员的这种行为很容易被客户判定为恶意中伤。所以一定要适度，否则就会适得其反，让客户对推销员产生质疑，导致交易无法顺利进行。

此外，还需给客户留下一个好的印象，让他觉得只有你推销的产品才是最好的。这可以用心理学上的一个术语——晕轮效应来解释。晕轮效应是指当个体对一个人的某种特征形成好或坏的印象后，他还倾向于据此推断该人其他方面的特征。这使得个体对他人的评价具有很高的一致性，即认为好者十全十美，坏者一无是处。因此若推销员给客户留下一个好的印象，客户可能会爱屋及乌，很自然地认为你推销的产品也是不错的。

俗话说："货比三家。"只有对比才能让客户觉得你所推销的产品是最好的，只有对比才能够体现出你所推销的产品的优点，才能够让客户很自然地购买你所推销的产品。只有这样才是成功的推销。

专家点拨

在进行产品说明时，可以先推荐贵的产品，当客户产生异议时，再推荐相对便宜的，让客户亲自体验比较。

俗话说，没有对比就不知道高低。在销售中，运用对比原理就能使客户对产品的价格不会过多地去关注，也能让他们自己更容易说服自己购买你的产品。

勾起客户好奇心让他们觉得渴

字典中对于"好奇心"的解释是：因为外界的现象对大脑产生刺激，使大脑的某些区域处于亢奋状态，进而使人对外界事物产生关注的心态。其实好奇心是某种很特殊的心理现象，能激起人对于外界事物做出某些举动。在当今营销学中，营销专家则把这样的心理运用到营销策略中，指出销售人员让客户产生好奇心在推销过程中的重要性。

山东朱氏药业集团的销售经理在询问一个新来的销售人员在工作的第一个月为什么业绩不佳时，销售人员说："经理，我能把马引到水边，但是没办法让它每次都喝水。"

"让他们喝水？"经理急了，"让客户喝水不是你的事，你的任务是让他们觉得渴！"

在这里，经理的观点非常鲜明。销售人员的工作不是催客户购买，而是激发客户的兴趣，这样客户就会想更多地了解销售人员提供的产品或服务。成功吸引客户兴趣的关键，在于激发客户好奇心。怀有好奇心的客户会选择参与，反之则不会。

泰国首都曼谷有一间酒吧，店门口横摆着一个巨型酒桶，酒桶上写着引人注目的大字："不准偷看！"过往行人觉得奇怪，非要看个究竟不可。结果发现，只要把头探进桶里，就可闻到一股扑鼻的酒香，还可看到桶里写着："本店美酒与众不同，请饮用。"这一招，勾起了许多人的好奇心，他们纷纷走进酒吧，一饮为快。自此之后，这间酒吧的生意日益兴隆起来。

如果客户对你、你的商品或者商品的某一特点感到神秘，你就已经获得了他们的好奇。相反，如果他们一点也不好奇，你将寸步难行。也就是说，如果你能激起客户的好奇心，你就有机会创建信用，建立客户关系，发现客户需求，提供解决方案，进而获得客户的购买。实际上，只需要一分钟就可以让客户感到好奇，但问题是客户因何而好奇。

有许多方式可以激发人们的好奇心，但最简便的方法就是妙用小道具开场，激发客户的好奇心。

一个推销节水喷头的推销员，来到某公司的办公场所。进门后，他微笑着，没有作任何自我介绍，而是直接从包里拿出一样东西，递给一个正吃惊地看着他进来的人，说："请您看一下这个东西。"

对方还不知怎么回事，手里就接到他递过来的东西。"这是什么？"他边询问边翻来覆去地观察那个喷头。与此同时，推销员又拿出了几个喷头，分给在场的其他人，很快便引起了在场人员的一阵议论，他于是抓住时机展开宣传。这样大家的注意力都集中到了他推销的节水喷头上。

上述这个推销员正是成功地利用了人们易对陌生人及物品产生好奇的心理，直接将人们的注意力转移到他的推销上，并抓住人们观察节水喷头的时间去说服人们，当人们了解到他的真正身份和意图之后，可能已经准备购买了。

好奇心，人皆有之，这是人的一种本性。推销员如能利用好奇心，使客户对其推销的产品留下深刻的印象，那么就能在很大程度上促进交易的成功达成。有一位推销消防用品的推销员，当见到客户时，他并不急于说话，而是直接拿出自己的产品放入一个纸袋里点燃，当纸袋完全被烧净时，客户看到里面的防火用品却完好无损。这种独特的表演形式显然勾起了客户的好奇心，这就是一个成功的例子。

一名销售员一手拿着铁锥，一手拿着一双新袜子，不停地嚷嚷："大家猜猜看，将铁锥穿过袜子后，用力向一边拉，袜子会不会烂？"周围的人赶紧放下手头的工作，七嘴八舌地议论起来，有人说会烂，有人说不会烂。销售员看时机成熟，便在人群中找一人试试。可以想象，参加试验的人按照销售员教的方法，将铁锥穿过袜子后用力向一边猛拉的结果是什么。

这个游戏不过是销售员设计的一个圈套，用来激发客户的好奇心，同时也证明他卖的袜子是坚实无比的。于是，人们不再怀疑袜子不结实，陆续有人开始购买袜子。

在第一次与客户的接触中，如果能够先唤起客户的好奇心，引起客户的注意和兴趣，然后再切入销售，这样销售成功的概率会大很多。激起客户的好奇心是引导客户进行有效会谈的最佳途径之一，有好奇心的客户愿意更多地了解你的产品和服务。

在与客户接触之初，没有销售员不希望客户感到好奇。对销售来说，销售员都希望客户提出问题，进一步获得销售员所能提供的更多有价值的信息。这就要求销售员不能一开始试图就通过冗长的产品或服务介绍来引起客户的兴趣，而是要在这么做之前先激起他们的兴趣，从而创造新的发现客户需求和提供价值的机会。

汤姆推销一款 280 美元的烹调器具，一次他登门向一位客户推销，客户立刻拒绝了他："我是不会购买这么贵的东西的。"

第二天，汤姆仍然来敲这位客户的门，客户推开门，一看是他，就立刻说："我是不会买你的东西的。"汤姆并不答话，而是从口袋中掏出一张一美元的钞票，当着客户的面把它撕碎，对客户说："你心疼吗？"客户吃惊地看着他，汤姆没等客户回答就离开了。

第三天，汤姆又来到这家客户门前，客户开门后，汤姆又掏出一张一美元的钞票，当着他的面把它撕碎，然后问："你心疼吗？"

客户说："我不心疼。你撕的是你自己的钱，如果你愿意，尽管撕吧。"

汤姆说："我撕的不是我的钱，而是你的钱。"

客户很奇怪："怎么会是我的钱呢？"

汤姆说："你结婚已经 20 年了吧，如果这 20 年，你使用的是我的烹调器具做饭，每天就可以节省 1 美元，一年 360 美元，20 年就 7200 美元，不就等于撕掉了 7200 美元吗？你今天还是没有用它，所以又撕掉了 1 美元。"

客户被他的话说服了，立刻购买了汤姆的产品。

妙用小道具制造悬念，勾起客户的好奇心，给予答案，如果一个推销员这样做，便在不知不觉中把自己的产品介绍给了你的客户。当然运用这一方法时，也要注意方式，应就对方注意的问题进行提问，并且提问时一定要明确表达，不要模糊不清，否则适得其反。

专家点拨

对自己不熟悉、不了解、不知道或与众不同的东西，人们往往会格外注意，销售员在口才技巧中要学会利用这一点。

制造悬念，是为了激发客户的好奇心，从而让客户关注你的解说，而不是故弄玄虚。

激发客户的好奇心要与推销的产品有关，不然客户会感觉受到了欺骗。

不要随意贬低竞争对手的产品

　　和竞争对手有关的话题是每个销售员都要遇到的问题。当客户询问竞争对手时，销售员可以不回避竞争对手的信息，但不能随意贬低对手。一般来说，对竞争对手的评价要欲言又止，含而不露，如果直接评价对手会给客户一种你在诋毁竞争对手的感觉，甚至他会认为你的品质有问题，不可信。

　　我们来看两个案例。

　　案例一：

　　一位女士正在选购裙子。

　　导购员："您好小姐，这是我们××品牌今年最流行的款式，小姐试试吧？"

　　女士："我之前怎么没有听说过你们这个牌子，是新出的吗？"

　　导购员："不是，真是不好意思，看来我们的宣传力度还不够，我们店已经开了八九年了，小姐也许不了解，不过没关系，今天刚好有机会让小姐了解一下我们的产品。您看这款长裙，款式新颖，设计独特，是我们店卖得最好的款式。"

　　女士："是挺好的，价钱是多少？"

　　导购员："小姐第一次光顾，那我就给小姐一个优惠价，100元。"

　　女士："这样的裙子××品牌也挺多的。"

　　导购员："是吗？他们家的产品其实没我们家的好，您看看我们这裙子的做工和质地，多好。"

　　女士："我还是觉得他们家的适合我。"

　　案例二：

　　女士："是挺好的，价钱是多少？"

　　导购员："小姐先试试，合适了我们再谈价钱。"（先不要谈价格）

　　女士："这样的裙子××品牌也挺多的。"

导购员："同类产品确实很多，但只要您仔细观察就会发现，我们的产品和您说的那个牌子的裙子，无论是风格款式还是制作材质都不一样。其实我们这两家品牌都挺不错的，只是各自的特点不一样（不要丑化竞争对手）。主要还是看您喜欢哪一种款式风格了，我们的风格就是另类、前卫的。像这条裙子，您仔细看会发现它的裁剪和其他的裙子是不一样的，还有它的线条感，下摆的垂感等都是我们品牌的独特之处，我认为这种风格的裙子很适合您，您觉得呢？"（认同顾客的想法，并突出产品的特点）

女士："适合我吗？我觉得××品牌的更适合我。"

导购员："他们家的衣服的确很有品位，也很适合像您一样的白领小姐，相信您的办公室里穿类似风格衣服的人很多吧，如果您衣着风格和她们不一样肯定会让人眼前一亮。而且我看您也很喜欢这条裙子，刚才您也试过了，是不是感觉不一样了。"（根据顾客的需求抓住顾客的心，并让顾客亲自试用）

女士："价钱是多少？"

两种不同的沟通方式虽然在一定程度上表达的意思接近，但产生的效果却是不同的。一般来讲，任何时候在客户面前贬低竞争对手都是不明智的。所以，销售员将自己的产品和竞争者的产品比较是应该的，但不要为了自己而不负责任地贬低对手，这样会影响你在客户心目中的形象。销售员如果主动攻击竞争对手，他将会给人留下这样一种印象：他一定是发现竞争对手十分厉害，觉得难以对付。人们还会推断，他为什么会对另一个公司的敌对情绪这么大，难道是因为他在该公司手里吃过大亏。客户下一个结论就会是：如果这个厂家的生意在竞争对手面前损失惨重，他的竞争对手的产品就属上乘，我应当先去那里瞧瞧。

对于竞争对手的评价，其实最能折射出销售员的素质和职业操守。销售员最好保持客观公正的态度评价竞争对手，不隐藏其优势也不夸大其缺点，让客户从你的评价中既可以了解相关的信息，也可以感受到你的素质和修养。全美推销高手汤姆·霍普金斯告诉我们，当评价竞争对手时，一定要避免带有主观感情色彩，因为这种感情色彩自然是消极和贬义的。不贬低诽谤竞争对手的产品是销售员的一条铁的纪律。做一名合格的销售员一定要记住，把别人的产品说得一无是处，绝不会给你自己的产品增加一点好处。

某公司的董事长正打算购买一辆不太昂贵的汽车送给儿子做高中毕业礼物。福特轿车的广告曾给他留下印象，于是他到一家专门销售这种汽车的商店去看货。而这里的销售员在整个介绍过程中却总是在说福特的车在哪些方面比菲亚特和大众好。作为董事长的他发现似乎在这位销售员的心中后两种汽车是最厉害的竞争对手，尽管董事长过去没有买过那两种汽车，他还是决定最好先亲自看一看再说。最后，他买了一辆"菲亚特"。

本杰明·富兰克林说："不要说别人不好，而要说别人的好话。大多数情况下，不失时机地夸赞竞争对手可以令你取得意想不到的效果。"所以，销售员除了赞扬对手之外不应当提到他们。万一客户首先说起竞争商品的情况，你就赞扬它几句，然后转变话题："是的，那种商品很好。但现在还是看看我们的！"完全回避竞争对手，就不会导致客户再去考虑其他商品，自然地把客户的需求转入了自己一方。

对于销售员来讲，应该掌握尽可能多的关于竞争对手的信息，一方面可以为自己的销售活动提供一定的参考和借鉴作用；另一方面可以应付客户的询问，使客户的信息需求得到满足。当销售人员对竞争对手的相关信息了解得非常充分和深入之后，如果客户针对竞争对手的信息提出询问，那么销售人员该如何应对呢？

根据许多销售员的经验，如果当客户询问竞争对手的有关信息时，坦诚地告诉他们最真实的信息，并针对客户的需求为他们提供最体贴的建议，是最明智的选择。当你真心诚意地满足客户需求的时候，相信一定会得到应有的回报。

专家点拨

对于竞争对手的缺点和问题不要幸灾乐祸，也不要夸张放大，而应该实事求是。

与竞争对手取长补短、互通有无，这是明智的销售大师们提高销售业绩的重要方式。

第七章

有的放矢，紧扣客户的需求来销售

客户是销售工作最宝贵的资源，其他所有资源存在的意义就在于满足客户的需求，否则将失去存在的价值。因此，不管是营销还是推销，都应该以满足客户需求为目标和前提。而满足客户的需求，最根本的就是挖掘客户潜在的需要。只要你能够挖掘客户独特的、内在的、刚性的需要，收入就能够稳定、持续地扩大。

谁能解决客户问题谁就是赢家

销售就是帮助客户解决困难，不管是营销，还是推销，都应该以此为目标和前提。因此，销售人员必须清楚，解决困难才是关键，如果不能帮助客户解决困难，那成功售出产品的目的便无从谈起。

越来越多的销售人员认识到，为客户提供产品并不是销售的终点，对于客户来说，销售人员不仅是为自己提供产品的人，更重要的是能够帮助自己解决困难的贸易伙伴。如果销售人员秉着"帮助客户解决困难"的态度并实施相应的策略，那么客户就能解决你的订单。

一家天线公司，由于销售困难导致天线严重积压。一天，总经理让大家针对这一问题提出各自的意见。

销售部经理抱怨道："我们的天线从来不打广告，一点儿知名度也没有，想卖出去太难了。我们库房里的存货短时间内很难销售出去……"其他人也跟着附和。这时，总经理看见一位刚进公司不久的职员有点儿欲言又止的样子，就点名让他谈谈自己的看法。

这位小伙子很坦率，毫不避讳地对公司存在的弊端提出了个人的意见。总经理认真地听着，不时嘱咐秘书把要点记下来。

小伙子说："我们公司的老牌天线销售量大幅下降，原因很多，但归结起来就是我们的销售定位和市场策略不对，没有准确抓住客户的购买需求。"

此刻，销售部经理认为小伙子的话似乎在暗示大家的无能。于是，他讽刺道："你这是书生意气，只会纸上谈兵，尽讲些空道理。现在全国正在普及有线电视，天线滞销是大环境造成的。你以为你真能把冰卖给爱斯基摩人啊？"

说罢，所有人的目光都投向了这位刚刚入职不久的年轻人，他们的态度无一不是与销售部经理一样。销售部经理不容小伙子为自己辩驳，又不由分说道："公司在甘肃那边还有3000套库存，你有本事推销出去，我的位置让你坐。"

小伙子提高声音说道："现在全国都在西部搞开发，我就不信，偌大的甘肃，难道连区区 3000 套天线都销售不出吗？"

三天后，小伙子风尘仆仆地赶到甘肃，当地的销售老总满脸苦笑地恳求小伙子帮他把天线销售出去。接下的时间里，小伙子跑遍了兰州几个大规模的商场，可是一点儿进展也没有。

正当小伙子失望时，他看到一家报纸上有一则消息，消息说那儿的一个农场由于地理位置偏远，买的彩电都成了摆设。小伙子如获至宝，当即带上十余套天线赶赴农场，可是推销却仍旧没有效果。后来他得知，由于这些地区夏季雷电较多，经常击毁电视，有人调查说是天线的问题，但是没有人能够给予解决。于是，小伙子明白了天线在这个地区滞销的原因，当他拆开天线时发现，自己的产品和其他公司的产品并无两样。如果这样销售，客户肯定不会购买，他们需要的是能够防雷击的天线，于是小伙子运用在大学里学过的知识，在天线的集成电路上安装了一个电感应元件。这样一来，问题就解决了。

不久，小伙子让公司把这些天线都安装了这种电感应元件，然后送去农场试验，半个月过去了，没有任何电视被击毁。于是，农场场长代表全农场的人订购了 500 套天线，后来热心的场长还向其他农场推荐了天线，就这样，附近的 5 个农场总共购买了 2500 套天线。

半个月以后，天线全部销售出去，很多商场的老板开始纷纷向小伙子订购天线。

可见，要想实现销售的成功，一定要学会解决客户的困难，只有解决了客户的困难，才能很好地对产品进行推销。绝大多数销售人员都清楚满足客户的需求是销售成功的关键，但如果每个销售人员都奉行此道，那么又应该如何开发新客户、提高市场占有率、提高自己产品的竞争优势呢？答案就是帮助你的客户解决困难。

另外，在和客户保持业务合作的过程中，如果你发现客户遇到了一些难题，如果恰好你有能力和时间帮助客户解决，就算这些难题与销售工作本身无关，也不妨大方地伸出援手，真诚地帮助客户解决，如果你那样做了，只会对销售工作的推进有百利而无一害。

山东朱氏药业集团的一位业务员给一个老客户打电话的时候得知客户的女儿在家里玩耍的时候不慎摔坏了软骨组织住院了。

她随即询问了孩子所住的医院，在第一时间赶到了那家医院。孩子的伤不严重，但必须卧床休息。出了这么大的事情，母亲却不在医院，一问才知道正在国外考察，一时联系不上，至少要等三个星期后才能回来。自己的那个老客户——孩子的父亲，工作十分忙碌，还不到一个小时就已经接听了好几个电话，还推掉了一个重要会议，看来根本就没有时间照顾女儿。

看到客户焦头烂额的样子，业务员主动提出来要帮助客户照顾孩子，因为她正好有一个差不多同岁的女儿，可以和客户的孩子一起学习，孩子的功课也不会落下。

客户百般推辞，可手机又响了，也只好答应了。业务员最后实现了自己的承诺，把孩子照顾得非常周到，孩子的功课也没有落下。孩子的母亲回来之后，夫妻俩专程带着礼物到业务员家里表示感谢。后来，还没有到续签合同的时候，客户就主动给业务员打电话，说再把合同续签三年。

虽说销售是销售人员拿产品和客户交换价值，但人与人之间的感情，恰恰可以在这个过程中建立，并不断地巩固和深化。从表面上看，业务员帮客户照看孩子，不是她的分内事，但她还是做了，这就能够为她赢得很高的感情分，这个老客户一定会在对她万分感激之余，自觉地提高自己对业务员公司的忠诚度，并且成为他们公司免费的宣传员。

不过，要注意的是在处理客户问题的时候，销售人员一定要不图任何回报地帮助客户解决客户在生活和工作中遇到的困难，并以朋友一样的身份热情地帮助客户。另外，不要把客户所有的事情都往自己身上揽，对于那些做不到的事情，不要勉强应承下来，否则如果你没有做到，或者没有做好，就没有办法给客户一个交代了。

专家点拨

世界上最有效的销售方法就是解决客户的困难。一切销售的本质事实上都是服务。尤其在今天产品同质化严重的时代，谁能为客户制订切实有效的问题解决方案，谁就是最终的赢家！

客户需求是需要开发和创造的

商品营销学中有这么一则经典故事：据说在太平洋的某个岛屿上，有一天同时来了分属于英国和美国皮鞋厂的两个推销员。他们分别在岛上跑了一圈，发现居住在岛上的人都没穿鞋。于是，第二天各自向工厂发了个电报。英国的推销员说："此岛居民无穿鞋的习惯，皮鞋销售绝无可能。"美国推销员的电文却是："此岛居民从没鞋穿，皮鞋销售前景可观。"很快，英国推销员远走高飞，美国推销员却留了下来，并很快打开了皮鞋的销路。

两个推销员何以得出如此截然相反的结论呢？其中很重要的一点，就是思维方式的不同。英国推销员传统、保守，不知道如何去创造需求，他认为不穿鞋的人是永远不会买鞋的，而美国推销员却善于创造需求，从这个岛屿中发现一个潜在的市场，对于没有穿鞋习惯的人，可以通过适当的方式，让他们改变这一习惯，从而开拓了市场。所以，客户的需求是需要掌握的，也是需要创造的，一个聪明的销售人员可以细心观察到客户的购买需求，而且在必要的时候开发或者创造客户的购买需求。

在具体如何创造需求上，下面两个例子很有借鉴意义。

案例一：

推销员："您好，我是××电器公司业务员杨威，我打电话给您，是觉得您会对我公司最新推出的DVD感兴趣，它是今年最新的款式，可逐行扫描，并且有色差输出，更重要的是它的纠错功能也不错……"

客户："哦，我们已经有了VCD，凑合着还能用，DVD目前还不需要。"

推销员："哦，是这样，那您肯定喜欢看影碟了？"

客户："嗯。"

推销员："我想您这样喜欢看影碟的话，肯定看过不少大片，其实看大片，画质和音效都很重要。用DVD放出的画质特别好。另外，影片中的声音仿佛就在身边。这是运用了杜比AC立体声环绕技术，使您有身临其境的感觉。"

客户："嗯，听起来是不错，VCD就放不出来吗？"

推销员："是的，只有 DVD 才具有杜比 AC-3 的技术，也就是我们常说的 5.1 声道。看 DVD 碟片不光是声音，画质方面和 VCD 比较也有很大的提高，像这款 DVD……"

客户："你下午先带台过来让我感受一下吧。"

推销员："好的，下午见。"

案例二：

情人节的前几天，一位推销员给客户家里打电话推销化妆品，接电话的是男主人。

推销员："先生，我是山东朱氏药业集团的业务员吉天，我们公司的化妆品是公认的好牌子，深受广大爱美女性的喜欢。我想您的夫人可能想买套化妆品。"

客户："化妆品？我太太没准会喜欢，她一向就爱打扮。但她今天不在家，我没法替她拿主意。"

推销员："先生，情人节马上就要到了，不知您是否已经给您太太买了礼物。我想，如果您送一套化妆品给您太太，她一定会非常高兴。"

客户："嗯。"

推销员："每位先生都希望自己的太太是最漂亮的，我想您也不例外。"

客户："你们的化妆品多少钱？"

推销员："礼物是无价的，要送给心爱的太太，当然挑最好的。"

于是一套很贵的化妆品就推销出去了。

案例一中的推销员就是一个善于为顾客创造需求的推销员。当这位推销员向顾客介绍 DVD 时，顾客表示暂时不需要，这完全是一种正常反应。这时候，如果推销员继续向顾客介绍产品，得到的回答必然是拒绝。但是他及时地改变了策略，问顾客"那您肯定喜欢看影碟了"，这是一种感性的提问，完全取决于推销员的思维水平。接下来，他又通过与顾客谈影片联系到 DVD 的技术，从而激发顾客对 DVD 产品的兴趣，进而继续向顾客介绍自己的产品。这个过程是推销员为客户创造需求的过程。最终以推销员的胜利结束。

案例二中的推销员就是抓住了情人节这个契机推销成功的。在开始时，推销员反复向男主人介绍化妆品的好处，结果并不理想，如果不及时转换策略，那么只能去拜访下一个客户了。这时，推销员灵机一动："如果您送一套化妆品给您太太，她一定会非常高兴。"结果那位男主人果然心动，当他询问价钱时，推销员又机智地说："礼物是无价的。"最后化妆品以原价成交了。推销员正是抓住了"情人节"这个契机，成功销售了昂贵的化妆品。

由上面的例子可以看出，顾客是能够也是应该进行引导的，成功的引导能形成新的需求，这正是销售员们寻找的发展契机。"没有需求"型的客户很多情况下并不是真正没有需求，只是出于本能的防范心理，或者是没有意识到自己的需求。这时候你所要做的是激发客户的需求。

销售人员和客户交谈时，一定要注意客户所说的每一句话和每一个词语，然后针对这些关键细节巧妙地提问，从而创造出客户的真正需求。认真分析客户的真实需求，然后进行有效引导，相信客户不会视"满意"而不见。销售人员通过有礼貌的提问，并且提出高质量的问题，逐步引导客户向自己的产品靠拢。然后，对收集到的客户信息进行分析，并做出有效的判断，这样才能推动销售的顺利进行。了解客户的购买心理有助于销售人员在沟通过程中投其所好。销售人员如果能够准确地把握客户的心理和想法，那么引导起来自然得心应手、游刃有余。当基本了解了客户的需求时，就可以大胆、无疑地确定下来，不要因为犹豫不决而失去销售的机会。可以明确地告诉客户"您现在所要的就是……"

要想影响和调动客户的情绪、情感，销售人员必须先调动自己的热情与积极性，然后将心比心，做到换位思考。最好的方法就是从自身出发，入情入理地讲述自己的感受，消除客户的警惕心理并使之产生认同感，然后有意识地引导出客户的潜在需求，让他们心甘情愿地接受产品。

专家点拨

当客户说"我已经有了……目前还不需要"时，应转变思路，引导客户创造需求。

掌握或者开发、创造客户的购买需求是为成功推销产品而做的良好铺垫，因为挖掘客户的真正需求是销售过程中的关键所在，只有准确地掌握了客户需求，才能更好地推销自己的产品。

善于提问套出客户的真实需求

销售的秘诀在于找到客户内心最真实的想法。那么，怎样运用好口才去挖掘客户内心深藏不露的真实想法呢？有一个简单的办法就是不断提问。你问得越多，客户答得越多；答得越多，暴露的情况就越多，这样，你就一步一步化被动为主动，成功的可能性就越来越大。销售人员通过巧妙地运用提问技巧，就能使客户说出他们对购买产品或服务犹豫不决的真正原因是什么以及他们最大的顾忌又是什么。一旦客户向销售人员敞开心扉，说出自己的顾忌，销售人员也就真正了解了客户拒绝购买的原因，也就知道该如何妥善解决这些问题。

因此，销售人员必须有针对性地提问，要让客户有机会吐露自己心中的真情实感，这样，销售人员不仅能够透彻了解客户的问题，而且能够消除客户心中的疑虑。例如，当客户挑剔产品的颜色和款式时，你却清楚地记得，这明明就是客户喜欢的款，因此，你可以判定对方可能认为价格贵，但又不好意思直接说，因此才转而挑剔产品的颜色和款式。这时，你为了验定自己的猜测是否正确，你可以对客户说："这个款式和颜色搭配起来很别致，而且产品质量也好，市面上的价格至少是××元，我给您的是老客户的优惠价格。就性价比来说，很合适，您认为呢？"在不否定对方言论的前提下，自然地将话题转移到价格上来，如果对方真的认为价格贵，那么他一定会和你深入地谈价格；如果对方真的是口味变了，不喜欢颜色和款式，那么对方就会将话题再一次转回颜色和款式上。

可见，在沟通过程中，销售员要通过不断提问去帮助客户发现自己内心的需求，销售就变得易如反掌。然而，怎样做到善于提问呢？

最重要的是，每个问题的答案背后都可能反映了客户内心的需求与想法，销售人员在提问之前，要先想一下："如果这样问的话，能得到客户真正需要的回答吗？"在询问之前应设定好提问点，以便于从客户的回答中找出真正的需求。

下例中，销售人员一直以发问的方式寻求客户真正的需求，同时也在发问中表现出了一切为客户着想的热忱，使客户在不知不觉中做了很好的配合，营造了良好的谈话气氛。

一天，一位很胖的男性顾客走进了某服装卖店。

"先生您好！欢迎光临！"

"你们这里有我能穿的西装吗？"

"先生，以您这么富态的身材想挑一件合身衣服，恐怕不太容易，起码衣服的腰围就要做一些修改。"

"是啊，我有一套海蓝色西装，是几年前买的，我很喜欢，但现在搁在家里一直没有穿。因为近几年我的体重逐年增加，现在已经穿不上了。"

"您对西装有什么偏好吗？"

"我喜欢海蓝色、两粒扣的。"

"像您这样的成功人士，海蓝色西装很适合您。您现在总共有几套能穿的西装？"

"只有一套，是灰白色的，还显得比较胖。"

"那您现在还是想要海蓝色的西装吗？会不会考虑其他深颜色？"

"我还是最喜欢海蓝色，深蓝色也可以。"

"我们这里有一款海蓝色和一款深蓝色的，都是两粒纽扣的，您过来看看。"

"好，我先看看！"

"如果您觉得合适，最好两套都一起要，因为您总不能老不更换，您再去其他地方也很难选到刚好合适的，反正腰围需要做修改，您要两套我们可以免费帮您修改！"

需要注意的是不要连续发问。如果问题一个接一个，客户会有被盘问的感觉，因而会感到厌烦，甚至不愿回答你的问题。销售人员在询问顾客问题时，应该避免连续询问三个以上的问题。当问题超过三个时，会引起顾客的反感。首先，连续的询问很像身份调查；其次，会让客户感觉有压力，受到控制。这样，客户就会产生逆反心理，最终可能导致他拒绝回答问题，甚至一走了之。

销售人员："请问您喜欢哪种颜色的口红？"

客户："我喜欢红色。"

销售人员："请问您喜欢深红色还是浅红色？"

客户："我比较喜欢浅红色。"

销售人员："我觉得深红色会让您的嘴唇更红润，您为什么不选择深红色呢？"

客户："我觉得它很庸俗，我还是到别家去看看吧。"

上例中，销售人员不懂询问的技巧，连续发问三次，使得客户产生逆反心理而放弃成交。

另外，开始发问时，最好选择顾客容易回答的问题，这样有利于消除顾客的抵触情绪，使顾客能"接受提问、给予回答、听取说明"。例如，"听您口音是上海的客人，是在休假吧？""您对选购的内衣有没有特别要求？"这类与主题关联性不大的问话，顾客容易回答，也能营造一种融洽的交谈氛围，缩短与客户之间的距离，在自然的聊天中将目标转向正题。

专家点拨

在沟通过程中，销售员要通过不断提问去帮助客户发现自己内心的需求，销售就变得易如反掌。

向客户提问时必须关注客户需求，注意客户的喜好，不要令客户对你的问题感到难堪。

从见到客户的第一时间起就要关注整体环境和客户透露出来的重要细节，只有建立在最充分信息的基础上的提问，才更具有针对性。

找出客户的伤口再撒一把盐

在客户没有需求的情况下，在客户想买但仍然犹豫不决的情况下，你先要找出客户的痛苦在哪里，问题在哪里。当然客户的问题或痛苦有时比较难找，就如同某些疑难杂症一样，但只要你用心去找，用心去问，总能找到。

如果客户还没有下定决心购买，你就需要把客户的问题或痛苦扩大化。你要把客户的伤痕揭开，然后再在伤口上撒盐。当客户感到很痛的时候，不管你卖什么东西，只要能让他的伤口不痛了，他都会买。

下面这个故事的主人公杰克是个扩大客户痛苦的高手。

杰克15岁时，在一家马戏团里当童工，主要工作是叫卖柠檬冰水。但是生意一直不太好。为此，杰克就在销售方法上动起了脑筋。

马戏开始之前，他站在门口大声喊："免费赠送花生米，顶好吃的花生米，看马戏的每人赠送一大包喽。"

观众被他的叫喊声吸引了过去。不花钱的东西谁不想要，爱占便宜的心理是人类共同的特征，于是大家纷纷从杰克手里拿走了花生米，进入戏场看马戏。

但观众却不知道，杰克在炒这些花生米时，往里面多加了一些盐，这样花生米不但吃起来味道更好，而且越吃口越干。就在这时，杰克又出现了。

他提着很多爽口的柠檬冰水挨座叫卖，几乎所有拿过免费花生的观众都买了他的柠檬冰水。

一般而言，你问的关于扩大客户痛苦的问题越多，客户就越会把你视为顾问，视为救星，他会越觉得你的来访是在帮助他解决问题或达成目标的。当然，也只有与客户建立友谊信任的基础上，他才会把他的不满、难题告诉你。否则，他会想"我有什么问题才不会告诉你，不然你就可能要销售什么产品给我了"。问扩大客户痛苦的问题的关键首先要明白自己的产品或服务究竟能帮助客户解决什么问题或达成什么目标。

扩大问题的方法是继续围绕这一问题发问。通常客户不想过多的谈论他们所担心的问题。客户通常不会思考问题继续下去会存在什么样的影响。他们会逃避思考"如果……会怎样……的问题"。

下面我们来看本杰明·富兰克林写得一首诗：

由于缺少一个钉子，就会掉了一个马蹄铁。

由于缺少一个马蹄铁，就会影响一个战马奔跑的速度。

由于战马跑不快，就会耽误一个情报。

由于缺少一个情报，就会输掉一场战斗。

由于战斗的失利，就会输掉整个战争。

由于输掉整个战争，整个国家就会随之灭亡。

这一切都是因为缺少一根钉子。

请问如果用上面的那个引导策略把一根钉子卖给国王，你猜他会买吗？当然会。一个钉子就有可能断送一座江山，国王当然愿意买一根小小的廉价的钉子。扩大客户痛苦的过程也就是如何把客户的小问题变成大问题的过程。

每场拳赛都会给我们上一堂重要的销售课。想象一下，当一个好拳手打出致命的一拳之后会发生什么？对方被击中了。有时他会使对手的眼睛受伤了，但我们从来不会听到哪个拳手会说"对不起，我伤到了你的眼睛了，你放心我不会再打你那个部位了"。实际上，我们看到的恰恰相反，他会猛击对方的薄弱部位，不会给他喘息的机会，对于销售而言，也是一样。当你发现潜在客户的忧虑、担心之处，一定要"乘胜追击"，不要过于手软。

发现客户的伤口之后，千万不要急于给他绷带，而要在他的伤口处撒一把盐。只有让客户嗷嗷大叫，他们才会主动购买。可以在扩大客户痛苦的问题中加一些关键的词语，如"如果……会怎么样……""那可能会导致……""那会有什么样的影响……""这最终会产生什么样的结果……"这些问题都可以引发客户去深度思考、想象。那些小问题如果不解决，长期下去会对他的工作、家庭、健康等有哪些最坏的影响。当客户认为痛苦足够大时，他自然会购买。

在销售领域里最有效的两个方法就是：①让客户在他的思想中把不购买你的产品与巨大的痛苦联结在一起；②让客户把购买你的产品与快乐联结在一起。因为根据行为心理学家的研究，人的行为都是受趋乐避苦的影响。只要你能够让客户明白，此时不解决这些问题，现在、将来会造成多大的痛苦。解决这些问题，现在及将来会有多大的快乐，他们自然就会行动起来购买你的产品。

专家点拨

客户的痛苦情绪是他购买决策的催化剂。它可以让客户更快、更多地进行购买，但也可能是客户下定决心不买或少买的关键性因素。

作为一个优秀的销售人员，要将客户对痛苦的恐惧，对美好的追求同时推向极致，让客户痛并快乐着，从而加强客户购买的意愿与期望。

马不想喝水就先给它吃些盐

客户的需求多种多样，有的明显且容易发现，有的则潜伏得很深不容易察觉，有的是客户根本没有意识到自己有需求，有的则是客户目前没有但将来会有的潜在需求……那么如何找到这些潜在的、客户没有察觉的需求呢？又如何创造出似乎没有的需求呢？

对客户的工作和生活进行足够深入的了解，明确客户的价值观，这是挖掘客户需求和创造客户需求的基础，也是有效说服客户达成销售的关键。

中关村一家电脑公司推销员王文贞非常苦闷——自己推销电脑时口若悬河，谈论产品的性能如何如何好，客户们反而一个个都不吭声。电脑推销不出去，这日子怎么过？

当他垂头丧气地走进一家餐厅，闷闷不乐地取过酒自斟自饮时，突然，邻桌上发生的一件趣事，把他吸引住了。

邻桌的一位太太正带着两个孩子吃午餐，那胖乎乎的男孩什么都吃，长得结结实实的，那瘦瘦的女孩皱着眉头，举着双筷子将盘子里的菜翻来拨去，看来是个挑食的孩子。

那位太太有些不开心，轻声开导小女孩："别挑食，要多吃些菠菜，不注意营养怎么行呢？"连说了三遍，小女孩偏将嘴巴噘得老高。这位太太渐渐满脸怒容，反反复复以手指叩桌面，却一点办法也没有。

王文贞喃喃自语："这位太太的菠菜跟我的电脑一样，'推销'不出去了。"正说话间，一位年轻服务员走近那女孩，凑着她的耳朵悄悄说了几句话。一会儿那女孩马上大口大口地吃起菠菜来，边吃边斜视着哥哥。

那太太很纳闷，把服务员拉到一边问："您用了什么办法，让我那犟丫头听话？"

服务员和颜悦色地说："马不想喝水的时候，得先让它吃些盐，它口渴了再牵去喝水。我刚才对妹妹使用的激将法：'哥哥不是老欺侮你吗？吃了菠菜，长得比他更胖更有力气，他还敢碰你吗？'"

旁观的王文贞暗暗称绝，回想自己的电脑推销，他一下子明白了问题的所在。他想到了自己明天的表现，大声在心里为自己叫好。

第二天他叩开一家饮料公司采购部负责人办公室的门。

王文贞不再滔滔不绝地自我吹嘘，而是微笑着问："先生，贵公司目前最关心的是什么？最近您有什么烦心的事？"

对方叹了口气"承蒙先生这么关心，我就直说了吧，我们最头痛的问题，是如何减少存货，如何提高利润率。"

王文贞马上回到公司，请专家设计了一整套方案——如何使用自己公司的电脑，使饮料公司存货减少，利润率增加。

这一天，王文贞再度去拜访饮料公司采购部负责人，一边出示那套方案资料，一边热情地介绍："先生，真的，这么做了，你的苦恼就没了。"

那采购部负责人忙翻开那些资料，立刻喜上眉梢："太感谢您啦。资料留下，我要向上级报告，我们肯定要购买您的电脑。"

后来，他果真采购了一大批电脑，成了王文贞众多的客户之一。而王文贞也逐渐有了自己的电脑公司。

王文贞的成功在于他对自己以前推销方法的改变。以前他总是想如何能让客户买自己的电脑，客户能为自己做什么。现在他换了一个方向考虑问题，从解决我能为客户做什么，顾客为什么要买我的电脑这样的问题开始自己的推销工作，他由此赢得了成功。

在销售过程中，客户并不是产品的消费者，他们首先考虑的是产品能为他们带来什么样的利益。比如能否增加销售额，能否增加利润等。在实际的商业生活中，销售人员要深入了解客户，尤其需要准确知道以下四个方面的事实：客户的目标是什么？客户的观点是什么？客户的现状如何？自己的产品在客户处的表现怎么样？

除此之外，销售人员还必须了解客户主要希望得到的利益有哪些方面。根据研究，销售专家发现，最重要的利益点一共有以下六种：节省客户的时间，扩大客户的销售，减低客户的营运成本，吸引更多的客户，减少脱销现象，产生更多的利润。

在实际的销售过程中，必须牢牢记住以上所提及的四个事实和六个利益点，并在实践中灵活运用，才能够富有成效地达到目标。

假如你是汽车销售人员，你要了解顾客需求的话，你必须先调查准客户现有的汽车是什么品牌、什么型号、什么时候购买的。顾客对现有的车喜欢什么，不喜欢什么。汽车销售人员还应该弄清楚准客户的家庭成员，他们使用汽车是为了休闲娱乐还是为了代步。

这些问题的了解，有助于销售人员确定自己产品中哪种型号能够最好地满足客户的需求。

专家点拨

> 无论是推销产品还是服务，销售人员都应该花时间评估一下顾客是否存在需求。每个人的需求是不一样的，一个人在不同时间段的需求也是不同的，你只有明确顾客的需求，才能满足顾客的需求，进而达成交易。

读懂客户的话可以找到宝藏

对一名营销人员而言，客户的话语无疑是一张通往藏宝之地的藏宝图，只要你读懂了其中的信息，并按照他的方向走下去，你就会找到那个取之不尽、用之不竭的藏宝之地。

很多营销人员在营销过程中总是抱怨，客户对自己的产品没有兴趣，对自己要求过于苛刻，抱怨自己在营销的过程中无从下手，处处失败。其实，只要你用心倾听客户的话，并从这些话中筛选出对自己有用的信息，你就会在销售的过程中处于有利的地位。

单单是客户话语中蕴含的无尽的意思，就值得我们倾听，倾听他们内心种种需求和欲望；倾听他们对你的态度和意见；倾听他们对你的商品的意见和建议；倾听他们未来的购买意向……只要你用心倾听，总能得到一些对自己有用的信息。如果你能够运用技巧，旁敲侧击地诱使客户说出自己心中真实的想法和需求，你的销售就已经成功了一半。

吕晓杰师范大学毕业后，不甘于过平凡的数学教师的生活，决定自己做生意。可是他思索再三却不知道做什么生意好。于是就找到已经在装修生意上小有成就的同学李延鹏，说要去他的公司磨炼一段时间。就这样，吕晓杰来到李延鹏的公司，做了一名最底层的营销人员。

吕晓杰在工作上十分勤奋、认真，不像其他销售人员那样，仅仅是凭着一张嘴不停地向客户销售商品，试图通过客户对产品的无知来说服客户就范。在和客户沟通的时候，他很少说，而是拿着一个本子，很耐心地听客户的意见，一边听一边将客户的话记录在本子上，到了晚上再细细研究。同事都认为他这是多此一举。但吕晓杰坚持下来了。三个月后，吕晓杰记录了满满十个笔记本，他充分地发挥了自己的数学优势，将客户意见进行统计汇总，然后再进行推断。

第四个月，吕晓杰觉得时机成熟了，就向他的朋友请辞，自己回家办了一家液态涂料装饰公司。

一年半过去了，液态涂料风靡整个装饰市场，吕晓杰成了真正的大赢家。当吕晓杰开着奔驰车来请同学李延鹏吃饭的时候，李延鹏很吃惊，他不敢相信眼前的吕晓杰能够那么快地发家。酒过三巡，李延鹏问出了自己心中最大的疑惑："晓杰，你是怎么发现液态涂料会在未来成为一种家装趋势呢？"

吕晓杰猛干了一杯说"没什么其他的方法，一句话，多听听客户的心声，从客户的话语中发现商机。"

李延鹏这时才对吕晓杰一年半之前用本子记录客户的话的行为恍然大悟。

原来，吕晓杰从客户的话语中了解到，大多数客户在考虑家装涂料时都会考虑涂料里含不含甲醛，而现在大部分的涂料里都含有甲醛，而且颜色太过呆板。吕晓杰从网上搜索发现，液态涂料是一种绿色产品，可以根据客户的要求涂成各种不同的图案。吕晓杰瞅准商机，从而取得了成功。

客户的话语可以向我们传达很多信息，可以给我们很多帮助。它就像是游戏中的金币，谁获得的越多，谁获得的奖励也就越多。只有愚蠢的营销者才会让客户的话语从自己的耳边白白溜走。聪明的营销者是不会放过客户话语中蕴含的无穷含义的。

无论何时，都不要轻视客户话中的意思，也许正是客户的一句话，让你做成了一笔大生意，或者使你抓住了一个新商机。对于销售者来说，客户的话就是金玉良言，如果你听懂了，并按照他们的话做了，你也就真正地成功了。

有一家汽车公司，准备出一款新车型，想要选用一种皮料，来装饰汽车的内部。经过筛选，有三家公司进入了汽车公司的考虑之中。三家皮料厂都向汽车公司提供了自己的样品。汽车公司董事会经过研究，决定请每个厂商派一名代表，进行产品功能的讲解说明，然后决定与哪家公司签约。

三家厂商的代表都如约而至。但是，其中一名业务代表临时患了喉炎，无法长时间讲话，只能请汽车公司的采购部主任代为说明。

其他两个竞争者都滔滔不绝地介绍自己公司产品的优点、特点和市场竞争力。他们说完以后，由汽车公司各个部门的主管进行提问解答。

患喉炎的业务代表不能多说话，只能静静地听各个部门对另外两个业务谈判表的提问。

在倾听中他发现，在皮料的所有问题中，汽车公司最看重的是"皮料的透气性好不好"，这个问题就是能不能成交的关键所在。汽车是奢侈品，每一个客户都希望得到最高级的享受，所以对皮料的透气性能要求得相当严格。而他所在的公司最近刚从德国引进了一种新技术，可以对皮料进行技术上的处理，极大地增强了皮料的透气性。于是他告诉替自己进行产品说明的汽车采购部主任，在进行产品介绍的时候，着重讲解皮料的透气性能，并且指出，如果能够达成合作的协议，还可以根据汽车公司的需求，对皮料进行特殊处理，保证每一个买汽车的客户都能够满意！

最终这位不能说话的代表获得了1万张牛皮，总金额相当于800万元的大订单，这是他有生以来获得的最大的一笔订单。正因为他不能够张口说话，所以从倾听中找到了问题的根本，也从中抓住了成交的关键机会。

在公司的表彰大会上，这位谈判代表说，自己是因祸得福，如果不是因为患了喉炎，绝对不可能拿到这笔大单。以前和客户沟通的过程中，他总是滔滔不绝，从来不会对客户进行察言观色，更不会去揣摩客户内心真正的想法和需求，因此也就没有做成过如此大的生意。

专家点拨

客户的话语是一张通往藏宝之地的地宝图，只要你读懂了，并按照它的方向走下去，你就会找到那个取之不尽、用之不竭的藏宝之地。

客户的一句话，可能就是一个商机，听懂客户的话，就等于抓住了商机。

让客户说出他的"难言之隐"

在销售中，当销售人员介绍完产品后，客户经常会使用缓兵之计，找各种各样的理由来搪塞。如果客户说"会和你联系的"，请千万不要相信，因为那就等于"我再也不想见你了"。

许多销售人员，一碰到这类问题，就急于说服客户，结果造成双方争执不休，谁也不肯相让，最后自然也就无法成交生意。其实，站在准客户的立场思考问题，对准客户的反对意见首先给予肯定，然后用发问的方法，让客户说出他的"难言之隐"，再慢慢阐述自己的观点，娓娓道来、有条不紊。这样，在给客户好感的同时，也能很好地推销自己的产品。

客户："你把资料先放这吧，我看了之后会和你联系的。"

销售员："好的！很明显您对这台复印机很感兴趣，否则您是不会仔细看的，我这样说没错吧？"

客户："那当然，否则我也不会让你过来了。"

销售员："那么到底是什么原因让您不能马上做决定呢？（停顿）难道是品牌问题吗？还是售后服务？"

客户："品牌没问题，售后服务方面你们是3年保修，也没有问题。"

销售员："那么到底是什么原因呢？是因为我的问题吗？"

客户："当然不是！小韩你的服务态度非常好！只是……我们这次采购预算有些超了，如果购买了这台复印机，我还需要重新找老板审批。"

销售员："那么你们老板要您采购这台复印机是为了什么呢？"

客户："过去的那台实在是太老了，复印的时间长，质量也很差，还总是坏。"

销售员："既然是为了提高效率，降低成本，那么购买质量有保障、长期使用反而会节约成本的机器不正是你们老板所需要的吗？"

客户："那倒也是。好吧，我可以重新向老板提出申请，要不我直接带你去见我们的老板吧，你有时间吗？"

销售员："当然有时间！"

所谓"道不同者不相为谋"，对方如果觉得与你没有共同语言，就会不自觉地疏远你。因此，当与客户在一起时，如果客户不愿意主动将原因说出来，一定是有其"难言之隐"。其实有很多客户也想告诉你原因，但由于他认为你并不能帮助他解决，还不如不讲，所以就找一些冠冕堂皇的理由来搪塞你。这就需要你运用一些技巧让那些不是很"难"的问题暴露出来，然后给出解药。

那我们到底应该如何应对呢？大家不妨试试以下几个步骤：

先表示赞同。这是第一步，也是最重要的一步，千万不要一听到客户说"要看看再说"就着急，你越急客户越不急，你越急客户越觉得你的产品有问题。无论你心里多么的生气，为了进入下一步，请你先赞同，而且要面带微笑。

然后提出开放式问题，寻找客户不想马上做决定的真正原因。比如："是什么原因导致您不能立刻做决定呢？"提完开放式问题后注意停顿，给客户两三秒钟的时间，或许他忽然心软，就把真正原因告诉你了。

提完开放式问题，客户通常不会马上回答你，因为他们通常都会有一点点"难言之隐"，所以你要不断使用"给答案法"帮客户找到真正的原因。注意在用"给答案法"之前首先要进行分析，分析客户不愿意马上做决定的原因大约是什么，并不要第一时间就把这个原因抛出来，而要将你判断不是真正原因的原因先提出来，直到那个真正的原因从客户嘴里蹦出来（尽量让客户自己说，因为这样最真切，客户也不容易反悔）。

当客户将真正的原因说出来之后，你就要运用浑身解数去解决这个问题，因为如果你把这个问题解决了，那么接下来就可以直接谈成交了。

当你终于发现客户真正的问题所在时，注意不要急于进行解释，而是先表示认同，甚至表示同情，否则客户会觉得你只为你自己考虑，反而达不到说服的目的。

比如客户说："我刚接手这个部门，如果马上大规模采购，老板会责怪。"你不能说："没问题，老板难道不希望你帮助企业增加效益吗？"客户会觉得你是为了推销而说服他，会不容易接受。应该先说："原来是这样，这的确有些棘手……"（停顿，做思考状）让客户觉得你是站在他的立场，是在为他着想。等你思考了一会儿后再作恍然大悟状说："不对啊，你为企业采购是为了帮助企业增加效益，改善工作环境，为什么老板还要责怪你呢？"这样说就会比较自然，客户就会比较容易接受了。

当你真正在为对方着想时，客户往往会自己找出一些理由来为自己之前设置的障碍做解释。

比如你惋惜地说："原来是这样，这的确有些棘手……"客户看你为他考虑，有时会说："其实也没什么，我们老板很开明，知道我是为公司考虑……"此时我们心里可能已经笑翻了，但表情上却不能有丝毫泄露，仍然要表现出很担心的样子。这就好比是我们织了张网，客户自己钻了进来。

专家点拨

当客户说会和你联系时，不要马上反驳，而是要用"微笑＋赞同"来回应。

不断使用"给答案法"，挖出客户不和你继续谈下去的真正原因。

当找到真正的原因之后，站在客户的立场上真正为客户着想，然后再提供你的建议。

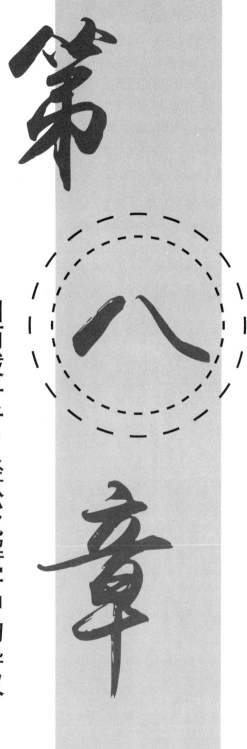

第八章

四两拨千斤，轻松化解客户的异议

没有异议，就没有客户。销售的成交过程实际上就是处理客户异议的过程，把这个过程处理好了，成交就是很自然的事情了。但客户异议各不相同，销售员要掌握良好的语言技巧，认清客户需求，巧妙化解客户异议，才能达到成交的目的。

即使客户说错了也别跟他"顶牛"

客户异议往往成为阻碍销售的重要因素。特别是当客户提出不合理异议时，一些不够理智的销售员就可能通过直截了当的反驳来维护产品信誉，希望能端正客户的观点。但是这种做法无一例外会使销售在双方的争执中迅速结束。销售员虽然据理力争地为产品辩解，但与此同时客户却流失掉了。

当客户提出异议时，如果直接遭到销售员反驳，很容易产生不良情绪，对产品也就很难感兴趣，甚至还会对购买环境和销售员产生厌恶感。这样一来，即便产品再好也很难吸引客户的注意。因此在客户提出异议之后，销售员要尽量避免与客户直接发生冲突，不反驳、不顶撞客户，即便客户的异议真的不合理，销售员也不能坚决否定。

肖晴是山东朱氏药业集团新来的销售员，这天，她第一次到客户家里推销产品。

销售员："您好，先生，请问您有时间了解一下我们的产品吗？"

客户："可以啊，你说吧。"

销售员："呵呵，是这样的。您看，这是我们公司新研制的保健仪器，目前刚刚投入市场，非常受欢迎。它对腰椎、颈椎和肩膀都有很好的保健功效，特别适合有颈椎病的患者使用……"

客户："打断一下，这个牌子的仪器是你们公司生产的吗？"

销售员："对，是我们公司生产的。原来您知道我们的牌子，那就更好了。您以前一定接触过吧？"

客户："听说过，没敢接触过。你们的产品谁敢接触啊！"

销售员："怎么？"

客户："听说你们的产品质量经常出现问题，而且价钱也很贵，我们可不敢买。"

销售员："谁说的，我们的产品从来没出现过质量问题，很多保健仪器我们还远销欧美、东南亚多个国家，怎么可能有质量问题呢？您不能随便相信外面的传言啊。我们公司的产品是有质量保证的，这是产品质量鉴定书和获奖的宣传册……"

客户："谁不说自己的'瓜'甜，质量再差的产品在你们嘴里也能成为优质产品。你们的产品我不需要。"

销售员："怎么这么不讲道理，真是的。"

销售员直接否定客户，就如同用一把大刀将销售工作拦腰截断。一旦对客户直接反驳，销售工作就很难再开展下去，再做多少努力也将无济于事。特别是对于那些刚刚入职的新销售员，这种情况就更为常见。针对以上的情景，销售员应该这样来做：

客户："听说你们的产品质量经常出现问题，而且价钱也很贵，我们可不敢买。"

销售员："原来您担心的是这个问题啊。其实您的担心很合理，如果是我也会这样。但是我想您应该知道有很多谣言都不符合真实情况，就像我们的产品也深受其害，所以在国内的口碑不太好。其实我们的产品质量相当好，在国外的销量也是非常可观的。"

客户："谁都说自己的'瓜'甜。你们的产品我不敢买。"

销售员："您的心情我能理解，因为我在购买一些产品时也曾有过这样的心理。但是在听取了销售员的介绍，并通过亲身体验后，我发现有很多情况都存在出入。如果您能亲身体验一下，我相信您一定会改变想法。"

客户："是吗？那我试一下。"

以实事求是的态度倾听，用婉转迂回的方式沟通，是优秀销售员在面对客户提出异议时经常使用的方法。使用先肯定后否定的迂回战术，销售员既表达了自己的观点又不伤害与客户之间的关系，销售工作自然能继续开展下去。

那么在销售工作中，如果遇到客户提出错误异议，作为销售员应该如何来做呢？

1. 以理服人

对于在理的语言，明智的客户往往都会点头默许，即便其表面不予理睬，心中也早已做出了认可。所以面对客户提出的错误异议，销售员要尽量使用科学、合理、有凭有据的道理与客户沟通，以实实在在的道理说服客户。这就要求销售员在日常多积累科学知识，加强销售产品相关领域的学习，丰富自己的知识底蕴，以面对不同需求、有着不同异议的客户。

需要注意的是，在与客户沟通时，销售员要时刻注意语言的逻辑性和层次性，使用委婉的语气和真诚的态度，清晰明了地为客户解答，这样才能达到以理服人的目的。

2. 保持友好诚恳的态度

客户提出的错误异议，难免会让销售员感到懊恼，但是无论这些异议多么不切实际，销售员都不能直截了当地否定，而是要拿出销售员应有的热情和诚恳，耐心地与客户沟通。在与客户展开沟通之前，销售员最好将自己的观点在头脑中梳理一遍，剔除那些不够委婉的语句，将语言组织得完整、易于被人接受，然后放平心态，以真诚的态度面对客户。

3. 向客户拿出事实

俗话说："事实胜于雄辩。"拿出事实比单纯的辩解更具说服力。客户之所以提出不切实际的异议，大多是因为被虚假信息所蒙蔽，或是听信他人的谣言。对于这样的客户，最好的方法就是拿出事实，用真实、准确、全面的知识和数据来说服客户，端正客户的错误观点。不论是权威认证、精确的数据，还是让客户亲身体验，都能在很大程度上起到说服客户的效果。

专家点拨

当客户提出异议时，销售员一定要注意言辞语气的运用，尽量不与客户发生正面冲突，而要使用温和的沟通方法说服客户，营造轻松良好的销售氛围，这样销售工作才能进一步展开。

与客户争执只能是火上浇油

在心理学专家的一项研究中发现：在与人交流时，如果人们只是对对方的言行产生反应，就容易与对方展开口角对话，其目的只是想从中寻求一种类似协议的平衡点，并不期待解决问题。同样，当销售员与客户展开争执之后，目的往往只是单纯地希望客户明白事实的真相，却忘记了销售工作的最终目的是销售产品。

对客户来讲，销售员的争执除了激起他们的怒气之外，没有任何其他作用。因为从购买产品伊始，客户就将销售员的一言一行纳入了服务标准的行列，无论是什么原因，一旦销售员与客户发生争执，客户都会感觉自己没有受到尊重、关心、理解，认为所有的错误都是销售员造成的。销售员将与客户沟通的重点脱离于销售的最终目的之外，不仅不能真正地解决问题，反而会将问题扩大。

在一家大型商场里，一个化妆品专柜正在举办促销活动，销售员小敏正在为客户讲解化妆品使用知识，忽然一个带着墨镜和帽子的女孩气冲冲地走了过来，大喊着要退货，小敏看到后马上走了过去。

销售员："小姐您好，请问有什么能够帮助您的吗？"

客户："给我退货吧，你们卖的是什么产品，简直是在害人！"

销售员："小姐，您怎么这样说话呢？"

客户："我这么说话是客气的，你看看你们的产品把我的脸毁的。赶紧给我退货！"（摘掉墨镜）

销售员："从来没有客户反映使用我们的产品会出现过敏，可能您是使用其他的东西导致的吧。"

客户："你们还想推脱责任，用你们的产品之前我的脸一直是好好的，不是你们的产品造成的还是我自己故意弄得不成？我要求马上退货！"

这时，该专柜周围已经围了不少人，听说有人使用产品之后过了敏，不少购买者都露出了怀疑的目光。

销售员与客户发生争执，最终只能是影响自己的销售工作。一些没有经验的销售员经常会像上面的销售员一样，因为一些不必要的争执而使销售工作受到影响，不仅丢失了客户，同时也影响了产品名誉。针对以上的情景，销售员可以这样来做。

客户："给我退货吧，你们卖的是什么产品，简直是在害人！"

销售员："小姐，您在使用过程中遇到什么问题了吗？"

客户："问题，你看看你们的产品把我的脸毁的。赶紧给我退货！"（摘掉墨镜）

销售员："真是对不起，本来您来买我们的产品是想护肤，却给您带来了麻烦。请问您使用的是哪个系列的产品呢？"

客户："你自己看吧。"（从挎包里拿出一瓶化妆品）

销售员："请问小姐是如何使用的呢？"

客户："当然是直接用在脸上了，还能怎么用，别说了，快给我退货吧。"

销售员："在涂抹这款面霜之前使用了别的化妆品吗？比如其他品牌的化妆水或者乳液之类的。"

客户："用过啊，谁涂面霜之前不用紧肤水啊？别说了，你赶快给我退了吧！"

销售员："您的皮肤看起来比较干，对化妆品中的各种物质可能都会相对敏感一些。如果您使用的紧肤水和面霜品牌不同，可能就会有过敏的反应。"

客户："怎么可能，和这种用法有什么关系吗？"

销售员进一步向客户耐心解释。

销售员的工作职责是卖出产品，而不是为了让自己在与客户的争论中占据上风。当客户表示出过激异议时，销售员一定不要与其展开争执，否则只能是"火上浇油"，使销售工作更加难以进行。IBM的一位副总裁曾经说："销售工作并不是要征服客户，而是要赢得对方的合作。"聪明的销售员只会尽力说服客户与自己合作，而不是去争辩谁对谁错，这样不仅能保住产品名誉，又不会伤害与客户之间的关系。

那么，当客户提出过激异议时，作为销售员都应该如何避免与客户产生争执呢？

1. 不直接反驳客户

直接遭到他人的反驳，是任何个人都不愿意接受的。而那些与销售员之间争执得愈演愈烈的客户几乎都收到了同样的回应——销售员的直接反驳。客户提出异议时，本来就已经表现出了不满，如果销售员对客户的异议再进行直接反驳，很可能就进一步激怒客户，甚至令其大动干戈。

在销售工作中，销售员大多是处于主动的，销售局面如何变动，都掌握在销售员手中。所以在客户提出异议时，销售员就要善于根据形势与客户沟通。当客户表现出的异议无关紧要时，销售员完全可以置之不理。如果客户的异议针对服务或是产品，销售员就可以使用先肯定后否定的方式，先肯定客户的观点，再寻找机会阐述自己的看法。例如："您说得的确没有错，不过……"这样一来，销售员既表达了自己的观点，又不会伤害到客户心理。

2. 先倾听，再解答

当客户表现出异议时，有些销售员总是希望可以通过解释消除异议，但是结果往往不尽如人意。因为这时客户只想宣泄自己的不满，销售员过多的解说只会让他们更加反感。

所以，当客户在表达异议时，销售员一定要多倾听，从客户那里多获得一些信息，等客户的情绪渐渐平静下来，再采取适当的解决办法。

3. 注意遣词造句

在销售工作中，销售员大部分时间都在运用语言与客户打交道，掌握良好的语言技巧是销售员获取工作成功的必备因素。因此每一个销售员都应该掌握一定的语言艺术，利用它为自己的工作服务。

良好的态度和具有逻辑性的语言，是销售员开展推销工作的两大法宝。不论客户提出的异议多么过激，销售员都要时刻抱有诚恳的态度，使用平和的语调与其对话，并注意遣词造句，使客户听起来感到舒心、顺心。这样就能最大限度地缓和销售气氛，保证销售工作的顺利进行。

专家点拨

当自己与客户观点不一致时，尽量保持良好的态度，不与客户发生争执，是优秀销售员的一贯做法。因为他们明白对于销售工作来说，任何争辩都没有意义，唯有消除客户的怒气，处理好与其的关系，才能继续顺利地开展销售工作。

调动客户参与感别演独角戏

当客户提出各种借口拒绝购买产品时，客户大多处于被动或是不配合的状态，不愿接受销售员的邀请，更不愿听产品介绍。俗话说："一个巴掌拍不响。"如果在销售工作中客户始终处于被动，销售员的工作就很难开展起来。因此，想要留住客户，促成交易，销售员就要调动客户积极性，使客户变得主动起来，让客户主动提问。

晓东是一家电器公司的销售人员，一天，他登门拜访了一位家庭主妇。

销售员："您好，我是××电器公司的销售员，您能否拿出几分钟的时间来了解一下我们公司新上市的洗碗机？"

客户："对不起，我今天很忙……"

销售员："这是一台非常适合家庭使用的洗碗机，对您应该很适合。"

客户："不用，我们家不需要。"

销售员："你了解一下吧，会对您非常适合的。"

客户："不用了，就算是买了也没人用。"

销售员："难道您整天面对那么多油腻的碗筷不反感吗？如果有洗碗机就好多了。"

客户："不会，像这点油腻的活我还是能应付的。"

销售员："我们的洗碗机是现在市场上的最新产品——超声洗碗机，可以为您代劳油腻的洗碗工作……"

客户："对不起，我还有一些重要的事情要做……"

不注重调动客户的积极性，而只是一再地强调产品性能，是不少销售员销售失败的原因。客户没有主动性，销售员也就很难与其展开实质性的沟通。像情境中的晓东那样，如果无法让客户对产品产生兴趣，那么说再多的话也是徒劳。针对以上的情景，销售员可以这样来做。

销售员："您好，我是××电器公司的销售员，您能否拿出几分钟的时间来了解一下我们公司新上市的洗碗机？"

客户："对不起，我今天很忙……"

销售员："不会耽误您太多时间，我只需要5分钟。其实，这台洗碗机对您非常适合。"

客户："不用，我觉得我们家不太适合使用。"

销售员："为什么您认为您家不适合使用洗碗机呢？"

客户："因为我不用上班，家务活我有足够的时间来料理，像洗碗这样的事，只要花上我几分钟，根本用不上什么洗碗机。"

销售员："原来是这样啊。那您每天可是挺辛苦的，家里的那么多家务都要一个人料理，可不比上班轻松啊。"

客户："嗯，确实这样。每天虽然不上班，但也有很多事情要做。"

销售员："那您可真是不容易啊。看到您家这么干净，就知道您是一位贤淑勤快的主妇，您的丈夫和孩子真是幸福啊。"

客户微笑着："是的，他们都很爱我。"

销售员："您一天到晚太累了，如果吃过晚饭后能有台洗碗机帮您，您就会轻松多了。"

客户："嗯，说得也是。"

销售员："那我给您详细介绍一下这款洗碗机吧……"

客户："好的，您请进吧。"

在谈话中能够引起客户的兴趣和好奇心，让客户提出问题，是优秀销售员赢取客户的方法之一，销售员利用提问的方式引导客户展开更深层次的对话，比如"我对您的观点很感兴趣，您能给我进一步解释一下吗""您能说说为什么吗"或是"为什么您这样认为呢"等。这样客户在整个销售中就会变得积极、主动，销售员就能更多地了解到客户的真实想法。

当客户真正开始对产品感兴趣的时候，就会更加愿意参与到销售员的谈话中来。因此想要实现销售成功，销售员就要想办法让客户对产品感兴趣，使其变得主动起来。

那么，想要让客户变得主动起来，销售员具体应该怎样做呢？

1. 巧妙向客户提问

客户之所以用借口来搪塞销售员的话，无外乎是不希望与销售员展开深入沟通，不愿过多了解产品。然而对于销售员来说，不能与客户进行深入沟通，也就不能让客户认识产品，更不能让其对产品产生兴趣。

这时，销售员就需要主动出击，根据客户的谈话内容，适时地给予提问，挖掘谈话深度，展开谈话宽度，尽可能多地从客户那里得到对自己有用的信息。

通常情况下，销售员需要采用开放式提问，例如用"如何……""为什么……""怎么样"等，以更好地打开客户心扉。要尽量少用闭合式的提问，不要针对过于具体的问题向客户发问，否则过于频繁的提问会招致客户的反感。

2. 让客户明白成交机会难得

如果销售员能够以诚恳的态度向客户表达"成交机会十分难得，很值得珍惜"的信息，往往能激发客户的购买欲望，增强他的主动性。然而在现实销售中，通过此种方法与客户进行沟通，还是有一些销售员会失败，原因在于销售员在说服客户时使用了不适当的措辞，让客户心生反感。

因此，在与客户沟通的过程中，销售员不仅要始终保持态度的真诚，还要注意自己的表达方式和态度，让客户易于接受。如果想要从客户那里寻求更多的答案，就要语气平缓地向客户提问，切不可强硬地对待客户。

3. 引导客户提出问题

建筑师帕斯卡尔·古戎说："我们的工作中有一部分工作就是要引导客户提出问题，让他打破脑袋里的固定框架，放开眼界，释放灵感，心无所忌地说出自己的打算。然后，把这些想法转化成现代建筑艺术的实例。当然这需要时间彼此磨合……没有客户出色的配合，就谈不上出色的设计。"

同样，在销售工作中，销售员也要尽量引导客户提出问题，因为客户一旦开始发问，就表示他已经参与到买卖当中了。只要客户变得主动起来了，销售工作也就更容易开展下去了。

在引导客户提出问题的过程中，销售员还要特别注意以下几个方面。

（1）在引导客户提问之前，销售员最好做足准备，确定正确的谈话方向，将客户注意力集中到产品上来。

（2）当发现客户的提问与产品没有实质性的关联时，销售员切不可表现出排斥情绪，而是要使用适当的提问和引导改变客户的谈话重点，将其转移到与产品销售有关的话题上。

（3）尽量用巧妙的语言勾起客户的好奇心，激发客户提问。

4．注重对客户的倾听

如果客户愿意对你的第一个提问做出回答，那么你就要仔细倾听了。因为在客户的第一次回答中，就包含着许多足以令你深入了解的话题。如果你能通过仔细倾听，从客户的谈话中找到新的问题，那么你就能展开新一轮的提问，从而获取更多关于客户的信息，知晓其真正的购买需求。

所以，在客户第一次开始回应时，你就要拿出耐心与真诚，全神贯注地倾听，尽量不打断客户的谈话，并抓住可以深入展开的话题，向客户做简短的提问，寻求更深层次的沟通。这样让谈话内容尽可能多地延续下来，客户的主动性也就会渐渐增强了。

5．利用假设营造成交情景

在有些时候，销售员还可以利用一种假设情景的方式增强客户的主动性。例如"如果您现在准备购买的话，那么您会采取怎样的付费方式"或是"如果我们能满足您的要求的话，您计划购买多少"等。销售员事先为客户假设交易成功的情景，就能促使客户进一步做出成交决定，增加其主动性。

专家点拨

理解体验营销创造客户认知的价值，积极做出相应的行动改变，通过各种方式来建立影响客户感受的能力，这些正是化腐朽为神奇、让营销成功的秘密所在。

真诚是打动客户的万用法宝

在销售过程中遭遇客户拒绝，对销售员来说是一件再平常不过的事了。

然而在实际的销售工作中，因为遭遇客户拒绝而表现出沮丧、消极的销售员却仍然不在少数。销售员每天都要和不同的客户打交道，因为客户本身和销售情况不同，成功失败自然难以预料。因此，面对销售工作中的成败，销售员要时刻保有一份处变不惊的坦然心态。对于客户的拒绝也是如此。

在与客户沟通时，销售员常常会有这样的经历：客户的需求是存在的，但他依然寻找各种借口拒绝你。其实这就是考验销售员耐心和真诚的时候了。俗话说："精诚所至，金石为开。"面对客户的拒绝，如果你能拿出十二分的真诚，那么肯定会被客户所接纳。

小周是山东朱氏药业集团的销售员。几天以前，他通过电话向一位客户推销产品，但是没有结果。这天，小周再次拜访了这位客户。

销售员："您好！我是山东朱氏药业集团的小周，几天前与您通过电话了，我今天来是想为您介绍一下我们的产品。"

客户："哦，不过我们在这方面有固定的合作伙伴，他们的产品我们很满意。所以，我们就不用谈了吧。"

销售员："……"

销售员与客户沟通时，拒绝的原因多种多样，但无论什么原因，销售员都要以真诚的态度对待，而不是逃避。另外，销售员也要对客户的拒绝有所准备，可以在拜访客户前设定几种情景，并想出相应的应对方法加以练习。这样就不会在客户拒绝时表现得束手无策了。针对以上的情景，销售员应该这样来做：

销售员："您好！我是山东朱氏药业集团的销售员小周，几天前我们通过电话，今天来是想为您介绍一下我们的产品。"

客户："哦，不过我们在这方面有固定的合作伙伴，他们的产品我们很满意。所以，我们就不用谈了吧。"

销售员："其实您说的情况我们都了解，贵公司的影响力一直很大，希望与贵公司寻求合作的供货商也很多。我今天来就是为了让您能更充分地了解我们公司的产品，不买也没有关系。这是我专门为贵公司做的建议书……"

客户："不过，我们现在的确不缺供货商，也没有换供货商的打算。"

销售员："这个没关系，您可以先了解一下我们的产品，经过我们的进一步研发，新产品新增加了很多功能。我想您更愿意看到可以为您创造更高收益的产品，是吗？"

客户："你的话是有一定的道理，但是我们与现在的供货商已经合作多年了。各种合作事宜都很顺畅。"

销售员："这我可以理解，贵公司更愿意将精力放在公司的经营上，所以您的公司才能有这样大的影响力，但是如果有供货商能为您提供更优质的产品，更周到的服务，我想贵公司一定不会拒绝，也是愿意花时间了解一下的。"

客户："嗯，是的。你刚才说你们产品的有很多新功能，能介绍一下吗？"

海尔总裁张瑞敏曾经说："一个企业要永续经营，首先要得到社会的承认、用户的承认。企业对用户真诚到永远，才有用户、社会对企业的回报，才能保证企业向前发展。"海尔之所以能做强做大，与其对客户始终不渝的真诚息息相关。时刻真诚地面对客户，你不但能化解拒绝，还能赢得更多的成功机会。

那么在具体销售过程中，销售员该如何真诚地对待客户呢？

1. 给客户真诚的第一印象

在选择产品时，客户不仅会在意产品的好坏，也会在意销售员留给他的印象，特别是第一印象。那些给予客户第一印象真诚的销售员，总能得到客户更多的青睐。那么如何才能给客户留下一个真诚的第一印象呢？销售员需要注意以下的一些细节。

（1）不要戴太阳眼镜。眼睛是心灵的窗口，太阳眼镜不仅会阻碍你与客户的交流，也会让客户觉得你不够尊重他。

（2）用眼神表示真诚。用眼神表达真诚有时比言语和行动更有效果。如果你的眼神总是飘忽不定，就会给客户留下不真诚的印象。所以，当你说话时，不要忘记与客户进行眼神上的交流，在你聆听时，要看着对方的嘴唇。

（3）集中精力。如果你总是表现得心不在焉，自然会给客户留下不真诚的印象。所以不论是倾听还是介绍产品，你都要自始至终地集中注意力。

2. 让客户感觉你是在帮助他

客户总是乐于与那些善于为他们考虑的销售员交谈，如果客户对你的产品拒绝，你就要想一想是不是自己的态度不够真诚、热情，或者是为客户考虑得太少。在与客户交谈时，你要尽可能多地将产品与对方需求联系起来。例如：

"使用这种冰箱每天可以为您节省 3% 的电。"

"这种车的空间大，不仅适合日常使用，还很适合周末全家人一起郊游。"

"这种无油烟炒锅不仅环保，最重要的是能避免您吸入油烟，给您一个空气良好的厨房，也给您一份好心情。"

"使用这种化妆品不久，您就会发现皮肤变得柔滑细白。"

使用类似这样的介绍方式，就会让客户感觉你并非在单纯地推销产品，而是实实在在地为他考虑，帮助他找到节省资源的产品。这样一来，客户就会被你所打动，从而愿意与你交谈下去。

3．永远不要太贪婪

要想真正让客户接受你、相信你，必须保持真诚的品质。要做到这一点就需要销售员认真、负责，不花言巧语或者是信口开河。不要对自己的产品言过其实，产品质量如何、服务如何一定要实事求是地告诉客户，切不可为了多销售产品而欺骗客户，也不要随便承诺你所提供的服务最舒适、最周到。

有些销售员为了使人相信，往往把话说得过了头，甚至采取发誓、赌咒的方式以表示自己的真诚。这也是不可取的，这种过了头的"真诚"不仅无法打动客户，相反还会招致客户的反感。即便是真的销售成功，最后客户没有享受到如你所说的服务，或者你的产品没有你说的那么好，你就可能会永远失去这位客户。

专家点拨

在与客户沟通时，优秀的销售员通常很少考虑销售结果，而是更注重销售过程。因为只要将销售中的每一个细节做好，那么结果自然是好的。在所有的细节中，真诚是打动客户的万用法宝，销售员只要拿出足够的真诚对待客户，就能化解他们的拒绝。

"切割"异议把握客户心理

在购买产品时，客户多少都会提出一些异议，如果客户提出的异议比较明确，那么销售员找到客户关心的问题会比较容易。但如果客户提出的异议较为含糊，无法直接体现客户的心理需求，销售员就需要把客户的异议进行切割，找出客户真正关心的话题，逐一进行解决。

小陈是一家电器城手机专区的销售人员。一天，一位男士走进手机专区，来到小陈负责的柜台前，根据这位男士的情况，小陈为他选了一部商务手机，但是这位客户却对此似乎并不满意。

"这款吗？曾经听别人说过，但是好像性能不太好。"

"不会的，像这种知名品牌的手机在使用中几乎是不会出现问题的。手机质量包括售后服务都是可以保证的。而且我们店长也正在用这款手机，工作起来会方便很多。"小陈解释道。

"哦，是吗？不过我也不是总忙于工作，如果我在闲暇的时候拿着这样的手机会不会……"客户略有疑虑地说。

"我想您是在担心这款手机的颜色和娱乐功能对吗？"小陈问。

"是的，如果是其他时间用这个可能不太合适。"

小陈解释道："虽然这款手机被定义为商务款，但是娱乐功能也是很强大的，它有内置摄像头，镜头清晰，相片大小可调节；可以播放视频和音频；大屏幕非常适合欣赏视频、浏览图片及阅读电邮和其他短信；内置立体声可以让歌曲更加动听。这些兼具的强大娱乐功能绝对可以让您在工作之余享受到轻松和快乐，这也是我向您推荐这款手机的原因。"

听了小陈详细的介绍，这位男士很满意地点着头。

在与客户沟通的过程中，销售员要特别善于观察、倾听，因为客户的一言一行中，一举一动间，都包含着对产品的看法和意见。同时，销售员更要善于分析，在必要时将客户异议进行"切割"，从中明确客户关心的问题，并妥善解决。

那么，当销售员遇到异议表达不明确的客户时，如何做才能准确"切割"客户异议，把握客户心理呢？

1. 放松情绪，认真倾听

在现实销售中，常有一些销售员会因为急于成交而忽略对客户的倾听，其实这是十分不可取的。客户在讲话时，即便是不直接说出对产品的不满意，也会在言语中多多少少透露出内心的异议。因此在沟通中销售员要认真倾听。

当察觉客户的语言中包含着一种或是几种异议时，销售员就要留意其语言的关键词，找出客户对产品提出质疑背后的真正意思，认真了解其反对意见的内容及重点。

想要了解到来自客户更多的信息，销售员还要善于营造轻松的气氛，可以用"你的观察很敏锐，很高兴您能提出这样的意见"这样的话作为开场白，对客户提出的意见表示真诚的欢迎。

2. 仔细分析，谨慎回应

当销售员获得客户异议之后，就要对此做出仔细客观的分析，从客户的语言中提取出其担心的问题，对客户异议进行"切割"，并掌握其中的正确因素，使用相应的方法给予解答。因为客户异议难免会有消极的一面，所以销售员需要特别注意的是，要尽量通过交谈排除客户提出的消极因素，为完成销售工作打通道路。

在对客户异议进行仔细分析之后，销售员就要选择合适的时机给予客户解答，在解答客户异议时，销售员一定要注意措辞恰当，语调温和，态度坦诚、沉着，以保持销售气氛的和谐友好。必要时销售员还可将有关的数据、事实、证明等向客户展示，来消除客户的疑问和担心。另外，在回答客户异议时，销售员一定谨慎，切不可有问必答，对于客户的那些无关紧要的异议，销售员大可不必回答。对于客户提出的真正异议，销售员也要注意，尽量简明扼要地解答，切不可拖泥带水，以免加重客户的疑问。

3. 稍事停顿，友善回答

在客户提出异议之后，销售员如果马上做出回应，通常会让客户感觉是在辩解，只是想掩饰产品弱点而已。所以在明了客户异议之后，销售员要停顿几秒钟，认真地斟酌一下客户的话，然后用平稳、和善的语气给予回应。

4. 避开枝节，机智回应

客户在购买产品时，常会提出一些无关紧要的问题，例如明知故问或是一些容易引发争论的问题等。所以，销售员在解答客户异议时就要懂得取舍，尽量回避那些妨碍销售工作的直接问题，以保证销售工作的正常进行。

专家点拨

有时，客户的异议就在其只言片语中，销售员只有善于察觉，善于分析客户语言，才能有效把握客户需求，从根本上解决客户关心的问题。这样一来实现销售也就不再是一件难事了。

把陪同者拉到自己的阵营中来

客户在购买产品时，常会有犹豫不决琢磨不定的时候，特别是当客户身边有陪同者时，就更容易表现出犹豫不决。因为陪同者的意见往往成为客户购物时的重要参考，可能陪同者的一句话，就让客户转身离去。因此对于销售员来说，如果遇到的客户身边有陪同者，那么想要实现销售成功的难度就会比平时大。对于这样的情况，不少销售员都希望与客户的交谈可以暂时规避其陪同者以减少陪同者对客户的影响。

其实，很多销售员都忽略了一点，那就是，在一定情况下，客户陪同者也可能够成为促成销售的帮手。销售员只要采取正确的方法，重视客户陪同者的意见，让客户陪同者最终成为销售促成人，不仅能打破紧张的销售局面，还能让销售工作更快地取得成功。

菁菁是一家女士服装店的销售员。一天，一对情侣模样的年轻人来店里挑选服装，女孩在一件裙子前停了下来和男孩说着什么。菁菁看到之后马上迎了过去。

销售员："你们好，来挑选服装吗？这件裙子是今年的新款，卖得非常好。"

客户："是吗？这件裙子有其他颜色吗？"

销售员："有，都在展示区，除了您看到的红色，还有黄色和紫色。但是以我来看，还是这条红色的裙子最适合您。因为您的皮肤比较白，穿这种颜色的裙子最适合。如果您喜欢可以试穿一下。"

客户："是吧，我第一眼看到就喜欢上了。"

陪同者："颜色太艳丽了，还是看看紫色或者黄色的吧。"

销售员："不会啊，这个颜色挺好的，显得很活泼。您觉得呢，小姐？"

客户："嗯，我还是挺喜欢这件裙子的。不过……"

销售员："那么小姐来这边试穿一下吧，试衣间在那边。"

陪同者："别试了，颜色那么鲜艳，她穿肯定不适合。"（拉着女孩往服装店外走）

在现实销售中，常有一些销售员会像上述情景那样，只与客户对话，忽略了客户陪同者的意见，甚至因为急于售出产品与陪同者形成对立关系，这些做法都是十分不可取的。销售员不注重客户陪同者的意见，就很难顺利开展销售工作。针对以上情景，销售员可以这样来做：

陪同者："颜色太艳丽了，还是看看紫色或者黄色的吧。"

销售员："这位先生，如果我没猜错的话您应该是她的男朋友，对吗？"

陪同者："对，但是我一直反对她穿颜色这么艳丽的服装，因为这根本不适合她。"

销售员："其实您这也是为了女朋友着想。从您的穿着上来看，您是一个很注重衣着品位的人，您的服装搭配就非常有个性，也很吸引人。您女朋友非常年轻，而且又很漂亮，这件红色的裙子，让她显得更活泼、有朝气。"

客户："对，我是这么认为的。"

销售员："那么先生您不如让她亲身感受一下，您也好看看实际效果，如果不满意，我再给您取另外的颜色，怎么样？"

陪同者："那好吧。"

销售员："小姐，请您来这里试穿一下，试衣间在那里。"

尽管客户陪同者的出现在一定程度上影响了销售工作的正常进展，但是销售员却不能为了达成销售目的而忽视客户陪同者的存在。只有尊重客户陪同者，并适当地与其交流，发挥其积极力量，销售工作才能取得成功。

那么，当客户身边出现陪同者时，销售员应该如何正确地运用陪同者的力量来达成销售成功呢？

1. 了解陪同者的想法

在客户购买产品时，客户的陪同者往往会提出一些有助于客户正确选择的意见，大多是为了让客户选购到更好的产品。这时客户陪同者的意见就会在一定程度上影响客户的购买意向。在这种情况下，如果销售员只是单纯地将交谈范围局限在客户身上，那么成交实现的概率就很低。因为当销售环境中有客户陪同者存在时，销售员要面对的客户其实就不止一位了。想要销售工作进一步开展，销售员不仅要清楚客户的观点，更要充分了解客户陪同者的想法。只有这样，销售员才能找到客户与其陪同者之间存在分歧的问题关键点。问题关键点找到了，那么销售员就能采取相应的办法加以应对，销售成功的机会也就大大增加了。

2. 给予客户陪同者足够的尊重

客户陪同者的意见直接影响着客户的购买行为，陪同者一句否定的话语就有可能让客户转身离去。所以一名销售员在做到对客户尊重的同时，也要顾及到客户陪同者的感受，给予其足够的尊重，让其感受到你的关心与重视。在与客户交谈时，要特别注重其陪同者的话，给予其适当地回应。特别是在销售前期，如果销售员能与客户陪同者建立起良好的关系，那么就能在很大程度上避免客户陪同者对销售工作的影响。

3. 征询陪同者的意见

在销售过程中，客户陪同者的反对意见无疑让不少销售员感到头疼。对此，常有一些销售员希望可以将客户排除于销售活动之外，然而在现实中这是很难做到的。不能排除客户陪同者，倒不如接受其提出的意见。聪明的销售员都会主动征求客户陪同者的意见，想方设法地处理好与客户陪同者的关系，让其成为合伙人。这样一来，将客户陪同者转化为积极因素，销售成功率也会大大增加。

专家点拨

对销售员来说，给予客户陪同者足够的重视是一种手段。因为这样才能进一步了解陪同者的真实想法，销售员才得以进一步根据客户及其陪同者的意见采取行之有效的方法。一旦解决了客户与陪同者之间的分歧，那么销售工作就很容易成功。

销售员处理好拒绝才能走向成功

在销售过程中，销售员遭到客户拒绝的情况可以说是再平常不过了。那些被人称作"天才"的销售员，大多是在遭受了客户无数次的拒绝之后锤炼而成的。被誉为日本"销售之神"的保险销售员原一平早年在拜访一位客户时，曾经遭到了二十多次的拒绝，也曾在一天之中连续遭到过十多个客户的拒绝。对客户来说拒绝是一种常态，对销售员来说，更是走向成功的必经过程。面对客户的拒绝，销售员是否能够保持良好的情绪，是否能够正确地对待客户的拒绝，是其能否取得销售成功的关键。

然而在现实销售中，不少销售员还是在这上面吃了亏。因为客户毫无理由的拒绝，一些销售员便会与客户针锋相对，这无疑是把自己与客户之间的关系逼上绝路，对销售员来讲，等于主动地放弃了一次销售机会。在销售过程中客户能够给予配合并愿意接受，固然是每一个销售员所希望的，但是销售就是销售，并非每位客户都是你的 VIP（贵宾），也并非每一位客户都是你所销售产品的忠实购买者，所以遭到客户的拒绝在所难免。

但是需要说的是，你所遇到的任何一个客户，都将成为你的潜在客户。如果一个销售员与那个刚刚拒绝自己的客户之间伤了和气，那么这个销售员失去的就不仅仅是一个潜在客户，而是许多个。因为任何一个客户都有可能为销售员带来更多的客户。

一个保健器材公司的销售员正在通过电话拜访一位客户。

销售员："你好，先生，上周您来我们公司看的那种保健床，你觉得怎么样啊？"

客户："功能还可以，但是床板太硬了，对我不太合适。"

销售员："但是您上周不是还说这种保健床正好可以帮您支撑腰部吗？这床不是正好适合您吗？"

客户："医生说床太硬了，可能不利于我的康复。"

销售员："但是上周我们已经谈好了，您不是说很适合您吗？怎么这么快就改决定了。"

客户："不合适，就是不合适。"

销售员："但是依我所见，这款床时您来说再合适不过了啊。它有非常好的保健功能，保管您用上之后病会好得更快。"

客户："不用了，你怎么没完没了的。我的医生会帮助我想办法的，用不着你操心。再见！"

销售员："你什么态度，哼！"

当遭到客户的拒绝之后，销售员难免会或多或少地有一种失落，一个眼看就要实现的销售计划也许就这样泡汤了。于是一味地企图挽回成了不少销售员都在用的"客户挽留方式"，但是在很多时候，这种方式恰恰成为了破坏销售员与客户之间关系的导火索。如上述情景中所描述的那样，销售员过于急切地希望客户购买自己的产品，疏忽了客户的心理变化和真实需要，从而使自己与客户之间的关系陷入僵局。其实对于销售员来讲，无论你介绍给客户的产品有多好，拒绝都有可能成为客户回应你的方式。如果你仅仅注重结果而忽略了销售过程，销售往往很难取得成功。对于以上的情景，销售员可以这样回应。

客户："是啊，但是医生说床太硬了，可能不利于我的康复。"

销售员："是这样啊。医生的话还是非常重要的。可能我们的这款床对你来说确实是不太适合。"

客户："是啊。适合我的床还真是不太好找。"

销售员："您不要着急。我们公司推出的保健床还有很多种，以前的旧款保健床也都不错，并且很快我们公司又要有一种保健床投入市场了。您看这样如何，我在众多床款中为您选一些对您比较适合的床款，给您发到邮箱里。另外新保健床问世后，我也会第一时间告诉您，等您觉得有您满意的床款再过来看，您看怎么样？"

客户："好，谢谢你。如果能在你们公司找到合适的床，我也就不用跑那么多家了。"

销售员："为客户服务是我们的职责，希望您对我公司多多关注。"

在销售中遭到客户拒绝时懂得与其保持良好关系，并善于审时度势，及时调整与客户之间的对话方式和方向，始终留给客户一个和善而礼貌的印象，是一个销售员应该具备的基本素质和能力。像以上情景中所描述的对话，可能表面看似没有什么结果，但是销售员良好的态度和周到的服务无疑给销售成功创造了更多的机会。销售员能够保持与客户的良好关系，取得销售成功也就不远了。

在遭到客户拒绝时，销售员想办法接近客户，并与客户形成良好关系，是取得销售成功的重要做法。只要留住关系，结果也就有有转机的机会。所以，作为销售员务必要学会在遭到客户拒绝时正确、合理地处理，不要与客户伤了和气。

在实际销售过程中，销售员都应该怎么样面对和处理客户的拒绝呢？

1. 把拒绝看作一种常态

面对客户"多种多样"的拒绝，常有一些销售员会表现得垂头丧气，失落无比。其实在购买产品时，客户常会表现出习惯性的拒绝，这是销售的一种常态，也许当客户认为产品真的很适合自己时，就会马上做出认可的表态。

美国家咨询机构曾经对近 5000 名销售人员的客户拜访记录做了深入的分析和调查，结果显示，在所有的销售谈话记录当中，有高达 62% 的客户说出的理由都不是拒绝推销的真正理由。所以对此，销售员不必太放在心上。

俗话说："胜败乃兵家之常事。"在销售过程中，客户的拒绝更可以说是一种常见的回应方式。如果一个销售员总是对客户的拒绝抱有消极的态度，那么在他接下来的销售工作中也很难取得实质性的进展和突破。

有一句名言说："越是认为你行，你就会变得越高明，积极的心态会创造成功。"积极的心态是指引人们走向成功的指路灯。一个销售员只有时刻保持积极的心态，不被一时的失意所打倒，才能最终获得好的业绩。

2. 换位思考客户的拒绝原因

客户拒绝销售员的推销，或多或少都有着这样那样的原因。因此当遭到客户拒绝时，销售员要做的不是转身就走，更不是恼火、失落，而是要耐下心来仔细分析客户拒绝购买的原因，只有在获知了客户拒绝购买的原因后，销售员才能做出最有效的解决措施。

不管是客户的时间紧，还是资金周转不足够，或是对产品缺乏足够的信任，这些原因都是销售员改变销售策略、转变销售方向的重要参考。所以，销售员在遭到客户拒绝时，要善于观察，从客户的表情、言语、态度、行为中获得对自己有用的东西，然后再根据掌握的情况采取接下来的行动。

3. 从拒绝中寻找机会

对销售人员来说，遭到客户的拒绝无疑是其实现销售的一大障碍，但是在遭到客户拒绝时，销售员还是需要一如既往地给予客户足够的注意和照顾。因为在客户对你拒绝的过程中，就蕴藏着很多有利于取得销售成功的机会。例如，客户拒绝的语言中，总是会或多或少地带有个人的实际需求和对产品的一些理解，通过分析客户的语言，销售员对产品和客户心理的把握可以说又得到了进一步的完善。所以，客户的每一次拒绝都是在为销售员制造更加成熟的销售机会。

想要更大程度地获得销售成功的机会，销售员就要善于把握自己与客户之间的关系，多倾听客户的需求和想法。即便是客户的态度不好，销售员也需要保持平和的态度，运用友好的言辞，使客户看到一个形象好、素质高的销售人，这不仅对于客户改变先前的看法有一定的帮助，而且也有利于销售员维护自我形象。

无论客户怎么想，怎么做，销售员都要记住与客户保持友好的关系。好的态度不一定会成立一个买卖，但是不好的态度则肯定会让你失去一个客户，甚至是更多客户。因为在销售中，没有什么比积累客户更加重要的了。

专家点拨

被称为"全球第一金牌销售员"的雷德曼曾经说过："推销，从被拒绝时开始。"经历过拒绝，销售员才能够走向成功。学会处理好与拒绝自己的客户之间的关系，销售员才有可能获得更多的销售机会。

挑三拣四的客户才真正有意买

"嫌货才是买货人"，客户之所以对你的产品挑三拣四，是因为对你的产品有兴趣，开始认真地考虑是否要购买的问题，这样自然就会提出更多的意见。因此，遇到问题多多的客户，千万不要否定客户的购买欲望，更不要埋怨、指责客户，应细心而诚恳地向客户讲解你的产品的优势，不怕被客户挑剔和比较。

林先生是一家水果批发公司的老板，他在一开始做水果生意的时候，时常会碰到一些挑三拣四的客户。

有一天，他又碰到一位难缠的客户。这位客户边端详着手里的水果边说："你的水果也不怎么好啊，还那么贵？"

"呵呵，您放心，我的水果虽然不敢说是最好的，但是绝对不次，甘甜可口又新鲜，保证是这一带最好的，不信您可以和别家的比较比较，要不您尝一个试试？"林先生满脸堆笑，不紧不慢地说着，最后还拿出小刀给顾客削了一个水果。

可是客户仍然摇了摇头，说："看起来有点儿小，我喜欢大点儿的。"

林先生还是笑眯眯地说："自己吃又不是送人，大点儿小点儿无所谓，只要好吃就行，您说呢？"

"可是你这也太贵了，能不能便宜点儿？"

林先生仍然非常耐心地笑着说："真的不能再低了，我们本来就是薄利多销，所有人都是这个价买的。"

不管客户是什么态度，林先生一直微笑着为这位顾客解答问题。虽然这个客户嫌完了产品嫌价格贵，但最后仍然购买了不少水果。

林先生感慨地说："嫌货才是买货人。"

其实，林先生不仅仅是服务态度好、有修养、对自己的产品有信心，他对顾客的心理更加具有深刻的洞察力。他一眼就看透了谁才是真的客户，他明白只有那些嫌货色不好的人才是真正有购买意向的人。

　　在推销的过程中,客户随时都有可能对你的产品的任何方面提出异议。作为销售人员,一定要明白这一点,要时时刻刻做好这种心理准备,不能轻视客户的异议,更不能因此而对客户心存芥蒂。销售能力就是在不断地解决客户提出异议的过程中不断增长的。那些对你的产品没有异议的人,往往是走马观花的看客,因为在他看来你的产品好与不好和他根本没有什么关系,既然如此,他自然不必浪费心思、浪费精力地和你讨论产品。

　　打个比方,如果你向一位客户推销一款豪华型家用轿车,你口若悬河地和对方大谈什么节能环保,可你说了半天,对方只是笑着听你说,你就像在唱独角戏一样,那么这时,你就要考虑换一种车型向客户推销,因为,你现在推荐的车型根本引不起客户的兴趣。如果他对你推销的车型有兴趣的话,他会问你很多关于产品的信息,并且会就自己不满意的方面提出质疑。

　　"嫌货才是买货人",是销售中的一个规律。如果一个客户对你的任何建议都无动于衷,没有任何的异议,那么你就应该考虑放弃说服他,那些对你的产品意见多的客户才是值得你花时间和精力去说服的,才是有可能购买你产品的人。

　　因此在销售过程中,销售员要善于找到客户挑剔的真实原因,对症下药,给以客户心理上的满足,当客户获得了想要的安全感、荣耀感和满足感的时候,就会选择购买你的商品。有时候客户挑剔的原因在于他想要讨价还价,或者是想要试探商品是否含有水分,这时销售员则应该自信地、宽容地对待客户,让客户尽情地挑选,甚至让客户去和别的商家进行对比,这样能够使客户更加放心,最后还是会更加青睐于你的产品。因为你帮他减轻了压力,使他感到放心。

　　销售员要想成功地卖出产品,一定要洞察客户的心理。面对挑剔的客户,如果销售员拼命地劝他购买,他反而更不放心,甚至掉头便走;而如果销售员只是主动介绍各种商品的性能,让客户自己进行评价和选择,他反而会感激你的指导;如果销售员能够大胆地促使客户到其他店里作比较,客户则会更加信任你。即使他去了别的店里,但最终很可能还会回到你这里来,因为你已经做到无可挑剔了。

专家点拨

遇到挑三拣四的顾客，销售人员不能轻易地否定顾客的购买欲望，恰恰相反，我们要对自己的产品有信心，跟顾客诚恳地讲解产品的优势，不怕人嫌，不怕比较，坚持下去，达成交易。

如果一个顾客对你的任何建议都无动于衷，没有任何的异议，这个顾客很有可能没有一点儿购买的欲望。

第九章

迂回求前进，别让价格成为绊脚石

销售员需要面对的实质性销售阶段就是价格的谈判。许多销售员由于不会谈价，要不丢掉了订单，要不就是虽然成交但已经没有了利润，只好自己安慰自己，权当交了朋友。许多销售员是靠提成来提高收入，如果掌握不好谈价的技巧，虽然销售业绩不错，收入却很低。所以，如何搬开价格这个成交路上的绊脚石是销售员最需要掌握的销售技能。

先价值再价格才不会陷入泥沼

价格是商品价值的货币表现形式，它直接影响消费者的心理感知和判断，也决定着消费者购买意愿和购买数量。有经验的销售人员都知道，价格问题谈得好就是成交的前兆，谈得不好就是失败的信号。那么当谈到价格问题的时候，该如何去把握呢？

"价格永远不是销售的决定因素"。一定要记住这句话，否则任何形式的销售都无从谈起，因为无论你的产品价格多么低，你都会发现还有比你价格更低的。所以，如果在销售的行为活动中，一旦陷入价格的泥沼，那么你距离失败也就不远了。

为了不陷入"价格战"，唯一的办法就是不要急着谈价格，而是要从谈价格转化为谈价值，把客户的注意力从价格转移到价值上来。

曾经有这样一个案例，说的是一个销售员向顾客推荐牙膏，客户本能地问他多少钱，销售员心直口快，同时也缺乏经验，他告诉对方牙膏30元一支，客户立刻觉得"太贵了"，后来不管那个销售员再怎么解释，都无济于事。这个时候销售员也许会问，不急着和客户谈价格那谈什么呢？

销售员在向客户介绍产品的时候，一定要注意避免过早提出或讨论价格，要先让客户了解产品价值，等顾客对产品的价值有了起码的认识后，再与其讨论价格。顾客对产品的购买欲望越强烈，他对价格问题的考虑就越少。让顾客认同产品价值的最有效的方法就是做产品示范，俗话说："耳听为虚，眼见为实。"任你再怎么滔滔不绝地讲解都比不上让顾客真真切切地看一遍产品展示来得实在。

一家电气公司正在搞"促销"活动。他们挨家挨户推销吸尘器，每台售价约为1000美元。他们的这些潜在客户家里都已经有吸尘器了。而且，他们原来的吸尘器价格很低，在50～300美元。那么，以这么高的价格，他们又怎么能售出吸尘器呢？

首先，他们的产品还是能说得过去的，而且确有独到之处：灰尘不是被吸入纸袋中，而是被吸入一个盛水的容器里，然后落入水中。这款产品的好处是吸尘完毕后，污水会被处理掉，利用这种方法可以吸掉更多灰尘。在促销活动中，销售人员会先拿顾客家里的普通吸尘器做演示，顾客可以清楚地看到，从一般吸尘器排出的空气中仍含有大量灰尘。他们告诉客户，这些灰尘会悬浮在空气中，影响你的肺部健康，恶化呼吸问题，加重哮喘疾病，引起过敏等。

而他们的这款产品在性能上的确很能吸引顾客，一些有兴趣的客户自然就会询问价格。销售人员知道，一旦谈到价格，关于这笔交易的谈话就会宣告结束。"我不想告诉您价格，"他们回答道，"因为我不想让您因为价格的因素购买这件产品，我希望您是因为真正需要才买的。"接下来，销售员会主动为客户做一个更富有戏剧性的演示：把枕头放入塑料袋内，然后用吸尘器把它吸成一个很小的硬块，并且告诉客户，这样可以给枕头除螨。

这时，有些感兴趣的顾客可能会再次询问价格。销售人员还是要绕开这个话题，回答说，如果他们与顾客一致认定其确实需要这种吸尘器，他们个人就会保证顾客能够买到一台。销售人员接下来要做的，是继续充分展示该产品的各种价值，以及如何使用可以节省费用：比如不必为吸尘器购买纸袋，不必求医问药，不必请假误工，不必频繁更换地毯（因为一般吸尘器会在地毯上留下细小灰尘，加速地毯的磨损）等。此时顾客的兴趣越来越浓了，不过他们还不知道这款"神奇"的吸尘器卖多少钱。经过完整的产品展示之后，销售人员才会告知产品价格。

不过，有些客户已经决定购买了，有一些也非常想买，但还是有点舍不得自己的钱包。此时，销售员们又抛出了一记杀手锏：如果顾客能够找到3个朋友或者3户人家让销售人员进行一次产品演示，这位顾客就可以享受折扣。这些人不一定非得购买产品，只要允许销售人员跨进家门做产品演示就可以了。

就这样很多客户都纷纷购买，一台1000美元或者更贵的吸尘器就卖给了已有吸尘器的人家了。其实有些事情看起来不可能，但只要你下工夫，只要掌握方法还是能够办到的。

情人眼里出西施，价值同样如此。如果你没有把价值展现给客户，客户又怎能看到价值所在。因此，要深谙自己的产品价值，要对产品价值进行研发，把这种价值展现在客户面前，印入顾客心中，然后再谈价钱。这样，你就可能成就看似不可能之事。

如果遇到客户非要先问价格该怎么办呢？这个时候我们就可以采用模糊回答的方法来转移顾客的注意力。比如说当客户问及价格时，你可以说："不同的产品价格不同，这取决于您选择哪种型号，要看您有什么特殊要求"，或者告诉客户，"产品的价位从几百到上千的都有，就看您喜欢哪一种产品了……"即使销售员不得不马上答复客户的询价，也应该建设性地补充："在考虑价格时，还要考虑这种产品的质量和使用寿命。"在做出答复后，销售员应继续进行促销，不要让客户停留在价格的思考上，而是要回到关于产品的价值这个问题上去。

总之，价格是销售的最后一关，支付能力与支付意愿之间总是有差异，购买意愿没有形成之前，谈价格是没有意义的。没有购买欲望，就没有谈价格的必要。所以，一定不要和顾客陷入到价格的拉锯战之中，因为在顾客的心中多低的价格都是贵的。

专家点拨

重复购买的客户，看重的不是价格，而是你向他们提供的经验和价值。不论你是否意识到这一点，客户一直都在为你所花费的时间、辛苦得到的经验教训以及你的成功而掏腰包。

要深谙自己的产品价值，要对产品价值进行研发，把这种价值展现在顾客面前，印入顾客心中，然后再谈价钱。这样，你就可能成就看似不可能之事。

让客户享受讨价还价的乐趣

现在的商品很丰富，又具有很强的可比性，再加上环境优越的大商场一个接一个的建成开业，销售服务有所改善。俗话说："花钱买快乐！"有时大商场的商品可能贵一些，但购物环境好、服务好，客户觉得值，因为他不仅买到了称心的商品也买到了舒适的环境和销售人员的笑脸。

不过，有些用户日常生活所需要的物品，大多还是来自于农贸市场，尤其是主副食品方面。因为他们觉得在农贸市场买东西不但选择余地大、质量好、服务好，还能够享受"讨价还价"的乐趣，在这里他们能切实感受到"顾客就是上帝"。因此，"讨价还价"也成了这些人颇为重要的一种生活内容。

在销售中，销售人员可能会遇到这些客户，他们对讨价还价好像有特殊的癖好，即便是一碗面、一斤菜也非得要讨价还价一番不可。这种人往往为他们讨价还价而自鸣得意，所以对这种抱有金钱哲学的人有必要满足一下他的自尊心，在口头上可以做一点适当的小小的妥协。比如可以这样对他说："我可是从来没有以这么低的价钱卖过的啊。"或者"没有办法啊，碰上你，只好最便宜卖了。"这样使他觉得比较便宜，又证明了他砍价的本事，他是乐于接受的。

王某是一个家具城不锈钢厨具推销员，这天他约见一个内衣公司的经理。在王某进门前，这家公司的经理对身边的几个业务员说："我要谈一个好价钱，把他逼得进退无路。"

过了一会，小王来了："张经理吗？我是王某，家具厨具城的。您想起来了吧？"

"你是……"

"我就是那个向您介绍不锈钢厨具的，我给您在纸上列了个清单，想起来了吗？"

"想起来了，想起来了，你说吧，什么事，"

"因为，我想您可能会帮我一把，所以就来拜访您了。现在的生意很难做，我现在特别难。上次您到厨具城来我们谈不锈钢厨具的事情，到现在我们只做了两笔小买卖。昨天老板给我递话，没有买卖这房租都交不上，您说他这么一说，我不是要下岗吗？现在找工作这么难！"

"你到底有什么事情啊？"

"是这样的，我就直接说了，像我们这种高级厨具，您也看到了我们是专卖。您说怎么办呢？到现在我这个月就卖了两笔，加一块共卖了360元，挣点钱仅够交门市费的。老板虽然没有怪我不会卖东西，可整天给我脸色看。我自己也想，没有给老板挣着钱，心里也不好受。"

"是啊，现在生意难做，都下岗，装修有几个用得起这个牌子的厨具啊？"

"是，所以我看你们公司对选牌子的厨具很感兴趣，也进得起。我就想，要是您在我们这里买，那也算帮我一个忙了。"

"我还没有想好……"

"您别急，听我说，上次我们谈过的价格，您嫌贵，要不这样吧，我卖厨具，中间和老板也有个提成，我提15%。这样吧，我这15%也不要了，您就当帮我个忙，您就在这里买，我卖出点东西心里踏实。我每个月卖出去卖不出去的，人家还得给我开600元工资是不是？——您看行吧？"

"嗯。这个价，其实也很高，跟你说，我买这么贵的厨具，还真有点……你说呢？"

"对于这个价格，我不能再让一分钱了。但是我要告诉您的是，如果您接受这个价钱，我个人会去监督安装，保证您用很多年都不变形。因为厨具的安装，您也知道，说道特别多。"

"那好吧，如果你真能这样做，咱们就按这个价格来吧！"

在案例中，小王面对的是把"讨价还价"当作乐趣的客户。这种客户即使同意推销员的计划，但是他还是会在条件上挑剔推销员。他们已经有了很多的谈判经验，而这些经验使他们感到他们是强大的，他们总是很有能力让推销员让步，甚至这种观念已经超越了利益本身。所以他们根本就不在乎商品的价格，而以与推销员"讨价还价"来享受乐趣，这是这类客户的共同特点。

这位内衣公司的经理就是这样的客户，在推销员王某提出让利15%的基础上，其实他已经决定购买王某的产品了，但是他还是继续为难王某，享受讨价还价的乐趣。王某针对客户的刁蛮，充分示弱："到现在我这个月就卖了两笔，加一块共卖了360元，挣点钱仅够交门市费的……""我就想，要是您在我们这里买，那也算帮我一个忙了。"这些都是典型的示弱策略，可获得客户一定程度的同情。

最后，王某以退为进，做出了监督安装的承诺。其实对于监督安装这个额外服务来说，王某对每个客户都是这么做的。但重要的是，他非常适时地用这个所谓的让步应对了对方，并满足了对方那种心理。果然，这位客户在得到王某这个承诺后，心满意足地成交了。因为这个承诺，使这位刁蛮的经理才不会在谈判中输给对方。他觉得他的谈判技巧使对方做出了最大的让步，他获得了胜利。

在整个案例中，王某有效运用了示弱、争取理解、获得同情、以退为进等谈判技巧，最后成功实现了签单的目的。推销员们在与客户讨价还价时，也不妨向王某学习，灵活运用这些"演技"，让客户享受讨价还价的乐趣技巧，通过赢得客户的好感拿下订单。

专家点拨

只要推销员能积极发挥自己的谈判技巧，在讨价还价中获得客户的好感，成功拿到订单将不是问题。

当客户认同了你的产品，希望你降低价格时，你应积极应对客户的讨价还价，充分利用示弱、赞同、争取理解、获得同情等技巧与客户谈判，以赢得客户的好感。

套取客户底牌使利益最大化

销售也是一种博弈，是一场隐蔽自己秘密、套取对手底牌、博取利益最大化的较量，这场博弈拼的是买卖双方的经验、技巧和应变能力。

底牌是销售员和客户谈判的砝码，是你的商业机密，不到最后一刻，决不能亮出自己的底牌。一个优秀的销售员，能够做到永远不亮自己的底牌。非但不亮自己的底牌，还会想方设法诱使客户把底牌暴露出来，让自己在谈判中掌握主动。

销售中，尤其是在商务谈判中，有四个要素一定要把握好：你的报价和对方的还价，你的底牌和对方的底牌。购销双方都会揣摩、推测、试探对方的底牌，这是一种心理、智慧、技巧的综合较量。无论出现何等的情况，都千万不要过早地亮出自己的底牌。

一些销售员急于求成，在对手假意成交的诱惑下，总会轻易地向客户透露公司产品的价格底限，然后一言不发，等客户决定。而这样做最可能的结果是什么呢？是客户提出的额外要求，以至于使自己的利益受到严重损害。

还有一些销售员，遇到一些态度强硬的客户，就开始心慌气短，露出怯色，主动把条件优惠了再优惠，价格一降再降。虽然你已经把自己的底线摆在那里了，但是这种方法会让客户认为你的利润空间依然很大，最后依然不能成交。

1985年，日本一家公司需要从中国的机械公司进口大量的缝纫机械。日本公司专门派了一个业务员到中国公司的所在地杭州洽谈。这是这家公司的第一个外国客户，怎么拿下这个大单，如何取得利益的最大化，中国公司都已经作了充分准备。日本业务员到达杭州以后，中国公司的老总亲自摆宴迎接，酒水高档，菜肴丰盛，热情的款待，让日方的业务员很是兴奋。老总向日本业务员频频敬酒，并很关切地说："这个季节是旅游旺季，全国的游客聚集杭州，很可能出现机票购买困难。请问，您准备在杭州逗留几天，打算哪一天返回，这样我方便安排人员替您买好机票，以免误了您的行程。"日本业务员的回答是三天后返回日本。宴毕，老总安排业务经理负责日本业务员的一切。

次日一早，业务经理就开了豪华的轿车来接日本业务员，不是去谈判，而是在杭州遍游。全世界的人都知道杭州美景闻名天下，日本业务员自然是乐得一游。

第三天，业务经理又带日本公司的业务员继续游览，一路上尝遍美食。日本业务员受到如此厚待，竟然乐不思蜀。

第四天，他才想到自己来此地的目的，急忙向业务经理提出业务谈判的事宜。业务经理让服务人员把他返程的机票取了过来，竟然离起飞的时间不足四个小时了。这下，日本业务员真的慌了，正式的谈判显然已经来不及，他索性报出了他们采购机器的具体数量和能够接受的最高价位。而中方代表不急不缓，数量上保证供应，但是在价格上绝不松口。眼看着返程的时间越来越紧，日本业务员乱了阵脚，抓紧与日本总部联系、协商，终于，在飞机起飞前半个小时内，达成了协议。在价钱上，日本公司足足多付了10％！

中国公司以关心的名义得知了日本业务员的行程安排，然后又以观光为由，故意把大量的时间浪费在与谈判无关的事情上，人为地造成时间紧张的局势，让日本业务员在万般无奈的情况下亮出了自己的价格底牌。此时，中方公司掌握了谈判的主动权，步步紧逼，最终大获全胜。

商战中，属于底牌性质的时间、价格、质量等，都是不可泄露的商业机密。

要想探知对方的底牌，不但要运用一些技巧，还要善于语言的引导，善于察言观色，善于分析推断。谁要急于成交，谁就会被动，谁的思维最先被搅乱，谁就容易被对方牵着鼻子走。

很多时候，你越急着赢，反倒容易输。想方设法地摸清对方的重要信息，并尽可能地隐藏好自己的重要信息，当"敌在明处，我在暗处"的时候，这样才可以在谈判交易中稳握胜券。

专家点拨

在探知对方底牌的同时，对方也在探知自己的底牌。此时，千万不要轻易亮出自己的底牌。当对方说"这是我能够给出的最高价，再加一分也不行"时，你一定不要信以为真，而是先判断时方话中的虚实，然后再作决定。

产品价格上让步需要讲究策略

一些销售工作之所以失败，往往是由于销售员在销售时缺乏变通，不懂得让步，浪费了不少口舌却得不到客户的点头。因此，当销售员凭借单纯的产品介绍和热情无法赢得客户的青睐时，采用让步的方法往往就能让销售工作快速取胜。特别是在产品价格的问题上，销售员如果能采取适当让步的方法，不仅可以缓解销售可能造成的紧张局面，还能够让销售工作获得很大程度的进展。对于销售员来说，这不失是一种好的谈判方法。

然而让步也需要掌握尺度，一些销售员为了获得销售成功，往往会过早地在产品价格上做出让步，或者一次做出大的让步，结果往往使销售工作陷入毫无退路的境地。让步也需要讲究方法，在销售时，销售员只有使用正确的方法，才能达到让步的目的，最终获得销售的成功。

小刘是一家电子公司的销售员，几天前，他曾拜访了一位客户，客户对他们公司的产品很感兴趣。这天，小刘第二次拜访这位客户，继续与其讨论价格问题。在经过一番寒暄之后，双方谈到了价格问题。

销售员："您觉得还有什么问题吗？"

客户："我觉得你们的产品价格还是偏高，如果你能再降些价格，我们可能会认真考虑一下。"

销售员："那这样吧，每件产品我再降40元，这个价格已经很低了，不能再降了。"

客户："这个价格还是不低啊，能再降一些吗？"

销售员："等我来算一下，每件产品最多再能降10元，再降就不行了。"

客户："不能再降了吗？"

销售员："对，不能再降了。这已经最低了。"

客户："我想价格还是能再降一些的吧。"

销售员："说过不能再降了，我们的价格已经很低了！"

客户："那我们再考虑一下吧。"

适当地让步有助于缓和紧张的销售氛围，然而让步也需要讲究方法。如果销售员让步过早，或者每次的让步幅度过大，不能正确把握让步的尺度，不给自己的销售留退路，就很可能陷入两难的境地，从而给接下来的销售工作带来影响。针对以上的情景，销售员可以这样来做。

销售员："您觉得还有什么问题吗？"

客户："我觉得你们的产品价格还是偏高，如果你能再降些价格，我们可能会认真考虑一下。"

销售员："我想对于我们产品的质量您是十分清楚的，我公司的电子配件之所以这样受欢迎，完全得益于其良好的质量和信誉。如果您购买我们公司的产品，是绝对不用担心质量问题的，而且我们的售后服务非常到位，相对于此，我们的价格应该还是比较合理的。"

客户："你们的产品质量的确不错，不过我还是觉得贵了点。如果能再优惠一些我会考虑的。"

销售员："这样，每件电子配件我们再降10元，这个价格已经很低了，不能再降了。"

客户："这个价格也不低啊，能再降一些吗？"

销售员："这样，我们电子配件单价的降价范围是不能超过20元的，说实话，对于那些合作多年的老客户，我们也始终没有超过这个范围。如果您真的想要我们公司的产品，我就给您个特惠价，每件电子配件我们给您降20元。就全当您是我们的老客户了。您看怎么样？"

客户："哦，那好。就这样吧。"

在产品的销售中，买家和卖家之间永远会在价格的问题上产生争议和分歧，双方都做出适当的让步也是必要的。但是这种让步并不是一方无条件、无休止的让步，而是谈判双方各让一步，并最终顺利成交。

一个有经验的销售员，他总能够对一次完整的推销过程做出全面周到的考虑。虽然利润最大化是每个销售人员的追求，但是在关键时刻，还是要懂得向客户让步，达到"四两拨千斤"的效果。但是这种让步是有条件的，是在顾客也在让步的情况下，双方做出相互的妥协，而不是你对顾客无条件的让步，只有在恰当的时机，向客户做出合理的让步，才能够让顾客购买你的产品。对客户让步，一定要把握住恰当的时机，不宜过急、过早。与客户刚一沟通，就开始大幅度让步，这让客户有进一步的期望，希望你能给予他更优惠的条件。所以，不到万不得已，决不让步。

在谈判前，一定要考虑好让步的幅度与层次。对方大幅度的让步，可以换取你较大幅度的让步，对方小幅度的让步，也只能换取你较小幅度的让步。让步的过程要做到循序渐进，不能一次性让到底。让步的幅度应该是先大后小，越到后来越难。比如，你在第一轮谈判中降价5%，在第二轮谈判中你的让步幅度一定不能高于2%，你不可能第二次降价5%甚至更高，这只能让客户觉得你合作没有诚意，从而对你失去信任。我们在前面已经说了，那种无条件、无休止的让步，不但不能感动客户，反而让顾客得寸进尺。

专家点拨

在销售过程中，销售员对客户让步并不意味着妥协，相反它是一种手段，是一种快速取得销售成功的智慧。

在与客户沟通的过程中，销售员一定要为自己留下充足的余地，切不可一再让步或是第一次就做出大的让步。

在销售过程中，销售员在做每一次让步时，都应该考虑是否值得，是否能够从销售中得到回报。

别接受客户第一次出价或还价

一天，约翰对爸爸说："爸爸，今天晚上我能借用一下你的汽车吗？"爸爸说："当然可以，去吧。"看到爸爸答应得这么爽快，约翰自然而然地产生这样的想法："我再和他要100元钱，应该没什么问题。"要不他就这样想："今天怎么这么痛快？肯定有什么事瞒着我，想让我快点走！"

这是很容易理解的一件事，因为人的心理就是如此，东西获得太容易，就会让人怀疑它的真实性。一方面，在人的潜意识中，都认为得到就必须有所付出，是需要通过努力才能获得的。太容易得到，会让人怀疑自己是否中了圈套。另一方面，对方一看你答应得如此干脆，会认为你还有可以退让的空间，从而得寸进尺地向你逼近。

一个客户对服装销售人员说："我很喜欢这件衣服，也是诚心想要购买，你就便宜50元卖给我吧！"销售人员说："好吧，看在您这么喜欢的份上，就按照您说的价格吧！"这时，顾客有可能会产生两种想法：①"这么爽快就答应了，多半是衣服有什么问题，我最好还是不要了。"②"答应得这么爽快，一定赚了不少！不行，我可不能吃亏，我得再向他要点儿赠品。"

作为销售人员，在和客户谈判的初始阶段，很容易忽视客户的这种心理，进而造成销售上的失误。所以，在和客户谈判的初始阶段，请记住这样一句话：永远不要接受客户的第一次报价！事实上，这也是很多销售人员最容易犯的失误之一。

一对年轻夫妻看到商店里有一款手机很漂亮，他们非常喜爱，于是商定只要售价不超过1000元就买下来。但是，当他们看清上面的标价时，丈夫却犹豫了。

"哎！"丈夫低声说，"上面的标价是1600元，比我们预期的价格高多了。我们还是回去吧。"

"我看到了。"妻子说，"不过我们可以试一试，看销售员能不能打个折。毕竟我们很喜欢这款手机。"

夫妻俩私下商量了一下，尽管他们觉得1000元买到这款手机不太可能，但还是由妻子出面，试着与销售员讨价还价。

妻子鼓起勇气，对销售员说："我看到你们有款手机外形挺时尚，上面的标价是1600元，不知道是否可以打个折，以1000元卖给我们？"

手机售货员听了这个价后，连眼睛也没眨一下就爽快地说："好！给你，卖啦！"

可是这对妻子并没有欣喜若狂："我真是太傻了，这手机本来恐怕就值不了几个钱……或者肯定是质量低劣，要不为什么那么轻呢？再要么就是山寨机……"妻子越想越懊恼。

尽管后来夫妻俩还是把手机买回去了，而且用起来效果很好，并且也没出什么毛病，但是她和丈夫总觉得不放心，而且他们一直被这种感觉所笼罩。

为什么会出现这种结果呢？很简单，他们在购买那款手机的同时，没有从购买行为中获得一种价值感，也就是人们常说的这个价买这东西值了；相反，他们感觉自己上当受骗了，因为销售人员接受了的他们第一次报价，而且答应得很爽快。

我们不能批评那位售货员什么，但是我们可以想到，这对夫妻肯定再也没有光顾那家手机店。他们买手机的感觉让他们很苦恼。其实，售货员只要多说几句："二位的眼光真好，这款手机样式新颖，功能也很全，很少有人这样独到的看到它的价值。您看我们这款手机，原价1600元，现在您只出1000元，的确有些低了，但是就算卖给识货者吧！"这样夫妻俩就会少了许多"思想负担"。可是他并没有做到，并且没有做到的销售员还大有人在。

事实上，在谈判中，对买主有心理预期，为自己设定谈判的接受底线，是非常危险的。在销售中，给客户制订一个你自以为的所谓的最低预期，也是非常不明智的。这会导致你过于容易地接受客户的条件，进而损害自己的利益。

一家杂志的广告部招商人员向一位客户推销他们杂志的广告版面。由于这位客户对他们杂志的理念很认同，所以很有意向买下广告版面为自己公司做宣传。这位客户一开始就给出了800元，虽然低但还算合理。客户给出的这个价格正是招商人员接受的底线，对此这位招商人员感到很吃惊，但他并没有因为害怕失去这个客户，就急于答应。相反，他考虑了一下对客户说："这样吧，我回去跟经理商量一下，大家研究研究，看看您这个价格我们是否能够接受，您这样的价格实在是太低了！不过，我会尽力帮您争取的。"

第二天，这位招商人员打电话给客户："不好意思，我没能帮您争取下来，经理觉得800元实在太低了。"

客户沉默了很长时间，然后说："那你们经理的意见是怎样的，最少需要多少？"招商人员回答道："1200元，这是我们经理给我的底线。""好吧，那就这样定吧！"客户说。

绝不要接受客户的第一次出价或还价！这是销售人员一定要遵循的原则。一旦你接受了客户的第一次出价或还价，也就使自己陷入了被动中，会失去为自己争取更多利益的机会。

所以，销售人员不要匆忙地接受客户的第一次出价或还价，你可以用上级领导做掩护。要知道，第一次还价或出价只是客户的试探而已，一旦你接受了，客户就有可能得寸进尺或者对你的产品产生怀疑。尽量让你接受他的价格显得困难一些，这样客户才会心满意足、高高兴兴地掏钱购买你的商品。

专家点拨

当客户进行第一次开价或还价的时候，无论客户开出的价格是否符合你的预期，都不要接受。

不要轻易满足客户的第一次出价，那只不过是客户的试探，你认同了这个价位就是上了客户的当！

讲明白一分价钱一分货的道理

俗话说："一分价钱一分货。"与那些质量一般的产品相比，质量好的产品成本总会更高些。对此，每一个销售员都能明白。然而在客户那里，这种观点有时却得不到认同。物美价廉是每个客户对产品的向往，在购买产品时，客户也总是希望销售员为他们推荐那些质量好，且价钱不高的产品，甚至拿着质量差的产品与销售员讨价还价。对此，不少销售员都会感到懊恼。

销售员在与客户沟通时如何做到在保住产品价格的同时，又促成交易呢？这就需要掌握一定的沟通技巧，需要让客户明白"一分价钱一分货"的道理。

客户："我是××防疫站陈科长，你们是××公司吗？我找一下你们的销售。"

电话销售："哦，你好！请问您有什么事？"

客户："我想咨询一下你们软件的报价，我们想上一套检验软件。"

电话销售："我们的报价是98800元。"

客户："这么贵！有没有搞错。我们是防疫站，可不是有名的企业。"（态度非常高傲）

电话销售："我们的报价是基于以下两种情况：首先从我们的产品质量上考虑，我们历时5年开发了这套软件，并且与全国多家用户单位合作。对全国的意见和建议进行整理，并融入我们的软件中。所以我们软件的通用性、实用性、稳定性都有保障。另外，我们的检验软件能出检验记录，这在全国同行中，也是首例，这也是我们引以为傲的。请您考察。"

客户："这也太贵了！你看人家成都的才卖5万元。"

电话销售："陈科长，您说到成都的软件，我给您列举一下我们的软件与成都软件的优缺点：咱们先说成都的，他们软件的功能模块很全，有检验、体检、管理、收费、领导查询等，但他们软件的宗旨是将软件做得全而不深。而我们的宗旨是将软件做到既广又深。就检验这一块来说，他们的软件要求录入大量的数据和需要人工计算，他实现的功能只是打印；而再看我们的，我们只需要输入少量的原始数据即可，计算和出检验记录全部由计算机完成，这样既方便又快捷。另外，我们的软件也有领导查询和管理功能。在仪器和文档方面我们的软件也在不断改进，不断升级。"

客户："不行，太贵。"（态度依然强硬）

电话销售："您看，是这样的，咱们买软件不仅买的是软件的功能，更主要的是软件的售后服务。作为工程类软件，它有许多与通用性软件不同的地方。我们向您承诺，在合同期间我们对软件免费升级、免费培训、免费安装、免费调试等。您知道，我们做的是全国的市场，这期间来往的费用也是很高的，这我们对您也是免费的。另外，在我们的用户中也有像您这样的客户说我们的软件比较贵，但自从他们用上了我们的软件以后就不再抱怨了，因为满足了他们的要求，甚至超过了他们的期望。我们的目标是：利用优质的产品和高质量的售后服务来平衡顾客价值与产品价格之间的差距，尽量使我们的客户产生一种用我们的产品产生的价值与为得到这种产品而付出的价格相符的感觉。"

客户："是这样啊！你们能不能再便宜一点啊？"（态度已经有一点缓和）

电话销售："抱歉，陈科长你看，我们的软件质量在这儿摆着，确实不错。10月21号我们参加了在上海举办的上海首届卫生博览会，在会上有很多同行、专家、学者。其中一位检验专家，他对检验、计算机、软件都很在行，他自己历时6年开发了一套软件，并考察了全国的市场，当看到我们的软件介绍和演示以后当场说：'你们的和深圳的软件在同行中是领先的。'这是一位专家对我们软件的真实评价。我们在各种展示中也获过很多奖，比如检验质量金奖、检验管理银奖等。"

客户："哦，是这样啊！看来你们的软件真有一定的优点。那你派一个工程师过来看一下我们这儿的情况，我们准备上你们的系统。"（他已经妥协了）

至此，经过以上几轮谈判，产品的高价格已被客户接受，销售员的目标已经实现了。

善于抓住问题的根本，才能快速解决问题。想要卖出价格高、质量好的产品，销售员就要想办法让客户明白"一分价钱一分货"的道理，让客户认识到产品的价格与质量相比并不贵。

在与客户探讨价格时，销售员一定要让其明白"一分价钱一分货"的道理。虽然很多销售员都试图通过解释让客户明白这个道理，但是有些时候却适得其反，不仅没有向客户解释清楚，反而降低了客户的购买热情。这是因为销售员在说服客户时不注意方法，只是一味地强调产品的质量，不能客观地向客户说明产品质量与价格的关系，因此造成客户流失也就在所难免了。

那么，在具体销售过程中，销售员应该如何让客户明白"一分钱一分货"的道理呢？

1. 为客户计算性价比

性价比已经成为越来越多的客户购买产品时考虑的重要因素，无论产品价格高低，客户都希望通过衡量产品的质量、价格、使用范围等来考虑产品的性价比。然而有些时候，在客户计算性价比时常会受到不同程度的限制，例如对产品的性能不够清楚，忽视了一些重要的细节等，因此也就可能对所购产品的价格提出质疑。

所以作为销售员，想要尽快消除客户的错误理解，就要准确及时地传达给客户与产品质量相关的信息，尽量让客户全面地了解产品质量，并以此为客户计算出性价比，让客户一目了然地看到产品的质量与价钱之间的内在关系，消除其有关价格的质疑。

2. 用事实说话

对于那些质量优质的产品，销售员仅仅利用解说也许并不能让客户完全了解。有时销售员一番解说下来，也许客户会说："谁不说自己的'瓜'甜啊。"这样的情形的确让一些销售员不知如何是好。俗话说："事实胜于雄辩。"再好的解说也比不上事实的力量，只要销售员用事实说话，那么就不愁卖不出好产品。

在销售过程中，所谓的事实并非权威证书或者一纸公文，只要销售员让客户多一些实际体验，让客户从内心体会到产品质量的优越性，就完全能够消除其嫌贵的心理了。

专家点拨

解决不了关键难题，那么销售工作就很难顺利进行。对于那些嫌贵的客户，销售员如果不能让其明白"一分价钱一分货"的道理，那么想要获得销售成功是很难的。

善于抓住问题的根本，才能快速解决问题。想要卖出价格高、质量好的产品，销售员就要想办法让客户明白"一分价钱一分货"的道理，让客户认识到产品的价格与质量相比并不贵。

助力销售选择正确的报价时机

报价是销售过程中的一个重要环节，报价时机如何选择，也是决定销售成败的一个重要因素。在销售过程中，销售员只有选择正确的报价时机，才有可能助销售工作一臂之力，如果掌握不好正确的报价时机，销售工作很可能前功尽弃，即便之前对产品介绍得再详细，也有可能招致客户的反感。

在实际销售过程中，有些销售员常常因为急于成交而提前报价，给客户造成压迫感，或者因为没有掌握客户心理而选择了错误的报价时机，使客户的购买热情大大降低，这都有可能造成客户流失。因此，销售员不仅要学会如何引导客户，还要注重报价时机。只有报价时机恰到好处，才能更快获得销售成功。

电子公司的销售员李杰在经过几次努力之后，终于拜访到了一位大客户。在经过一段时间的交谈后，客户对李杰公司的产品很感兴趣。

"外观不错，不知道性能怎么样？"

"无论是从外观还是质量，我们的设备都是非常不错的。您可以到我们公司来参观一下，实际考察一下这些设备的功能。这周您有时间吗？明天如何？"李杰问道。

客户："可以，那就明天吧。"

第二天，客户看过设备之后对产品很满意。

这时李杰又向客户介绍："我们的产品曾经经过国际××组织连续9个月的调查，经过严格认证，完全符合国际标准。而且我们的售后服务也非常完善，只要有问题都可以给我们打电话，我们绝对不会应付了事。"

客户："哦，是吗？"（听到销售员这样说表现出了更大的兴趣）

"对。因为我们的设备质量好，所以价格会比较高。您看一下这是我们公司设备的价格一览表。"李杰向客户展示了产品价格。

虽然李杰销售的产品比其他同类产品要高些，但是这位客户还是做出了成交决定。

报价的时机选择是否正确，往往决定了一场销售的成败。如果销售员因为想要尽快促成交易而提前报价，那么就很有可能造成客户流失。而选择在销售进入成熟期时再做报价，就能在很大程度上避免这种情况的发生。销售员应多给客户一些有关产品的信息，并给予其正确地引导，使其逐渐了解产品的优势和具体情况，待客户的购买热情逐渐高涨之后再报价。这样把客户的心抓住了，价格问题也就更容易谈妥了。

那么在选择报价时机的问题上，销售员应该具体注意哪些问题呢？

1. 在搞清楚客户身份之后再报价

客户身份多种多样，所以他们在购买产品时也会对价格持有不同的态度和心理。这就要求销售员在对产品做报价之前，先要了解自己所面对的客户属于哪种类型，再根据具体情况来解决。如果销售员因为对客户所询问的价格问题有问必答，就容易给客户留下报价轻率、不规范的印象，从而使客户对产品信任度大大降低。

通常情况下，客户的身份可以分为以下几种。

（1）购买意向模糊的客户。这类客户多是在了解产品价格，所以销售员不宜首先告知其价格，而是要让其对产品多做了解，待客户真正了解产品，并有购买意向之后再报价，

（2）为自己购买的客户。对产品的各项指标和规格主动做了解的客户，大多有着较为明确的购买目标和方向，而他们的询价也常常会在对产品做到足够了解之后才进行。如果客户提前询问价格，销售员可以适当拖延报价时间，待客户足够了解产品之后再报价。

（3）为他人代购的客户。遇到这样的客户，销售员不仅要多让客户对产品了解，还要向客户了解委托其购买者的具体情况，在确定客户有了明确的购买意向之后再做报价。

（4）对所购产品了解不多的客户。遇到这样的客户，销售员要尽可能多地让其了解产品，最后再报价，给其权衡的时间。

（5）产品相关领域的业内人士。这类客户对产品相当了解，所以销售员就不必做过多的产品介绍，可以在销售开始时就直接报价。

2. 在最佳时机报价

对于销售员来说，选择一个成熟的报价时机很重要，我们通常把这个时机称为最佳时机。如果能在这个最佳时机对客户做报价，取得成功的机会就会很大。那么，何谓最佳时机呢？至少要具备以下三个条件。

（1）销售员对客户有了充分了解。

（2）客户对产品有了深刻的认识。

（3）客户对产品产生了较大的购买热情。

在客户购买热情不够成熟的时候就报价，会打击客户的购买热情，进而造成客户流失。其实，经验丰富的销售人员都清楚，无论客户何时获悉产品价格，在心理上都会存在异议，这是客户购买产品时的普遍心理。但是越是在销售后期报价，客户的这种对产品的价格异议越是会相对小一些。

专家点拨

销售员一定要尽量在销售成熟期报价。如果客户想要事先了解产品价格，销售员也要尽可能多地向其传递有关产品的重要信息，引起客户的兴趣，增加其购买热情，然后再回答客户有关价格方面的问题。

卖多少钱有时可让客户说了算

在销售过程中，很多时候产品的价钱部是在买卖双方的探讨中定夺下来的。只有买卖双方在平等互利的情况下探讨价格，销售工作才能更为顺利地进展。然而在实际销售中，有的销售员却总是抱着产品价格主动权不放，不给客户一丝一毫的决定余地，使客户时刻处于被动，因此常会造成客户流失的情况。如果销售员不给客户任何决定价格的机会，客户的购买心理会在一定程度上受到限制，很可能会因此而转身离开。不给客户出价的机会，就容易给销售工作带来一定的局限性。因此，在进行销售工作时，销售员定要给客户一定的空间，在适当的时候让客户出价。

凯特是办公设备公司的销售员。几天前，凯特了解到一家公司需要一批复印机，于是凯特找到了这位客户。经过一段时间的交谈之后，这位客户始终以价格高为借口拒绝成交，凯特想了想说道：

"目前的复印机市场竞争非常激烈，我们为了业绩已经降低了售价，给您的价格已经是最低的了，不能再降了。"

"这个复印机我不跟你还价了，就 56 万元吧。你刚才说的打印卡需要 2600 元，再降……"

"这个打印卡我们给你的报价也是成本最低价了，主要是您要复印机，我们附带着给您一个，真的是不能再便宜了。"凯特打断客户的话，仍然坚持原来的价格。

客户："哦，我们再考虑考虑吧！"

在上面的销售事例中，客户对复印机主要部分的价格都已同意了，可以说已有九成的购买意愿，但那位销售员却把已经打开的销售大门又关上了，这是因为销售员犯了一个明显的错误：对于客户提出的想法，根本没有给予尊重，不给客户出价的机会，而只是用自己的想法强迫客户接受，使客户陷入完全被动的局面，结果适得其反。所以在销售过程中，关于价格问题，销售员最要灵活应对，适当地让客户出价，给其一定的决策权。当销售员给予客户一定的主动权之后，客户才能获得一定的心理优势，销售工作才更容易展开。

那么销售员在销售时如果让客户来出价，都需要注意哪些问题呢？

1. 了解客户的购买情况

一个人的外表、言语、表情等方面总是能或多或少地表达出其内在的思考动向，无论是动作、眼神还是语调的变化，都是一个人向外界所传递的信息。一位客户在购买产品时，也会通过这些方面表现其对产品的购买动向。因此，在面对客户时，销售员要善于观察客户的一举一动，从中获悉客户的身份、水平和购买产品的意向。通过对客户的身份、动向等分析，销售员可以据此决定让客户出价的时机和方式。

那些购买目的明确，且对所购产品及其相关领域了解甚多的客户，一般有着较为丰富的业内知识，在产品价格的衡量上也有着较为准确的定位，对于这类客户，销售员只需要做足产品介绍，给出客户一个大致价格，然后让客户出价。一般而言，这类客户的出价都会在合理的范围之内。

有时销售员还会遇到一些购买目的明确，但是对产品的相关领域和知识了解甚少的客户。这类客户常常因为对所购产品不够了解而做出错误的价格定位，因此销售员在面对这样的客户时，就要谨慎使用让对方出价的方式。销售员一定要让客户充分了解产品的具体细节及价格范围之后，再让客户出价，以防止因价格分歧过大而造成的销售气氛紧张或销售失败。

2．给客户一个价格范围

在销售时，有的销售员在使用让客户出价的方法时难免会过于轻率。因为购买产品时，每一个客户都希望产品物美价廉，所以在没有让客户认识到产品的价格范围和质量时就让客户出价，往往容易导致客户出价过低，销售不成功也就在所难免了。

无论客户是专业人士还是业外人士，销售员都要在销售过程中给客户一个大致的产品价格范围。这种价格范围并不是一些简单的数字范围，而是需要销售员通过向客户介绍产品以及相关领域的情况，将产品划入一个相对稳定的价格圈，并使这种价格圈成为客户衡量产品价格的参考。当客户对产品价格的衡量受到这种价格圈的影响时，大多会出一个相对合理的价格。

专家点拨

在销售过程中，让客户出价是一种销售手段，也是缓解销售紧张局面的方法。销售员让客户先了解到产品大致的价格及质量情况，再让其出价，给其一定的主动权，让买卖双方的关系活跃起来。这时一般明智的客户都能够根据情况给出一个相对合理的价格，销售工作也就能够更为顺利地进行。

一套组合拳打破价格谈判僵局

在销售过程中，如果销售员在价格问题上处理不好，或是客户出价与销售员的报价相差过于悬殊，就有可能使谈判出现僵局。一旦出现价格谈判僵局，销售工作就无法顺利进行，很多时候都是以失败收场。

因此，如果在销售过程中出现了有关价格的谈判僵局，销售员就要想办法打破，并尽量营造轻松的销售氛围，只有这样，销售工作才能够顺利进行。

小沈是一家建材公司的销售员，这天，他去拜访了一位房地产公司的赵经理。经过小沈的介绍，客户赵经理表示对产品比较满意，但是在产品价格的问题上，赵经理却提出了不同意见。

"你们的产品还可以，不过对于那批厨卫用品，我还是觉得贵了点。如果价格再降一些的话，我会考虑多订购一些。"

销售员："因为您从我们这里订购的厨卫产品是成套的，所以在当初计算价格的时候，我们已经使用了7折优惠，应该说我们的优惠程度已经很大了。我想对我们公司所销售的厨卫产品，您也是有所了解的。质量优良，外形美观，是我们的产品受欢迎的主要原因。对此，我们的报价已经很低了。"

"但是从订货量上，我们还是有优势的。即便是性价比高，这样大量的订购还是可以再享受些优惠的。"赵经理虽然对产品质量很肯定，但是还是咬着价格问题不放，这让销售气氛很快变得紧张起来。

但是小沈的一句话，却让赵经理不得不签了购买合同："质量与价格成正比，无论什么事物，性价比高总会更受欢迎。比如像您这样的客户，我想您的内涵和智慧远远不止您现在的身价，您说是吗？"

销售员采用什么样的销售态度，将自己与客户带入一个怎样的销售氛围，是取得销售成功与否的关键，这些无不需要销售员自己去制造。当谈判进入僵局时，如果销售员使用诸如"我们的价格没法再低了""不买就算了"等过于生硬的回答，往往会迅速地将谈判引入终结。销售员不懂得审时度势、打破僵局，为了保住价格而失去应有的基本素质，销售工作将很难取得成功。所以销售一旦陷入僵局，销售员就要善于调节销售氛围，尽可能地在短时间内扭转局面，以保证销售工作的顺利进行。

在任何一场销售谈判中，出现谈判僵局都会给销售员造成一定的压力。而对这种压力，每个销售员都应该学会审时度势，用自己的热情与智慧快速打破谈判僵局，尽快扭转局面，这样销售工作才有可能取得成功。

那么在具体销售过程中，如果遭遇了价格谈判僵局，销售员都应该通过那些方法来处理呢？

1. 始终尊重客户

始终保持对客户的礼貌和尊敬，是作为一名销售员的基本素质，无论发生什么事，良好的态度都是最有效的缓冲剂。俗话说："良言一句三冬暖，恶语伤人六月寒。"温暖的话语总比那些尖刻的语言更受欢迎，因为没有人会拒绝微笑和良言。

所以，当价格谈判出现僵局，你应始终保持一份良好的态度，将销售员最好的素质呈现给客户。只要你能一如既往地保持礼貌，相信再僵持的局面也会被化解。

2. 制造轻松的谈判氛围

除了微笑和礼貌，打破谈判僵局最好的方法就是制造幽默话题。销售制造幽默话题并非单纯地讲笑话，而是要以解决实质性问题为目的。著名音乐家钱仁康曾这样解释："幽默是一切智慧的光芒，照耀在古今哲人的灵性中间。凡有幽默的素养者，都是聪敏颖悟的。他们会用幽默手腕解决一切困难问题，而把每一种事态安排得从容不迫，恰到好处。"那些优秀的销售员大多是在制造幽默中解决问题的，无论是谈论客户感兴趣的话题、有意思的新闻，还是一个有趣的故事，他们总能将其联系到销售工作的本质问题中去。善于用幽默的语言表达自己的观点，委婉地说服客户，可以在打破谈判僵局的同时，一并推进谈判的进展。

3. 具体问题具体解决

当谈判出现僵局后，最终销售是否取得成功都将完全取决于销售员的做法。对于那些有关价格的具体问题，销售员可以与客户耐心洽谈，讨论成败与否的双方得失，如果有必要，销售员也可以做出一定的让步。

4. 暂时停止谈判

如果谈判僵持过于严重，销售员可以暂时打断沟通，例如谈论一些别的话题，将谈话内容暂时带出有关价格的谈判当中。给彼此一个缓解的机会。待双方厘清思路、头脑冷静下来之后，再重新恢复谈判。如果谈判局面稍有缓和，销售员可以先与客户讨论较容易达成一致的问题。

5. 更换销售员

在有些时候，销售工作的展开需要几个销售员协同合作，当然价格谈判僵局的产生也就可能来源于其中的某个或某些销售员，而这些人有时却往往对此浑然不知。如果谈判局面一再僵持，那么谈判人员中那些稍有经验的销售员就要考虑，应该让那些引起谈判僵局的人员暂时离开，从而避免谈判进程进一步僵化。

专家点拨

在谈判遇到僵局的时候，要想突破僵局，不仅要分析原因，而且还要搞清分歧的所在环节及其具体内容，比如是价格条款问题，还是法律合同问题，亦或是责任分担问题等。要认真研究突破僵局的具体策略和技巧，以便确定整体行动方案，并予以实施，最终突破僵局。

销售并不仅仅是靠你的口才，还需要你克制自己表达的欲望，把更多的机会留给客户。做个好的聆听者，不仅可以对客户进行更为全方位的了解，而且还会引起客户的关注和倾心。所以销售员在培养好口才的同时，还要练就一副"好听力"，在客户面前做一个好的聆听者，因为80%的成交都是靠耳朵来完成的。

第十章

会说更会听，80%的业绩靠耳朵完成

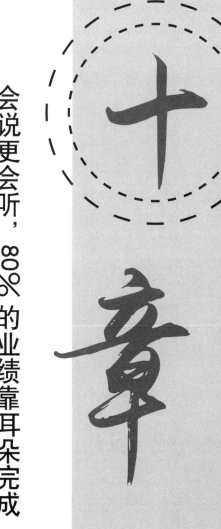

关键时刻你要学会让自己闭嘴

刘芸最近新买了一辆黄色的别克轿车。朋友开玩笑说："发财了，这么大气，肯花那么多钱买辆车。"

刘芸没有接过朋友的话茬，而是说："你还别说，我这车买的就是很大气，比市场价高了3000元。"

朋友很惊讶，立即追问："你傻啊？为什么？"

接着，刘芸告诉了朋友她买这部车的过程：

买车那天是她的生日，她老公说给她买辆车作为生日礼物。她在老公还没有下班之前，就自己先到车店看了。她来到第一家车店，店员很热情，滔滔不绝地给她讲解不同车的型号和特点，以及各种优惠活动。她心里非常烦躁，因为店员根本不顾她的想法，就跟她夸夸其谈起来。根本不给她说话的机会，每当她想表达自己观点的时候，都被销售人员口若悬河的话语打断。

她又进入第二家店，店员同样很热情。但是这位店员很奇怪，在跟她打完招呼后，就静静地跟在她的后面，陪着她看各种型号的车。当她说出自己想了解某种车型时，店员才开始说话。针对某一型号的车，她足足说了十分钟自己的观点和看法，在这期间，店员从没有打断她的话的意图，直到她把自己的话说完，店员才告诉她，她的一些观点是有误区的。

和第一家店不同的是，她觉得这位店员很尊重自己，总是按照她的意愿来推荐车的型号。最后，她选中了这辆别克车，问店员这辆车当自己的生日礼物怎么样，店员马上送来了一束鲜花，并祝她生日快乐。然后店员真诚地告诉她，这辆车现在缺货，如要提车，需要加价3000元。她当时想都没想，当即决定买下这辆车。

第二家的店员和第一家的店员都十分热情，但是第一个店员却犯了一个致命的错误：在客户面前，不会克制自己，不顾及客户的感受，高谈阔论地发表自己的见解，不给客户说话的机会。这就使客户的心里产生一种不被尊重的感觉。第二家的店员就比较聪明，自始至终都以客户为中心，让客户尽情地发表自己的意见和看法，给客户一种倾诉的满足感，然后再总结性地发表自己的看法以达到引导客户的目的。

戴尔·卡耐基说："做个听众往往比做一个演讲者更重要。专心听他人讲话，是我们给予对方的最大尊重、呵护和赞美。"

每个人都认为自己的声音是世界上最悦耳、最动听的声音，并且每个人都有表达自己观点和看法的愿望。在倾听的过程中，一旦意见和客户发生分歧，很多销售者会迫不及待地打断客户的话，在客户面前高谈阔论、抒发己见，试图说服客户听从自己的观点。但是最终的结果往往是，煮熟的鸭子飞了，客户站到了竞争对手那一边。

请时刻记住，你并不是一个出售自己观点和看法的演讲家，你的工作是尽自己的所能，满足客户的需求，并最终让客户购买你的东西。就如同一名医生，他的工作就是给病人看病，解决病人的病痛，他只有听了病人详细的病情讲述之后，才有资格诊断。作为一名营销人员，如果不能够有效地克制自己，总是不顾及客户的意思和想法，高谈阔论，这往往会导致销售失败。

戴尔·卡耐基还曾经说过："当对方尚未言尽时，你说什么都无济于事。"每个人都有一种自我表现的欲望，对于客户而言，他们想要通过在营销人员面前发表个人见解从而向营销人员证明：不要认为我什么都不懂。

其实，很多营销人员都会遇到这样的情况，一些客户为了不被销售人员欺骗而表现出自己对某一产品很内行的样子。此时就算客户的某些观点是错误的，你也千万不要打断他的话，而应该让他把话说完，然后你再用一种委婉的方式告诉客户正确的观点。如果你总是和客户抢机会说话，并毫无顾忌地指出他的错误，他就会认为你这人没有素质，不懂得尊重别人，自然也就不会买你的东西。

俗话说："说得好，不如说得巧。"销售并不仅仅是靠你的口才，还需要你克制自己表达的欲望，把更多的机会留给客户。在关键时刻，如果你能够做到让自己闭嘴，你就会成功地拿到订单！

专家点拨

　　请时刻记住，你并不是一个出售自己观点和看法的演讲家，你的工作是尽自己的所能，满足客户的需求，并最终让客户购买你的东西。如果不能够有效地克制自己，总是不顾及客户的意思和想法，高谈阔论，这往往会导致你销售的最终失败。

　　销售并不仅仅是靠你的口才，还需要你克制自己表达的欲望，把更多的机会留给客户。在关键时刻，如果你能够做到让自己闭嘴，你就会成功地拿到订单！

读懂客户话语背后的弦外之音

　　现实生活中，我们经常可以听到一些客户这样埋怨："我简直是对牛弹琴，不管我用多少暗示，那个销售员就是不明白我的意思。"的确如此，在销售的过程中，有很多销售员就是不明白客户的意思，听不懂客户的暗示。换言之，也就是听不懂客户话语背后的潜台词，搞不懂客户的真正心理。

　　不乏这么一些客户，他们总是"话里有话"，如果不仔细琢磨或者是理解错误，就很难把握客户的真正心理，形成一些误解，那么对于这次的销售来说，成功的希望就会变得很小。例如，有一些客户总是喜欢说一些与他的真正意思相反的话，看见商品的价格昂贵，质量却一般时就会说："你们的商品不错嘛，质优价廉。"但是语气中却流露出一丝不屑，此时，销售员如果把这句话理解成是客户对自己商品的赞美，就大错特错了。但如果结合客户的表情、神态和语气，就不难发现客户实际上含有一种嘲讽、贬低商品的意思。如果读懂这一点，销售员就可以指出自己的商品在同类商品中的优势，或者是在价格上稍微让步，这样可能会有利于销售的进行。

　　还有一些客户，他的一句话可能会包含多种意思，究竟哪一句话才是客户的真正意思呢？这就要求销售员有一定的领悟能力，能够从话语复杂的意思中领悟到客户想要表达的真正意思，这样才会了解客户的内心，赢得客户的好感，使客户不仅信赖你这个人，也会信赖你的商品。

　　客户说话的潜台词是非常丰富和复杂的。有些时候他们是为了显示自己的礼貌和修养，就在语言上敷衍你，看似接受，实则拒绝；还有些时候，他们是因为自己的要求不能得到满足，但是直接提出又不好意思，于是就选择了用弦外之音的方式来表达，使自己进退自如。所以，销售员一定要在谈判的过程中，时刻留意客户讲的话，从中琢磨出他的真实意图。

下面我们来看两个例子。

案例一：

客户："这件夹克多少钱？"

小邓："原价588元，打完折价格是388元。"

客户："388元？那么贵。就这种款式和图案，没有什么特别之处，还是去年流行过的，哪里值得了那么多钱？你们这里就没有今年新流行的款式吗？"

小邓："先生，橱窗里挂的是今年的新款。但是对您来讲不太适合，还是这款夹克比较适合您。"

客户："是吗？可是这个款式太陈旧了，能便宜点吗？"

小邓："先生，不好意思，不能便宜了。其实，您的身材比较高大，这款夹克颜色很适合您。如果您喜欢流行款，那边也有很多。您可以看一下。"

客户："这些吗？我不太喜欢……"

案例二：

客户："这件夹克多少钱？"

小刘："原价588元，打完折价格是388元。"

客户："388元？那么贵。就这种款式和图案，没有什么特别之处，还是去年流行过的，哪里值得了那么多钱？你们这里就没有今年新流行的款式吗？"

小刘："先生，橱窗里挂的是今年的新款。但是对您来讲不太适合，还是这款夹克比较适合您。"

客户："是吗？可是这个款式太陈旧了，能便宜点吗？"

小刘："先生，这已经是非常优惠的价格了。看您的穿着，我想您应该是穿衣服很有风格的人，也很会搭配衣服。如果有适合自己的服装您肯定是不愿放过的。这件夹克就特别能突显您的气质。您可以来亲自感受一下，这里有试衣间。"

客户开始试穿衣服。

小刘："穿上这件夹克您的气质更好了。如果再配上一条腕表，出席宴会或者参加私人聚会，绝对会成为焦点。"

其实，案例二中的小刘之所以能够成功地卖出这件夹克，主要就是因为她能够听懂客户的"弦外之音"，明白客户的真正心理。客户认为衣服图案太陈旧只是借口，只是希望用更低的价钱拿下看中的衣服，这时小刘适时地肯定了客户的眼光和品位，对价格异议进行了化解。在博得客户的欢心之后，接下来就是愉快地交易了。而案例一中的小邓没有明白客户的潜台词，转而介绍其他的款式，当然不得客户的心了。

销售的过程中，还常常可以听到这么一句"我再考虑一下"，它就包含着多层意思。可能是客户真的想要认真地考虑一下到底是买还是不买；也或者是他们认为价格方面不太合理；还有可能是认为眼前的商品对自己来说并没有太大的实用价值；再有可能是怕伤彼此双方的面子，委婉地提出拒绝……简单的一句"我再考虑一下"就包含有如此丰富的意思，可见，在销售的过程中读懂客户话语背后的潜台词是多么重要。

从某种意义上说，"潜台词"或许就是销售成功的关键。而想要把握客户的潜台词，销售员需要做的是努力从客户的交谈内容、声音大小、语速快慢、表情神态、肢体语言、具体语境来分析，客户不同的表现中会暗含着不同的意思。所以销售员要努力发现他们的每一个细微的表情和动作变化，洞察出客户真正的心理。

专家点拨

为了达到某种目的，在购买产品时，常有一些客户会说一些言不由衷的话。如果销售员不能分辨出这些话背后的意思，就会掉进客户制造的陷阱，或是陷入被动。

想要成为一个优秀的销售员，就一定能够结合当时的语言环境和实际情况来把握客户的真正心理，听懂他们的话里包含的真正含义。

销售员要充分调动自己的领悟能力，结合客户的表情、经济情况、审美趣味、购买需求等多方面的信息，来正确把握客户这句话中包含的真正含义。

做一名听众远比夸夸其谈有用

戴尔·卡耐基曾经说："在生意场上，做一名好听众远比自己夸夸其谈有用得多。如果你对客户的话感兴趣，并且有急切想听下去的愿望，那么订单通常会不请自到。"

思考一下，在你进行销售的时候，是不是开口便滔滔不绝，并且认为自己的销售口才还是不错的。有时候，你甚至在没有听众的情况下也会说个不停，直到你发现那边已经许久没有声音……很显然，这样的你肯定无法与客户做成生意。因为如果客户对你所谈的内容毫无兴趣，你就根本无法走进他的心里，因此他们会觉得你的推介实在是一种烦扰，让人不得不去摆脱。

其实，在面对客户时你应该适当"闭口"，做个好的聆听者，这样可以使客户产生被尊重、被关切的感觉。当客户发觉自己可以在销售员面前畅所欲言地表达自己的要求和意见，并得到对方真诚地倾听时，他们首先会感到内心需求被满足。而且在这种安静的被关注中，他们也会获得自信和被关爱感，从而让他们对销售员及销售情景更为关注。

李琨是一名汽车推销员。有一天下午，一位客户西装革履、神采飞扬地走进店里。李琨凭借自己以往的经验判断，这位客户一定会买下车子。于是，他热情地接待了这个客户，并为对方介绍不同型号的车子，还解说了车子的性能。客户听着李琨的介绍，频频微笑点头。然后，两人一起向办公室走去，准备办理手续。

在他们向办公室走的路上，这位男士开始大谈他那位在一所著名大学就读的儿子。当他说到"我儿子将来会成为一名优秀的医生"时，他的脸庞闪现出耀眼的光彩。

"很好。"李琨说。这位客户还在继续和李琨闲谈他的儿子，可是李琨却并未专注地听。

"我独生子真是聪明，乔。"客户滔滔不绝地说着："在他还是婴儿的时候，我就发现他确实聪明。"

"他的学习成绩很棒吧？"李琨附和着，但目光依旧时不时要看向外面。

"是的，他在班上总是名列前茅。"他说。

"那他高中毕业之后做什么？"李琨问。

"我已经告诉你了，他现在在一所著名的大学读书，将来要做一名医生。"

"噢。"李琨将目光移到了他的脸上，才发现自己根本就没有专心听他讲话，从他的双眸中可以看出他含着某种不满的情绪。

"李先生，"那人停了好大一会儿说道，"我要走了。"便转身离去。

当李琨下班返回家中，他想起当天自己的所作所为，尤其当他想起那位男士时，心中觉得极不舒服。

第二天清晨，李琨鼓足勇气打了一个电话到他的办公室，诚恳地对他说道："我是李琨，很希望您能再次光临，我也很希望能与您做成这笔交易。"

"嗯，大老板——"他说，"伟大的推销员先生，我告诉你，我已经从别人那里买到车子了。"

"您已经买下了？"李琨感到十分惊讶。

"没错，我向一个愿意耐心听我说话的人那里买下了车子。当我向他讲述我为我儿子感到多么骄傲时，他一直非常专注地听着。"

在他们之间有一段短暂的沉寂之后，那位客户接着说道："李先生，你当时根本就没有听我说话，在你心目中，我的儿子会不会成为一名医生一点都不重要。让我告诉你一件事，当别人告诉你他们喜欢什么，不喜欢什么的时候，请你专心聆听，你的漠不关心无异于一种伤害！"

在那一刹那，李琨知道自己做错了什么，他没有想到自己错得竟然如此离谱。

谁都无法忍受自己说的话被别人忽视，更无法忍耐对方假装听自己说话，因为这是对自己的轻视和欺骗，你的客户自然也不例外。如果他得知你只是表面上在听他说话，自然会十分气愤，被人戏弄和上当受骗的感觉油然而生。可想而知，你的订单马上就会飞走。反过来，当你真诚地倾听对方谈话时，客户会放松自我，消除防范心理，你们之间的交流也就会更和谐。

可见，对于销售员来说，做个好的聆听者，不仅可以对客户进行更为全方位的了解，而且还会引起客户的关注和倾心。所以销售员在培养好口才的同时，还要练就一副"好听力"，在客户面前做一个好的聆听者，因为80%的成交都是靠耳朵来完成的。

那么，在销售过程中，销售员应如何做个好的倾听者呢？

1．集中精力，认真倾听

销售员认真倾听客户谈话，是与客户实现有效沟通的关键，也是倾听的第一步。在购买产品时，没有哪个客户愿意与无精打采、心思散漫的销售员交谈。所以，在倾听客户谈话时，销售员就要尽可能地做到认真、专心，以表示对客户谈话内容的注视和关心。

2．及时总结归纳客户观点

在倾听客户谈话时，销售员切不可一味地接受信息，还要及时将这些客户信息加以整理和总结，并在适当的时候传递回客户那里，以检查倾听的效果，避免歪曲或误解客户的观点。另外，这种及时的反馈也让客户有受重视的感觉，从而使他们更愿意发表意见，传达内在信息。

3．不直接反驳客户观点

在你倾听客户谈话的过程中，难免会听到客户提出的观点与你的想法不尽相同，甚至有失偏颇。这时，你切不可为了证明所谓的"真理"而直接反驳客户，因为没有哪位客户情愿接受销售员的纠正和反驳。

但是当你的销售工作因为客户的观点而受到影响时，你就需要使用一些巧妙的技巧提醒客户。在通常情况下，你可以使用提问的方式来引导客户的谈话方向，使谈话朝着有利于你的方向进行。

4．不随便打断客户谈话

在沟通中随便打断客户谈话是一种非常不礼貌的行为。如果客户当时正说到兴头上，就被无缘打断，这会大大减少他们的谈话热情。如果恰巧当时客户情绪不佳，那无疑如同火上浇油，使客户更为恼火。所以在客户说话时，销售员最好不要随便接话或插话。

在倾听客户谈话时，销售员可以给予简单的回应，如"嗯""是吗""是的""好的""对"等，以表示对客户谈话内容的关注。

专家点拨

倾听别人讲话时不要表现出心不在焉的样子。
倾听时要做出回应，以表示你对他的关注。
不要无故打断对方的谈话，那样会显得很没礼貌。

引导和鼓励客户表达他们的意见

销售人员黄某已经是第三次给一位潜在客户沟通了，这位客户看上去温文尔雅，他既不像一些客户那样直接表明自己拒绝购买产品，但也不轻易答应黄某多次提出的成交要求，而且当黄某不止一次地表明希望客户能够对本公司的产品或服务提供意见和建议时，这位客户也只是说"自己不是这方面的行家，没有什么好意见可提"。

面对这种情况，黄某有些不知所措了——如果就此放弃吧，客户并没有表示出强硬的拒绝态度，若就此放弃实在于心不甘，况且中途放弃也只能令自己先前的大量工作变得毫无意义；可是，如果继续和客户保持沟通的话，黄某又不知该从何说起，因为经过几次交流，他早已经把自己的身份、公司的情况以及公司产品，甚至竞争对手的情况都对客户进行了详细的介绍……

最后，黄某在实在无话可说的情况下，无意间问了客户一句："请问您最近都在忙什么呢？"

"也没忙什么，每天上班还不都是处理那些日常的事务嘛。不过，最近我下班的时候会和孩子一起去滑旱冰，呵呵，自己小的时候没有玩过，以前一直认为这是属于孩子们的运动，现在练了一段时间觉得还是蛮有意思的。"客户说这些话时虽然尽量保持语调的平静，不过销售人员黄某凭借多年的经验已经从客户的话语中听出了些许的兴奋与开心。于是黄某在客户的话音一落的时候迅速回应说："您可真是一位有情趣的好父亲，陪儿子一起滑旱冰不但对自己是一种挑战，而且儿子也一定很开心吧？"

"是啊，他早就想让我和他一起去，说现在很多孩子的父母都会陪他们一起练旱冰，而且他觉得和我在一起滑会更有成就感和挑战感，可我直到最近才下定决心和他一起滑的。我觉得最近一段时间我都特别有活力，就好像自己又年轻了几十岁似的……"客户此时已经丝毫不再掩饰自己内心的兴奋之情了，而且他也开始滔滔不绝地讲起了自己和儿子滑旱冰时的一件件趣事……

最后，在双方一阵又一阵的大笑声当中，客户诚恳地说道："很感谢今天你能花这么多时间听我说这些。"听到客户这样说，黄某忙说："不，听您说这些，我自己也感觉特别开心，就好像我也和你们一起去滑旱冰一样高兴。"接着客户又笑着说："谢谢你能这么说。"然后客户话锋一转说，"对了，你把你们公司的产品资料先留一份吧，等明天下午 3 点以后你到我办公室，咱们进一步谈谈有关合作的事情……"

营销虽然是一门需要讲究说话艺术的工作，但是要想更好地达到自己的目标，仅仅凭借自己没完没了地说是不够的，成功的营销过程应该是销售人员与客户彼此互动、相互交流的过程。在上面的案例当中，销售人员黄某最初的几次电话营销虽然很好地向客户说明了公司及产品的有关情况，但是却始终得不到客户的认可，而当他通过一些提问及积极的回应等方式鼓励客户开口说话之后，客户才逐渐敞开心扉，最终才在此基础之上缩短了彼此间的距离。

在开展营销的过程当中，销售人员固然要通过一些必要的说明、解释和劝说来达到劝服客户进行购买的目的。可是，在具体的营销实践当中，很多时候，说得多并不见得就能更好地达到说服客户的目的，说得多不如说得好，而会说的销售人员有时还不如会听的销售人员更能有效地实现成交的目标。

我们之所以这样说，是因为在具体的营销实践当中，有很大一部分客户并不喜欢听销售人员自己在那里一味地说，而自己只能被动地充当倾听者的角色。相反，这些客户也有表达自身意见或想法的需要，或者有时他们只是不愿意听销售人员滔滔不绝的说话，而更愿意让别人认认真真地听听自己想说的话。可是，这些客户通常又不愿意或者说不好意思主动说出自己内心的想法，面对这样的情况，销售人员如果只知道自己滔滔不绝地说，那么客户会因为无法忍受而不得不把销售人员赶出去，这样的话，你即使能把自己的东西说得天花乱坠也无济于事了。

认真、有效的倾听的确可以为销售人员提供许多成功的机会，但这一切都必须建立在客户愿意表达和倾诉的基础之上，如果客户不开口说话，那么纵然倾听具有通天的作用也是枉然。在这种情况下，销售人员就需要尽快采取各种方式调动客户参与谈话的积极性，让客户开心地与你展开双向的交流，绝不能让客户只是消极地做一名听众，而要引导和鼓励客户开口说话。

由于种种原因，有些客户常常不愿意主动透露相关信息，这时如果仅仅靠销售人员一个人唱独角戏，这场沟通就显得非常冷清和单调，而且这种缺少互动的沟通通常都会归于无效。为了避免冷场并使整个沟通实现良好的互动，更为了销售目标的顺利实现，销售人员可以通过适当的提问来引导客户敞开心扉。销售人员可以通过开放式提问的方式使客户更畅快地表达内心的需求，比如用"为什么……""什么……""怎么样……""如何……"等疑问句来发问；或者向客户询问"您对××有哪些想法，说出来听一听好吗？""这件事您是怎么看的？""您觉得还有哪些要求？"等。

客户会根据销售人员的问题提出自己内心的想法。之后，销售人员就要针对客户说出的问题寻求解决问题的途径，这时，销售人员还可以利用耐心询问等方式与客户一起商量，以找到解决问题的最佳方式。

客户在倾诉过程中需要得到销售人员的及时回应，如果销售人员不做任何回应，客户就会觉得这种谈话非常无味。必要的回应可以使客户感到被支持和认可，当客户讲到要点或停顿的间隙，销售人员可以点头，适当给予回应，以激发客户继续说下去的兴趣。例如：

客户："除了黄色和白色，其他的颜色我都不太满意。"

销售人员："噢，是吗？您觉得淡蓝色如何呢？"

客户："淡蓝色也不错，另外……"

除了上述方式，其他沟通手段的配合也可以使客户受到鼓励。比如体贴的微笑、热情的声调或适当的感叹词等。

总之，销售人员可以灵活配合各种方式与手段去引导和鼓励客户充分表达他们内心的意见和想法，这样做可以有效地达到与客户保持友好沟通的目的，从而可以进一步帮助销售人员尽快地实现自己的销售目标。

专家点拨

即使客户谈话的话题非常不符合你的品位，也不要显示出排斥心理，有可能的话引导客户换一个话题。

当客户说话时，销售人员要给予积极的回应，这既是有效引导和鼓励客户充分发表意见的方式，也是一种基本的礼貌。

销售中急功近利很容易吓跑客户

在销售过程中，有的销售员常常会因为与客户沟通不愉快、成交不顺利等情况，而显得心焦气躁，总梦想与客户沟通几次就实现成交，这显然是不可能的事。

正所谓干什么事都得一步一个脚印走，稳中才能求胜，过于急躁反而会漏洞百出，即使得到一时的利益，也会对长远的发展造成不良的影响。

刘烨是某公司的销售人员，他是个争强好胜的人，希望通过自己的努力做出好的成绩，所以平时工作也很认真，还因为业绩突出荣登过公司的销售光荣榜。后来公司里来了几个优秀的业务员，业绩很突出，在刘烨之上。于是他心里有些不服，想要超过他们。这样的想法是好的，但是表现在行动上，刘烨则显得有些急躁，每次有客户光临，刘烨总是忍不住希望客户能够立刻购买自己的产品，他总是不停地催促客户，反而让客户感到心生厌恶，本来打算购买，也因为生气而匆匆离去了。

这样，刘烨看着自己的业绩每况愈下，心里更是着急，在销售中手忙脚乱，还是忍不住一遍又一遍地催促顾客购买，如果客户拒绝他就会很生气。最后因为客户的投诉太多，公司不得不让刘烨先回家休息一段时间。

欲速则不达，刘烨的急于求成，致使他不仅没有提高业绩，反而严重影响了工作，弄巧反成拙。

其实，销售中，这样的事例屡见不鲜。例如，由于价格方面的原因，客户对是否购买你的产品一直犹豫不决，这时，如果你再一味地说："这么低的价格，你就买回去算了。"或者："别犹豫了，我帮你包起来吧！"这样很容易引起客户的抵触情绪，造成促销失败。相反，在一连串的催促购买以后如果你说："这样吧，你先坐下来，喝杯水，好好考虑一下。"然后，在客户考虑的过程中，将同类产品的价格报表给客户看，客户最后就容易购买你的产品。

要知道，客户在做购买决策的时候，是带有一定程度的心理紧张感的，再加上你的催促所施加的压力，很有可能会让客户扬长而去。因此，当你大力劝说后客户仍然在犹豫，这时，不妨给客户一点空间，让客户的心先放松下来，然后再慢慢增加筹码，说服客户。

俗话说："心急吃不了热豆腐。"的确如此，一盘刚端上来的热豆腐香气扑鼻，这时候，有些心急的人不经考虑就去吃，结果舌头被烫伤，就连吃其他菜也没有味道了。而聪明人就知道应该等一会儿再吃，那样就不会被烫着了。我们做销售也应如此，不能一味地追求利益，对客户百般催促，恨不得马上签单，这样不仅不会得到客户的应允，反而会因此失去客户。因此销售员要注意自己销售的节奏，使自己急切的心理变得沉稳下来，也许你就会得到更多。

某品牌汽车销售经理王志刚是一位非常优秀的销售人员，对于怎样做成大生意，王志刚非常有经验。

半年前，陈先生来到王志刚所在的汽车销售部，准备购买面包车，一方面可以接送员工上下班，另一方面可以顺便装一些货。通过交谈，王志刚对陈先生的财务状况和拥有车辆情况、购车目的等都有了一定的了解，王志刚随即向陈先生推荐了一款价值20万元的商务车型，但是陈先生觉得这个太贵，而且将这样的高档商务车型拿来当作员工班车和货车实在浪费，但是，王志刚所在的汽车销售部并没有那种低端的车型。于是，陈先生决定去别家看看。

眼看着客户就要失去了。这时，王志刚并没有像许多销售人员一样，着急忙慌地挽留客户，他认为，陈先生是一个有购买能力的客户，以后陈先生一定还会有高端车型方面的需求，与其现在勉强留住客户，不如想想怎样让陈先生成为自己的忠实客户。于是，王志刚决定充当陈先生的免费参谋，殷勤地陪着陈先生去其他公司的销售厅选购车子。临别的时候，还和陈先生交换了联系方式，告诉陈先生，如果碰到汽车方面的问题完全可以来找他。此后，每隔一段时间，王志刚都会和陈先生联络一次，增进彼此间的交流。

就这样，陈先生成了王志刚的忠实客户，不仅自己需要购车的时候非王志刚不找，就是听说别人谁要买车，也会向对方推荐王志刚。

作为销售人员，王志刚并未被眼前的利益蒙蔽双眼，而是理智地以最恰当的方式处理了自己和客户之间的关系，从而赢得了客户的信任。

一位有经验的销售员曾经说过："推销工作没有什么捷径，在推销过程中保持平和稳重，不失风度地等待，才更能够赢得客户的赞许。"可是，在销售工作中，抱有急躁心理的销售员不乏其人。很多销售员工作时心急火燎，总是希望能够尽快和客户签单，一旦客户迟疑一点，销售员就开始沉不住气，对客户一催再催，引起客户的反感。以这种态度对待客户是不正确的，也是不礼貌的，可能客户有着自己的考虑，有着自己的安排。销售员应该学会耐心地等待，这一方面是对客户的尊敬，另一方面也表现出自己的稳重。所以在销售的过程中，不能急功近利，这样很容易吓跑客户，要学会等待，就像大鱼上钩时，要沉住气，不要马上拉竿，否则大鱼很可能会挣脱逃掉。

那么，如何克服销售过程中焦躁不安的心理，让你的言谈更加理智、平和、有效呢？

销售人员在工作时，做事要有始有终，保持冷静和慎重，三思而行，既不鲁莽上阵，也不半途而废。给客户充足的考虑时间，不要一味地急于推销，不断催促。即使客户拒绝，也不要感情用事，对客户发脾气，或者出言不逊，使自己受到客户以及旁观者的指责和批评，最终失去很多潜在的客户。

此外，销售人员要适时地进行自我暗示，提醒自己："要冷静点，急躁只会把事情弄得更糟"，从而控制自己的情绪，帮助自己在一定程度上消除或淡化急躁的情绪，使自己恢复情绪的常态，以避免急躁情绪引起不良后果。

总之，销售需要从容，急躁只会功亏一篑。对于享受销售的人来说，销售过程应该和享受生活一样是从容不迫的，在销售中销售员要有足够的耐心、恒心，才能冷静地应付各种场面，化解各种危机，使自己在销售过程中游刃有余。

专家点拨

面对客户的推迟、拒绝，甚至刁难，销售员在与客户交谈时如果想做到不慌乱、不着急，就必须要彻底放弃恐惧、忧虑及羞怯等消极心理，因为这些消极心理会直接导致销售员的烦躁、不安，这对于实现销售没有任何益处，只会使其面临更多的问题。

当你大力劝说后客户仍然在犹豫，这时，不妨给客户一点空间，让客户的心先放松下来，然后再慢慢增加筹码，说服客户。

过分夸张的口才可能葬送销售

有的时候，销售人员拿着产品宣传单，站在街头，像在对客户讲一个传奇故事。听他们口中说出的产品，你会有一种"此物只有天上有"的感觉。在这些销售员内心都有一个错误的认识：销售员只要伶牙俐齿就可以了。他们将产品说得天花乱坠、举世无双，将客户忽悠得晕头转向。就像医生开给病人一剂补药，刚吃下去时全身充满力气，活蹦乱跳。但是药劲儿一过，谁还说这剂药能根治他的病症？

销售语言是否有效，不在于你是否能将死人说成活人，而在于你在客户心目中的真诚度，用真诚征服消费者的心，获取他们的长期信任。不仅现在可以卖出产品，还能牢牢抓住未来的市场，让消费者替你当传话筒，一传十、十传百，最终争取更多的潜在消费者。一定要明白，你销售的不只是产品，而是品牌，是形象。明确了这一点，你就会知道，过分夸张的口才可能会葬送你的销售成果，让你的路越走越窄。

有一家保健品公司，开发了一种可以增强体质、明目亮神的保健饮料。从实用角度讲，这种补品非常不错，在同类产品中是难得的有实际功效的保健品。但是在促销策略上，为了吸引眼球，增加销量，该公司营销部的李姓经理却犯了一个不可挽回的错误。

首先，李经理让销售员到街头四处散发产品广告，像假药贩子那样，用小喇叭向人们一遍遍地宣传，而且尽可能地夸大这种保健品的作用。例如，销售人员对老年人说："只要喝了这种饮料，保证高血压不复发，心脏病一去不复返，还能百分之百预防癌症，延年益寿！"如果说可以治疗高血压、心脏病，很多消费者会信以为真，但说这种产品能预防癌症，谁会相信？

除了街头散兵游勇似地夸大产品功能，李经理还让人向居民信箱里塞宣传单，这种强行灌输的宣传方式，引起许多居民的反感，让他们产生了这是一种假冒伪劣产品的感觉。

另外，李经理还投入了为数不菲的广告费用，在电视台开产品讲座，花钱雇了许多人冒充消费者，编造了一些"重症病人喝了这种饮料便神奇痊愈"的故事。讲座打着响亮的所谓"中国老年保健协会"和"三高四病预防工程办公室"的牌子，讲得头头是道，吹得天花乱坠，神乎其神。

两个月以后，结果出来了：十几位癌症患者购买了这种保健饮料，喝了以后没有任何起色，于是联名登报，揭露骗局。省报的某位知名记者，也写文章批评该公司欺骗消费者的促销行为。该公司一下子陷入了全面的被动，不仅产品销量锐减，还抹黑了自己的形象，只好下架、停产。

本来很有前途的保健产品，因为过于夸大的促销策略，遭遇了市场与形象的双重失败。

如果李经理针对自己产品的实际特点，有一说一，有二说二，谨慎而稳步地占领市场。开始时不虚张声势，等得到消费者的良好反馈后，再举办一些务实的促销活动，效果会更好。在客户不断积累的过程中，产品的知名度也会慢慢增加，最终为公司带来长期的巨额回报。

学会包装自己的产品，这是销售者必须要做的功课。但在实际的销售过程中，对产品的定位、宣传的用语，却要格外谨慎。夸张过度，则会适得其反。

有的业务员也很困惑："我们公司产品很好，我介绍得也没有漏洞，许多消费者本来对产品很感兴趣，也是抱着要买产品的目的来了，可听完我的介绍之后，为什么反而不买了？"

这是什么原因？其实，就是因为他对产品的宣传华而不实，无法让客户产生完全的信任感。世上没有完美的产品，如果你这儿有，那么你注定会成为穷光蛋，因为没人相信你那所谓的"完美产品"！一个很少人愿意接受的观点是："缺陷美是产品畅销的必要因素！"但是又有谁敢主动暴露自己产品的缺陷？

前两年，一家世界知名的笔记本厂商，突然高调宣布回收一批笔记本，理由是"电池存在某种隐患"。其实这种隐患并不影响使用，甚至在实际的使用过程中，大部分客户并没有感觉到异常，但厂商依旧"固执"地做出了回收决定。

短期内，该款笔记本的销量大减，但与此同时，该品牌的其他机型的销量却节节攀升。原因就在于，通过这次事件，让消费者产生了更大的信任。人们都会认为，只要产品有缺陷，该公司都会第一时间站出来承担责任！

既然质量有问题的产品已经回收了，那么其他没有宣布回收的机型，肯定都是没有问题的，值得放心的！

可见，最佳的销售策略，并不是将产品说得完美无缺，而是立足于消费者的心理，做出合适的宣传定位。首先，你要让客户充分了解产品的实际价值，并且觉得物有所值。其次，你要让客户相信你的宣传言之有物，而不是夸大其词。最后，你要让客户使用满意，留下良好的口碑，从而打响品牌，要做到这一点，必须杜绝不实宣传。

十全十美的产品，消费者不会相信。所以，夸大产品功效的办法绝不可取。消费者只有相信了你的宣传，才会购买。因此，销售的首要目标，就是建立你与客户、产品与客户之间极高的信任度，这不是只靠口齿伶俐就能做到的。

专家点拨

能否卖出东西，并不在于你能否说得天花乱坠，也不在于你能否把死人说成活人。只有让客户信任你，客户才会买你的东西。

在适当的时候，承认自己产品的不足，反而会让客户更信任你。

喋喋不休说不停很容易说漏嘴

近代傅玄《口铭》中说："病从口入，祸从口出。"古兵法中也有"一言不慎身败名裂，一语不慎全军覆没"的箴言。言语能伤人亦能害己：说话不加小心，不管哪些是该说的，哪些是不该说的，不管会不会得罪人，脑子里不仔细掂量，一句话说出口，很可能会招惹是非，引起争端和麻烦。所以，作为一名销售人员，平时说话要学会紧睁眼、慢张口，谨慎从事，才可能少得罪人和不得罪人，才能与客户愉快地相处，进而拿到订单。

有一对未婚情侣，到某房产推介会看楼盘，想买套房子就结婚。在某公司的楼盘前，一名促销人员格外热情，请这对情侣看了好几套样图，在打听到他们是农村户口在城市工作的年轻人时，就问他们："你们什么时候结婚呀，打算马上就要小孩吗？是自己独住还是会把爸妈接过来一起住呢？"

话刚出口，男孩的脸色就变得有些尴尬，悄悄看了一眼身边的女朋友，没有回答。女孩则是含含糊糊地说："现在还没怎么考虑！先买了住着再说吧！"

促销人员还不死心，又说："买房可不能凑合啊，父母上了年纪，没人照顾，肯定需要到这边来，如果你们的房子太小，到时怎么办呢？我建议你们买一套100平方米左右的两居室，有备无患嘛！"

男孩的脸色很难看，女孩倒还好，淡淡地笑了笑："这也只能住两家，我们两边的父母怎么办呢？"

促销人员这才回过味来，自己的话似乎说得太多了，让谈话越来越尴尬，走进了一条死胡同，正不知该如何回答，男孩抓住女孩的手，一把就将她拽走了，两个人去了别的楼盘销售处。

马上要到手的生意，就因为促销人员话说得太多，白白丢失了。这位促销人员错在什么地方？第一，没有正确判断这对客户的来意，是确定好买什么房子以后过来的，还是准备向专业人员请教？第二，在基本信息没有确定的情况下，她一开口就谈到了年轻夫妻避犹不及的敏感隐私，让气氛变得失去控制，客户为了躲避尴尬，肯定会走开。

众所周知，对年轻夫妻来讲，养老是一个不好轻易涉及的话题，尤其这对情侣面临的现实：他们来自农村，在城市工作，想买一套房子。那么肯定牵扯到将来两边的父母如何过来居住的问题。这很敏感，只能是小两口关起门来自己商量。作为促销人员，为了多卖几平方米，一张嘴就对这个话题说个不停，想借此机会劝说他们购买一套大些的房子，显然，只能弄巧成拙。

这种情况下，销售员最好的选择是不动声色，把各种楼盘的信息向客户简单说明之后，就不要再主动出击，而是听一听他们之间的谈话与想法，了解了具体的信息，再适当插言，推波助澜。如果发现对方非常专业、已经掌握了大量的楼盘资料、早就做好了决定时，那就不要再试图左右客户的选择。

据说，造物主之所以赐予人类两只耳朵、一张嘴，就是希望人类多听少说。销售行业也是一样，销售人员也应该在和客户洽谈的过程中多听少说。然而不少销售人员认为，自己的工作就是说，多说才能打动客户，多说才能让客户接受自己推销的商品。其实这样做是非常错误的。

原因很简单，正是因为销售人员滔滔不绝地向客户推销自己的产品，客户心里反而对此产生质疑："他是不是在欺骗我？要不就是这件商品的质量不怎么好，所以他才那么急于卖给我，我才不会那么傻呢！"如果销售人员喋喋不休的行为让客户产生了疑问，也就失去了销售产品的机会。面对这种情况，销售人员所能做的就是"沉默是金"。

还有一种情况是，当客户说"不"的时候，他是想说这个产品的价值没有你要的价格那么高。而这时，销售人员如果还在喋喋不休地向客户解释自己的产品是多么质高价廉、多么划算，不仅不能达到说服客户的目的，还会引起客户的不满。对于销售人员来讲，有时无法把价格降低很多，但可以巧妙地暗示产品的高价值，但在暗示产品的高价值之前，必须先透露一些有关这种产品和服务的额外信息给客户。记住，真正专业的和有效的销售程序，必须包含如何适时地增加产品在客户心目中的价值的步骤，而过多的语言是不能达到这个效果的。

另外，销售人员在向客户推销产品时，既是花费自己的时间和精力，也是在占用客户的时间。如果销售人员一直喋喋不休，就会占用客户更多宝贵的时间。而且，不给客户说语和表达感受的机会，也会使客户有一种被拒绝的感受。这样就会引起客户的不满，因为他们觉得自己的时间没有被人珍惜，自己也没有被人尊重。更糟糕的是，这种不佳感觉可能会转移到推销的产品上。

正如通用电气公司副总经理所言："在最近的代理商会议上，大家投票选出导致推销员交易失败的原因，结果有3/4的人认为，最大的原因在于推销员喋喋不休，这是一个值得注意的结果。"

专家点拨

　　喋喋不休是销售人员推销的一大禁忌。销售人员在推销过程中夸夸其谈、说个不停，会给销售人员的销售成绩带来不利的影响。

　　推销洽谈需要销售人员用嘴，但不能仅仅用嘴，订单不是靠夸夸其谈才能签订的。说服顾客是一种综合性行为，是销售人员和顾客心智相搏的结果。

别把精力放在反驳对方观点上

一天，屡屡受挫的营销人员张龙去找一位营销大师，想寻求一些营销成功的灵丹妙药。但是这位营销大师性格非常古怪，总是爱问一些奇怪的问题来习难拜访者，张龙为此好好地准备了一番。

营销大师听了张龙的来意后把他请到了自己屋后的一片竹林里。大师什么也没做，只是让张龙静静地待在竹林里半个小时。

张龙不知道大师的葫芦里究竟卖的什么药，只好静静地在竹林里待着。

半个小时过去了，大师将张龙请出了竹林。大师问张龙："刚才是一只什么鸟在竹林里鸣叫？"

张龙傻眼了，他没想到大师会问他这样的问题。

大师什么也没说，再次让他走到竹林里。这次张龙很留意地去听鸟叫。他想给大师一个满意的答复，以证明自己确实在听。可是，他在竹林里待了半个小时，却怎么也听不到一声鸟鸣。最后，当张龙刚要走出竹林的时候，一只黄鹂飞了过来，叫了两声。张龙很高兴，觉得这次可以答对了。

大师见到张龙问："刚才你在竹林的时候，竹林里有个亭子，你看到它有几根柱子了吗？"张龙听到大师的问题，又傻眼了，他后悔自己为什么不在走出竹林的时候多留意一下亭子呢？

大师对此也没有发表评论，而是让张龙接着走进竹林。这次，张龙没有只是观察鸟鸣和亭子，还把柱子、草地、鲜花以及自己看到的一切东西都记在心里。这次他信心十足地走出竹林，相信自己这次一定能给大师一个满意的答案。

大师这次问道："在你没有走进竹林之前，有一辆汽车停在我的家门口，你看到是什么牌子的吗？"大师的这一问完全和竹林没有关系，张龙当然更答不上来了。张龙很沮丧，认为自己的表现没有让大师满意。

大师看出了张龙的疑惑，说："在我让你进竹林的时候，你是一种什么心情？"

"我想给你一个满意的答案。"

大师笑着说："也就是说，你想用正确答案来反驳我的问题，对吗？"

"嗯。"张龙回答。

"可是，你在进竹林之前，问过我，我要问你什么问题吗？"大师说道。

"在你进去之前，你只想到如何去反驳我，找到正确答案，把注意力都集中在如何反驳我的问题上了，却没有想着去听一听我的问题是什么。其实，在营销过程中，你已经拥有了极强的专业知识，当客户告诉你一些事情的时候，你总想去反驳他，把精力都放在了反驳客户的观点上了，而对于客户的真实想法，你却忽略了……"

张龙听完之后恍然大悟，深深地向大师鞠了一躬……

在销售过程中，你是不是也有过因为反驳客户的观点而失去生意的经历？徐良就有过这样的经历。

当时徐良从事电子零部件的批发生意，主要是向一些代理商推荐新款的电子产品。有一款新型的电脑刚刚上市，在价格上只比旧款贵了200多元，但是在配置上要比旧款强出很多，而且使用寿命也有所延长。徐良极力向代理商推荐这款产品，并告诉他产品是如何如何的好，多么多么地受消费者欢迎！但是客户考虑到他们地区的客户消费水平有限，就决定先进货10台试验一下，如果市场反响好，再多进一些。但是徐良考虑到向他们那里送货比较麻烦，就强烈要求他一次要20台，并举出其他代理商的销售情况来说服他，他们之间激烈地讨论了很长时间。

结果最后客户一台机器都不要了，而且很生气地说："以后不要再让我看到你，我们之间再也不可能合作！"听到他的话，徐良感到很委屈，自己让他多进一些，也是为了他好，为什么他就不领情呢？反把自己的好心当成驴肝肺。回到公司之后，徐良认真分析了自己失败的原因，发现原因出在自己的身上。当客户提出先试卖10台新型机器的时候，自己不应该强烈反对他的想法，毕竟他们那个区域的消费水平，他比自己了解得更清楚。不久之后，徐良的一个同事也向那个代理商推荐了同一型号的电脑，并答应了他的要求，第一次给他10台试卖，如果市场反响好，再多进一些。

不到一个星期的时间，那种新款的电脑就一卖而空，代理商给同事打电话，一次就进货100多台。现在，仅仅这一家代理商，一个月就有几百台的销量。

虽然徐良后悔不已，但是为时已晚。如果当初徐良接受代理商先试卖

10台机器的要求，现在每个月多卖出几百台电脑的人，就不是徐良的同事，而是徐良。既然那个代理商具有如此大的销售能力，他还能够代销其他的电子产品，这样算下来，徐良将增加一个很大的订单，但是现在说什么都已经来不及了。

试想一下，如果你正在和一个人谈话，对方不但不专心听你说话，反而总是和你辩论不休，把所有的精力都放在思考如何反驳你的观点上了，你会不会觉得心里很不爽呢？

没错，在和人交谈的过程中，最怕的不是对方没有用心听你说话，而是他在听，但是精力却不放在听上，而是在思考如何发表自己的意见，如何反驳你的观点。倾听，需要全身心地投入，需要认真聆听对方的观点，此时，你千万不要打断对方的观点，更不能想着如何去反驳别人。

营销人员更是如此，如果你在每次倾听客户话语的时候，都要和客户争辩不休，这样你不但不能抓住客户说话的重点内容，还会使客户对你产生反感。

专家点拨

　　一个人的精力是有限的，如果你把自己的精力都放在某一件事情上，那么用在其他事情上的精力就会不够。如果我们只是把精力放在如何反驳客户的观点上，那么对于客户的需求，我们就没有足够的精力顾及，最后，你不但没有拿到订单，反而永远地失去了一个客户！

　　在聆听客户谈话的时候，做到耐心认真，让客户说出自己最真实的想法，给客户说出自己观点的机会，不要一听到客户的观点和自己不一致，就开始反驳。就算是客户错了，也不要当面反驳，而是有礼貌地给客户台阶下，如果你懂得尊重客户，给客户留足面子，客户就会感激你、喜欢你，自然就会买你的东西。

如果把销售比作足球比赛，那成交就像临门一脚，无论你此前表现多么完美，如果没有抓住临门一脚的机会，比分就不会改变，所有的付出都是无用功。所以，成交在销售中有着极其重要的作用。这要求销售人员要善于抓住成交信号，通过有效沟通，果断促成交易。

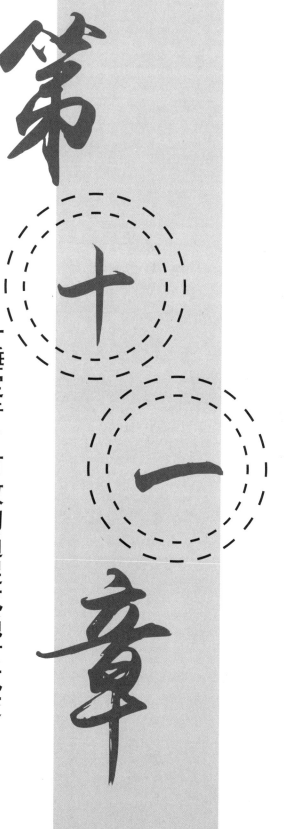

第十一章

一锤定音，有效沟通促成绝对成交

找到客户心中的那棵"樱桃树"

曾经有一位售楼人员，有一次，她带着一对夫妻去看一幢老房子。当这对夫妻走进这幢房子的大院时，售楼人员注意到妻子很高兴地对丈夫说："亲爱的，你看，这院子里有棵樱桃树！"

当这对夫妻走进房子的客厅时，发现客厅的地板已经非常陈旧，脸上顿时露出不悦的神情。售楼人员立即在旁边对他们说："这间客厅的地板砖是有些陈旧，不过，你们没有发现吗，这幢房子的最大优点就是当你们站在窗边，透过窗户向外望去，就可以看到院子里的那棵樱桃树。"

当这对夫妻走进厨房时，他们发现厨房里的设备也很陈旧。售楼人员接着又说："厨房的设备的确有点陈旧，但是，你们每次在厨房做菜时，向窗外望去，都可以看到那棵美丽的樱桃树。"

后来，他们又陆续发现了房子的不少缺点，但每次那位售楼人员都会强调："没错，这幢房子是有不少缺点，但这幢房子有一个特点是其他所有房子都没有的，就是你们从任何一个房间的窗户向外看，都可以看到院子里的那棵美丽的樱桃树。"

最后，这对夫妻还是花了 60 万元买了那棵"樱桃树"。

从事营销工作，一定要明白每个客户心中都有一棵"樱桃树"的道理，这棵樱桃树也就是我们最能打动客户的独特卖点。

在激烈竞争的市场中，自己的产品凭什么能胜出呢？就凭"卖点"这两个字。卖点是营销的画龙点睛之处，是产品或服务最能打动消费者的内容。有无卖点是营销成功的关键之处。经常有人提出这样的问题："所发明的产品具有优良的性能，可就是卖不出去，这是为什么？"就是因为没有卖点。只要为自己的产品找到好的卖点，就没有卖不出去的产品。

当然，卖点要独特，更要结合客户的欲望。如果你的卖点不是客户想要的，再独特也没用。有一次，山东朱氏企业培训有限公司的一位培训讲师接到中国移动的一名电话营销人员推荐"中文秘书服务"的电话。这位电话营销人员非常聪明，因为他能在很短的时间内抓住培训讲师对产品最感兴趣的地方进行有针对性的介绍，最后，培训讲师自然申请了这项服务。具体对话如下。

电话营销人员：李老师，您好！我是中国移动广州分公司的营业代表，我看过您写的书，您的书写得真的太好了，对我的工作帮助真的很大。

客户：谢谢你的鼓励。

电话营销人员：李老师，移动公司最近推出了一项新的服务——中文秘书服务，我觉得非常适合像您这样经常在外做培训的专业讲师，您现在使用了吗？

客户：我还是第一次听说。

电话营销人员：是吗？那算咱们有缘，我建议您不妨体验一下。

客户：你能详细说明一下吗？

电话营销人员：当然可以，李老师，我知道您经常做培训，而在培训时，一般是不可以随便接听电话的，对吗？

客户：是呀。

电话营销人员：李老师，如果是这样，当遇到重要客户打电话给您时，您如何处理呢？

客户：等课程结束后再回过去。

电话营销人员：那也是，我有一些从事培训工作的客户，他们说有时手机显示的是IP电话号码，这样就没法回复了，而且有时回过去是总机电话，问了半天也不知道是谁打来的，您怎么解决这些问题呢？

客户：那就只好再等对方打过来了。

电话营销人员：如果这样，一定会影响到您与客户的正常联系，是吗？

客户：你刚才说的"中文秘书服务"有办法解决这个问题吗？

电话营销人员：移动公司推出的"中文秘书服务"就是针对以上我们谈到的实际问题而专门开发的一项增值服务。这项服务让您在不方便接听电话时，将电话转到移动公司的中文秘书台，就好像是您有一个秘书在为您服务一样。而转到中文秘书台后，客户可以留言，也可以留电话号码，然后移动公司会把留言和电话号码及时以短信的方式发送到您的手机上，让您随时随地都知道是谁打电话给您的，以及找您有什么事情等，这样，对您来讲就方便多了，是吧？

客户：这项服务的收费情况如何？

电话营销人员：每月只收取10元的服务费，比您请个秘书划算多了，对吧？

客户：怎么办理呢？

电话营销人员：李老师，办理这个业务其实很简单，只要您现在同意，我马上就可以帮您办理。您看可以吗？

客户：好吧，你给我办理一个。

另外，有销售行为就一定有竞争存在，显然，销售人员对行业和竞争情况也要了解，才能有备无患。如果电话销售人员不了解自己和竞争对手，就很难回答客户一定会提出的问题："你们公司与××公司相比有哪些优势？"这个问题看上去简单，但对于大部分销售人员来讲，10个人会有10种不同的答案，因为很少有销售人员真正总结过自己独特的竞争优势。

作为销售人员，一定要非常清楚自己的产品、企业和服务等各个方面与竞争对手所不一样的地方。在探询客户需求时，电话销售人员应尽可能地把客户的需求引向自己的卖点。这样，客户在做决策时，将会对自己有利。以笔记本电脑为例，假如笔记本电脑上有红外线接口，而客户所选择的其他笔记本电脑上没有红外线接口，这一点就是卖点。但是应注意，如果客户并不关注红外线接口，虽然这一点是卖点，但也不会对客户的购买决策产生太大的影响。这时就应告诉客户红外线接口的重要性，因为不是每位客户都能认识到他需要红外线接口。当销售人员引导客户明白红外线接口很重要时，这个卖点就会起作用。

产品要拥有与其他同类产品不同的卖点，才会吸引客户在选择过程中选你的而不是他的。一个没有卖点的平庸产品是无销售优势的，其销售难度可想而知，这一点对市场销售人员而言无疑是最可怕的。

专家点拨

任何一个产品一旦失去了它本身的独特卖点，也就意味着它将失去自己的市场。

卖点在很多时候并不是真实性的内容，而是消费者所得到的心理体验。只有加强与消费者的沟通，了解消费者购买的心理过程，才能把握住其中的敏感点，从而引导消费者的消费。

如果产品本身真的缺乏卖点，也并非意味着销售无望，可以通过精心策划和独到的创意去提炼产品新的价值，从而形成产品的卖点。

循序渐进的魅力是不可忽视的

我们知道，有个成语叫"得寸进尺"。这是个贬义的词语，事实上，它从某种程度上体现了人性的真实。

美国心理学家曾经做过一个实验：他们派人随机访问一组家庭主妇，要求她们把一个小招牌挂在自己家的窗户上，这些家庭主妇愉快地同意了。过了一段时间，他们再次访问这组家庭主妇，又要求她们把一个更大而不太美观的招牌放在庭院里，结果也有超过半数的家庭主妇同意了。

同时，他们派人随机访问另一组家庭主妇，直接提出那些将大而且不太美观的招牌放在庭院里，结果，只有不到20%的家庭主妇同意。

对于同样的事情，为什么两组家庭主妇的态度如此不同呢？这是因为，人的心理有这样的特点：当你对人提出一个"微不足道"的要求时，对方往往难以拒绝，因为拒绝了似乎"不近人情"。而在他们同意的情况下，如果你再提出一个更高的要求，这个要求就和前一个要求有了继承关系，因为人在不知不觉中总想保持一致的形象，不愿被人看作是前后矛盾、反复无常的，结果就更容易同意后面提出的更大的要求。这种现象，就是"得寸进尺"效应。

在人们进行消费的时候，不可避免地会受到"得寸进尺"效应的影响。例如，你正走在繁华的街道上，两边是数不胜数的服装店，你并没有要买衣服的打算，但是突然有家店门口的售货员对你说进来看一下吧，你就会想："看一下又无大碍，反正也没有别的事情。"于是你接受了对方"并无大碍"的要求，抬脚迈进了那家服装店，这时，热情的售货员又说："喜欢就试一下吧，不买也没关系。"于是你也会想："既然不买也没关系，那就不妨试一下吧。"又一次"无大碍"的小要求被你接受了，当你穿上以后，售货员忙不失时机地说："带走一件吧，穿在您身上多合适呀！"你感觉这衣服穿在身上虽然不是非常好看，但也的确不难看，再加上售货员热情周到的服务，你便不好意思拒绝了。由此可见，循序渐进是攻破人的心理防线行之有效的方法。

"推销，当被拒绝时才开始。"这是有名的推销专家雷德曼所说的一句名言。确实也是如此，一名推销员若因客户的一句微不足道的反驳就退缩的话，则根本谈不上业绩了。所谓推销手段的高明与否，就是在于即使被拒也要突破，并设法跳进对方的口袋里，掏出对方的钞票。那些推销高手们使用的方法就是，即使被拒于门外也决不退缩，反而鼓足勇气对他说"你只要听我说几句话就可以了"或"借给我五分钟就够了"等，提出一些让对方接受的限定条件。

此时，如果客户已有那种商品，或他很忙，那就另当别论了。但是对方若无明确的理由来拒绝你，一经你提出这类限定条件，依人情而言他是不好拒绝的，因为只是听你几句话或者只需 5 分钟就够了又何尝不可。一旦这关被你突破，你已成功了一半。别说是 5 分钟，就是 10 分钟、20 分钟对他来说也无关紧要，只要能打动他的心，他与你成交就并不是困难的事了。

比如，当一个销售员敲开门，跟客户进行交谈时，可以说已取得了一个小小的成功。在这种情况下，如果他能够说服客户买一件小东西，那么他就又取得了进一步的小成功。然后，他如果再提出进一步的要求，销售更大金额的东西，也比较容易被满足。这是因为客户之前答应了一个要求，为了前后保持一致，对后面的要求也比较难拒绝。

美国用电的历史刚开始的时候，费城电气公司的威伯到一个州的乡村去推销用电，他到了一家富有的农家面前，叫开了门，户主是个老太太，一见是电气公司的代表，猛然把门关闭了。

威伯再次叫门，门勉强开了一条缝。威伯说；"很抱歉打扰了您，也知道您对用电不感兴趣。所以这次并不是来向您推销电的，而是来向您买几个鸡蛋。"老太太消除了一些戒意，把门开大了一点，探出头怀疑地望着威伯。威伯继续说："我看见您喂的道明尼克鸡种很漂亮，想买一打新鲜的鸡蛋回城。"

听到他这样说，老太太把门开得更大一些，并问道："你们自己家没有鸡蛋吗？"威伯充满诚意地说："因为我家的鸡生的蛋是白色的，做蛋糕不好看，我的太太就要我来买些棕色的蛋。"

这时候，老太太走出门口，态度温和了许多，并和威伯聊起鸡蛋的事情。

聊了一会儿，威伯指着院里的牛棚说："夫人，我敢打赌，您丈夫养的牛赶不上您养的鸡赚得多。"老太太被说得心花怒放。长期以来，她丈夫总不承认这个事实。于是，她把威伯视为知己，带他去鸡舍参观。威伯边参观鸡舍边赞扬老太太养鸡的经验，并说，如果能用电灯照射，鸡产的蛋会更多。老太太对用电似乎不那么反感了，反而问威伯用电是否合算。当然，她得到了满意的回答。

两个星期后，威伯在公司收到了老太太交来的用电申请。

前面所说的"限定条件"其实只是一个幌子，是为了让对方能够接受你的要求所采用的一种办法。人的心理警戒线一旦被突破后，就会显得格外的脆弱。原来只是让一步，到最后会变成让了一百步。

可见，"得寸进尺"效应的作用有多大。也就是说，不要急于求成，而要顺着客户的意图一步一步引导客户走向你设计的方案，让他在你的引导中同你签合同。俗话说："三思而后行。"就是这个道理。循序渐进的魅力是不可忽视的，见面后单刀直入给人的感觉往往不如循序渐进好，循序渐进不仅是给你过渡的时间，也是给客户过渡的时间，双方在心理上都有过渡，这样谈判起来会很好接受。

运用这个心理效应，首先要注意的是抓住客户的意图，看客户喜欢什么样的话题，然后尽量把话题与你想要说的事情联系起来，承上启下，过渡到你的话题上。

专家点拨

人一旦接受了别人的小要求，就比较容易接受随后提出的大要求。如果客户对成交犹豫不决，销售员可在小问题或局部问题上，先征得客户同意，然后再提出全面成交的要求。

在关键时刻主动替客户拿主意

　　山东朱氏企业培训有限公司的营销人员小吕正在和一位客户进行沟通，客户是一家公司的人力资源部总监，小吕今天在拜访客户的时候就给自己下达任务：这次一定要说服他购买公司的培训课程，因为客户公司在这方面确实有着非常强的需求，而且公司最近又新推出几种培训课程，尤其适合客户公司这种大公司。不过，小吕也知道，要说服这位客户进行购买还是比较困难的，因为这位客户总是提出很多异议，而且同时和多家咨询公司进行联系，即使在对本公司的培训课程比较满意的情况下，他也还是想再看看其他咨询公司是否更好。

　　正如小吕所料，在这一次的沟通过程当中，客户又提出了一些异议，他表示："为了更有力地保证培训能够达到很好的效果，我想再认真考查一下每一位培训老师的资格与能力，培训老师如果选不好的话，那么即使培训课程选择得当往往也达不到预期的效果。"

　　听到客户这样说，小吕心想，如果逐个考查每一位培训老师的资格与能力的话，那么这次合作将更加遥遥无期，而且事实上也没有一种有效的考查方式，除非客户亲自去听每一位培训老师的讲课，但这又是不现实的。又考虑到客户公司的特点和培训要求，小吕想了一想对客户说："宋总，如果您是要保证培训效果的话，我相信李建平老师是最适合的人选了，因为李建平老师有过丰富的一线工作和带队经验，他为很多知名企业进行过这方面的培训，如⋯⋯"

　　感到客户犹豫了一下，小吕又接着说道："不过，李建平老师非常忙，我还需要查看一下他最近有没有时间。"迅速查看资料之后，小吕又对客户说："正好李建平老师下周有三天时间，要不我就帮您预约这三天的时间吧？"

　　听到小吕这样说，客户心里动了一下，不过他还在犹豫，只听他说："可是，这会不会有些太仓促了，公司里准备参加培训的人也不知道下周都有没有时间？"

小吕又说："只要您安排了培训，大家肯定都会想办法把时间安排好的，这么好的课程我相信谁都不想错过，就这样定了吧，否则的话又不知道要等到什么时候了，公司里的人恐怕也要等着急了。您看这样好不好，您把上次我发给您的回执填写一下，再传真给我，剩下的事情就由我来帮您安排了，等事情一定下来我马上通知您，您看怎么样？"

客户松了一口气说道："那就照你说的办吧，不过千万不要有什么问题呀！"

小吕用充满自信的声调回应说："您放心吧，保证贵公司的培训到时候顺利完成！"

在上面的案例当中，针对客户优柔寡断、犹豫不决的行为特点，山东朱氏企业培训有限公司的销售人员在沟通过程当中果断地采取了替客户拿主意的成交技巧：先是在客户对培训老师心存疑虑的情况下，向客户推荐了经验丰富的李建平老师；接着看到客户还未下定决心购买又主动提出具体的合作时间，并在客户提出异议的情况下帮助客户坚定了信心；最后又通过引导客户填写订单的方式实现了成交的目的。这种方式在实践当中经常被优秀的电话营销人员所使用，因为这种方式在实现成交的过程当中确实非常有效。

在开展营销的过程当中，销售人员经常会遇到一些优柔寡断的客户，这类客户总是犹豫不决，凡事都要考虑很长时间，总是不断地提出异议，而且即使到了所有的异议都得到解决的时候，他们还是会表示"再考虑考虑""我再看一看""我想再和其他人商量一下"……对于这类客户，营销人员在实际的营销实践当中不妨充分结合客户的需求特点、关注方向等因素主动向客户提出成交要求，在关键时刻替客户拿主意。当然了，在替客户拿主意的时候，销售人员还必须注意以下一些问题，以免让客户感到自己受到胁迫和控制。

第一，找到客户关注的重点。

当客户拿不定主意的时候，往往会提出一系列异议，销售人员应该立即从客户提出的各种异议当中找出客户对产品最关注的地方，然后根据客户关注的重点为客户推荐一种能够满足其需求的产品。例如：

客户："我还是担心这种产品是否耐用，你知道，如果不耐用的话，可能会……"

销售人员："林总，如果您是考虑到耐用的话，我觉得这款产品对您是最适合不过了，因为这款产品是采用航空材料制作而成的，既耐高温又耐腐蚀，您看今天下午我们就派人送到您府上，可以吗？"

第二，帮助客户进行分析和比较。

在客户对合作当中的一些细节仍然感到左右为难的时候，销售人员不妨把两个不同时间、不同地点、不同前提条件下的合作方式同时列举出来，帮助客户进行客观的分析和比较，最后选择一个对客户来说更加有利的条件促成交易。例如：

"席经理，我们这次公开课收费标准是这样的：在本月15日之前，并同时有超过5人一起报名的可以享受8折优惠，即每人只需1600元。15日之后报名没有优惠，即每人2000元。今天是13日，您现在就报名的话，还可以享受优惠。请问贵公司派几位过来，我马上就给您登记。"

在帮助客户进行分析和比较的过程当中，销售人员需要注意的是，分析和比较的合作方式不要太多，两三个足矣，如果提出的合作方式太多的话，一方面，分析比较起来存在困难，会令客户感到头绪太多，这会更加令客户感到无法做出正确决定；另一方面，如果提出的选择机会太多的话，客户又会不断地针对各种合作方式提出异议，这样一来，营销又将回到原点，离成交目标越来越远。

另外，在帮助客户进行分析和比较的时候，销售人员一定要着重向客户表明自己是站在客户的立场上进行分析的，是想为客户找到一种最合适的合作方式。如果不能表明这一点，而只是站在自己的角度去分析和比较，那么只会引起客户的反感。

第三，时机一到，及时提出成交要求。

在客户提出的某些异议得到基本解决的情况下，销售人员不妨直接要求对方下订单、签协议，而不要继续询问客户还有哪些问题和意见。因为那些难以下决心购买的客户几乎在任何时候都能提出问题和意见，只有在你及时地提出成交要求的时候，他们才会下定决心。比如，销售人员可以采取这种方式提出成交要求："王主任，我现在把报价单传真过去，您只需要在上面签字后，盖过章，传真给我就可以了。"

"李女士，我们这里有一份合同的样板，我先发给您看看，如果没有什么问题，就签好字、盖好章给我，好吗？"

第四，强化客户的购买信心。

在替客户拿主意的时候，销售人员一定要采取合适的方法去强化客户的购买信心，从而达到坚定客户购买决心的目的。比如，销售人员可以通过向对方列举相关证明的方式去强化对方对产品的购买信心。相关证明可以是公司的实力、信誉，也可以是其他已经购买过产品的消费者见证，还可以是某项产品已经获得的相关资质证书等。

专家点拨

客户需要销售人员帮助他们坚定购买决心，所以销售人员应该把握时机用坚定的态度及语言去促成客户的购买。

对于始终不能下决心购买、考虑太多的客户，销售人员要合理控制给他们的选择或建议，因为太多的选择和建议反而更难令这些客户下定决心。

销售人员要主动提出成交建议，在提出成交建议的时候一定要保持自信的神态，让你的自信鼓励客户对这样的合作充满信心。

在客户根本拿不定主意、左右为难的时候，不要再无休止地询问"您打算怎么办"，而是及时提出你的建议，并告诉客户"我们一定会令您满意的"。

搬出"证人"让客户安心选择

几乎每一个人都有从众心理，这种心理在消费上表现得尤为突出。当一个人单独处于某种环境中的时候，个体的警惕性往往会很高，心理防线也就十分不容易被突破。但是，如果个体和其他人同在一种环境里，他的安全感就会有所增加，心理舒适度也会增强，因此，绝大多数人都喜欢跟随着别人行动，别人买什么他也买什么。客户认为随波逐流最安全。作为推销员一定要懂得利用客户的从众心理，这样才能使自己的业绩有所提高。

销售员："是刘总啊，您好，您好！"

客户："小汪啊，我上回看中的那辆尼桑，还没有谁付下订金吧？"

销售员："哦，那辆车，客户来了都要看上几眼，好车嘛。但一般人哪买得起，这不，它还等着刘总您呢。"

客户："我确实中意这辆车，你看价格上能否再优惠些，或者我是否有必要换一辆价位低一点的？"

（小汪知道，换车，只是刘总讨价还价的潜台词。）

销售员："价格是高了一点，但物有所值，它确实不同一般，刘总您可是做大生意的人，配得上！开上它，多做成两笔生意，不就成了嘛。"

客户："你们做销售的呀，嘴上都跟抹了蜜似的。"

销售员："刘总，您可是把我们夸得太离谱了呀。对了，刘总，××贸易公司的林总裁您认识吗？半年前他也在这儿买了一辆跟您一模一样的车，真是英雄所见略同呀。"

客户："哦，林总，我们谁人不知啊，只是我这样的小辈还无缘和他打上交道。他买的真是这种车？"

销售员："是真的。林总挑的是黑色的，刘总您看要哪种颜色的？"

客户："就上回那辆红色的吧，看上去很有活力，我下午去提车。"

这个案例中的汽车推销员小汪，就是利用了客户的从众心理成功销售了一辆价格不菲的汽车。当然小汪的前期准备工作也为他的成功销售起了一定的作用。这个前期工作是指小汪在公司销售记录中搜寻了一些有影响力的客户，把客户姓名和购买的车型都记录下来，并随身携带，以备查用。

当潜在客户刘总给小汪打来电话时，小汪通过分析，把握了客户的心理，并想好了对策。他先是赞美客户，获得客户的好感，为最后的成交奠定基础；然后，使出"杀手锏"："对了，刘总，××贸易公司的林总裁您认识吗？半年前他也在这儿买了一辆跟您一模一样的车，真是英雄所见略同呀。"看似不经意的一句话，其实是充分利用了潜在客户的从众心理，促使潜在客户做出购买决定。结果正如小汪预料的那样，刘总非常痛快地签了单。

可见，在销售中，遇到类似的客户时，推销员不妨采取类似的办法，相信比直接介绍产品的优越性能的效果要好得多。

例如销售员经常会对客户说，"很多人都买了这一款产品，反应很不错"，"小区的很多像您这样年纪的大妈都在使用我们的产品"，这样的言辞就巧妙地运用了客户的从众心理，让客户心理得到一种依靠和安全保障，从而也购买同样的产品。即使销售员不说，有的客户也会在销售员介绍商品时主动问道："都有谁买了你们的产品？"意思就是说，都有谁买了你的商品，如果有很多人用，我就考虑考虑。这也是一种从众心理。

有时候，推销员举一些公司或个人购买你所推销的产品的例子，但是客户并不一定会相信，这时可以出示别人的合同，增加可信度。就像在法庭上，辩护律师为了更有效地说服法官都会让证人在法庭上出现一样。一场官司，陪审团是不会相信律师单方面的辩论的，但是有证人为其作证的律师，其辩词可信度就会大大提高。证人的作用不可估量，推销活动亦如此，推销员如果能够有效地利用别人的合同作证，那么他的推销就会很容易进行。

下面是一位推销员成功利用别人的合同作证进行推销的经历：

我做了很多年的保险推销，经手的保险合同不少。一般情况，客户在保险单上签完字，我会把签过字的保险单复印一份，储存在我的文件夹里。我一直坚信，这些有利的"证据"对于我以后的新客户来说，会有很大的说服力。

每当与新客户的沟通进行到末尾时，我都会适时地拿出"证据"告诉客户如果在我的解说过程中有不到位的地方，请他一定谅解，并真诚地希望我们可以合作成功，如果他还有疑问，我会向他推荐一个人，让他们谈一谈。这时，之前复印的保险单就能派上用场了。我会拨通一个我以前的客户的电话，让他和新客户交谈，这时"证人"的角色就由老客户充当了。当然，这个"证人"很可能是新客户的朋友或邻居，至少应该是认识的人，这是从我的老客户里精心挑选出来的。

在刚开始使用这种方法时，我也担心客户会拒绝合作，但是事实证明，客户很乐于同"证人"交流，他们并不讨厌这样的做法，客户能从"证人"那里获取有用的信息，从而给我的销售带来很多正面的引导。

当然，有些推销员问，"证人"只是你的客户，他们愿意配合你的工作吗？答案是肯定的，只要你足够真诚，只要你的服务让其足够满意，那么他们是很愿意帮你的。每当做成一笔新的订单，我都会向我的客户即"证人"们表示感谢，这种感谢不仅很得客户欢心，还能维护推销员与客户之间的关系。

戴尔·卡耐基曾讲过这样一个事例，也可以说明使用别人的合同的重要性。他说："有一次我想去加拿大旅游，我很喜欢旅游，但出国旅游得有一个好的宿营地才行，那样可以保证我在旅游过程中睡好、吃好、玩好。当然，我更希望宿营地可以钓鱼，甚至是打猎。为了保险起见，我都是给很多旅行公司写信提出自己的想法，收到的回信都声称自己的营地最棒、服务最好。选择哪个好呢？当时我很疑惑，但有这样一封信引起了我的注意，上面说："随信附寄几份合同复印件，您可以打电话给这些人，他们都来过我们的营地，并且他们同您住在同一个地方。'信的后面列举了很详细的联系方式，好多我认识的人在名单里，我联系其中一个人，这个人连声称赞那个营地，我相信我认识的人，于是我选择了那家旅行社。"

客户都希望"第三方"证明自己的选择，戴尔·卡耐基的事例正好说明了这一点。当他们选择产品或者服务时存在疑虑，如果有个有利的"证人"，那样，在他们选择产品时会更安心。因此，恰当使用别人的合同对于推销员来说，也是一项简单并且有效的推销方法。

专家点拨

客户的购买行为常常会受到周围人的影响，推销员如果能把握好客户从众的心理，就能大大提高推销的成功率。

如果客户对推销员举出的公司或个人购买产品的例子产生质疑，这时可以出示别人的合同，增加可信度。

假设成交使成交信号变为行动

假设成交法，是指营销人员在假定客户已经接受销售建议，同意购买的基础上，通过提出一些具体的成交问题，直接要求客户购买销售品的一种方法。

比如，你已将一部汽车开出去给客户看过了，而感到完成这笔交易的时机已经成熟，这时你就可以进一步地处理这个问题，使客户真正地签下订单。你可以这样对他说："杨先生，现在您只要花几分钟工夫就可以将换取牌照与过户的手续办妥，再有半个小时，您就可以把这部新车开走了。如果您现在要去办公事，那么就把这一切交给我们吧，我们一定可以在最短时期内把它办好。"

经你这么一说，如果客户根本没有决定要买，他自然会向你说明；但如果他觉得换取牌照与过户等手续相当麻烦而仍有所犹豫的话，那么你的这番话该可使他放心了，说明手续不成什么问题。这种方法有一种推动的力量，尽管客户迟早会下决心的，但如果没有这种推动力，他也许要过一段时间购买，或许根本不想买了。

采用假定成交法有利于节省推销时间，并提高推销效率。而且在整个推销过程中，顾客随时可能流露出成交意向，若推销人员能及时觉察的话，就可正确使用假定成交法，将成交信号转化为成交行动，及时促成交易。

"王先生，如果您要买的话，您愿出多少钱？"

"我顶多拿70元钱，多一点儿我也不想要。不过我现在还没决定买。"

"嗯，我知道。要是您需要我公司的产品，在这三个样品中，您对哪种最感兴趣？我没有强迫您买的意思，只是问问而已。"

"我看这种不错，外形美观大方、功能齐全，把另外两种的优点全包括了。而且，价钱又不是很吓人。"

"我就知道您肯定会选这种，它是我公司的最新产品，曾获得尤里卡发明大奖，在国内可是第一流的！"

"是吗？看起来确实名不虚传。"

"您如果要买的话，您会买多少呢？您是批发单位，想必不会少于5000台吧！"

"哎哟，可别把我吓死。我们那么一个小批发单位，怎么会要5000台？不过，我想2000台还是可以考虑的。"

"那您觉得什么时候取货合适？"

"哦，我还没想那么多呢。好像这一个月不会再进货。"

"没关系，我跟公司先联系一下，给老板先打个电话。"

……

"老板说了，2000台绝对没问题，而且有四种规格，任您挑选！"

结果交易成功。

上面就是一个成功的假设成交法事例。营销人员在运用假设成交法时一定要注意：你不能像初入行的销售新手一样，到了要签约的时候才假定这笔交易会成功；在整个洽谈过程中的每一步，你要假定你的客户将要购买你的产品，你一遍遍地假定你会成交，客户也会开始假定他将要购买你的产品。

当客户一再发出购买信号，却又犹豫不决拿不定主意时，可采用此种技巧。比如，你的客户还没下定决心要购买哪种类型的产品，这时你就可以对客户说："请问您是想买 A 款还是 B 款？"或是说："请问您是买一套还是两套？"此种问话技巧，其实就是要你帮客户拿主意，让他下决心购买了。

有人将这种心理假设法称为"洗脑"，它类似潜意识形态的广告。就像电视或电影广告传播一个信息给你，而你在潜意识里留下印象一样，这个速度快到你无法用肉眼瞧见的地步。但你的潜意识会把它挑选出来，而它会反应你的想法！让我们回头检视这一幕：把潜意识手法的广告实验放进电影院，观众会接收一个微弱的信息："你很渴，你很渴。"几分钟内，观众排成长龙站在柜台前买饮料。

在假定成交时，你可以运用下面技巧：

"我会直接把发票寄给您。"

"请把名字签在这里。"

"您同意后，请在这里签字，写用力一点。"

"我要恭喜您做了明智的决定。"

"我会把它当成礼物包起来给您。"

但是，推销人员若在把握时机上出现偏差，盲目假定顾客已有了成交意向而直接明示成交，很容易给顾客造成过高的心理压力，导致可能成功的交易失败。这种方法若使用不当，还会使顾客产生种种疑虑，使推销人员陷于被动，增加了成交的困难。

专家点拨

当营销人员使用假设法询问客户时，客户在内心中不会把它当成真正的交易，有退一步的余地，不会产生抗拒的心理，就很容易达成交易。

营销人员必须善于分析顾客，对于那些依赖性强的顾客，性格比较随和的顾客，以及一些老顾客可以采用这种方法。

让客户"看"到购买后的美好

在一家汽车销售 4S 店内，一对小夫妻正站在一辆家庭式轿车前，听销售人员做介绍……

销售："这辆车是专为喜欢野外旅游的家庭设计的，您看这宽敞的后备箱，这宽厚的越野轮胎，还有这强劲的动力。"

丈夫："但是这个油耗似乎大了些。"

销售："油耗大是为越野提供保障的啊！您想，当您一家人高高兴兴地去风景秀丽的郊外玩，遇到高坡时，别人的车子都轻松地开过去了，只有你们的车在缓慢地爬着，甚至被泥泞的路面弄得直打滑，那该是多么不爽的事啊？而拥有了这辆车后，你们将轻松应对一切难对付的路面。"

丈夫："呵呵！我就遇到过那样的尴尬事。"

销售："呵呵！同时呢，这个车还装配了高科技的音响系统，全车一共有 12 个喇叭。当你们全家人野餐时，将车的后备箱打开，将音响调整到外置模式，一家人在悠扬的音乐中欣赏美景，还可以伴着音乐跳跳舞，那将是多么美妙的一次野餐啊！"

太太："嗯！的确很棒呢！"

销售："还有呢，这辆车的空调系统也非常出色，不但驾驶室的空调出风口位置很好，而且坐在后座的人还可以自己控制风速和温度。当您载着父母外出时，坐在后面的父母可能会嫌空调过冷，他们就可以根据自己的舒适度来调整温度和风力了。"

先生："这个设计的确很人性化。"

这个案例中，销售员不断运用了一种特殊的产品说明方法——描绘客户购买之后的快乐和美好，达到了巧妙说服客户的效果。

在案例中，销售员将汽车的三个优点：越野特性、高科技音响、人性化的空调巧妙地融进三个不同场景的描绘中，向客户勾勒了一幅活色生香的生活场景，让客户"看"到了购买之后的快乐和美好，感受到了和家人欢聚的幸福感，使客户得到了一种难以言喻的心理体验。

本技巧利用了人们右脑具有想象力和创造力的功能，通过描绘生动的场景将客户带入其中，与客户一起通过想象来感受产品的优点会带来的诸多好处，让客户更加喜欢产品，甚至爱上该产品。"这处住宅非常安静，尤其是在夜晚，会令人非常放松，即使是在早晨也不必担心被喧闹声吵醒。最让人喜欢的是，站在阳台的落地窗前就可以欣赏到远处风景，真是太美了。"试想犹豫不决的购房者听到这般描述，脑海中会浮现怎样的画面？显然是美丽的风景和安静的夜晚，客户几乎能立刻想象出这些情境画面，并憧憬这样的住宿环境。

以下是一些为客户描绘购买之后的快乐和美好的例子。

"这款红豆巧克力饼是我们今日推荐的新品。一开始我们将自制的红豆巧克力饼加热，到它变得滚烫时，再加两盎司香浓的瑞士奶酪冰淇淋，然后在饼上撒一些水果软糖，最后在四周浇上新鲜的奶油泡沫，缀以鲜红的樱桃。只要五元钱你就能得到它。"

"当你驾驶着这辆黑色的高级轿车跑在高速公路上，你会为里程表指示的110公里的时速兴奋不已，而车里的温度显示为18℃，如果天气凉爽还可以打开天窗享受自然风，而最喜爱的音乐在耳边轻轻地响着……"

在操作这个技巧的过程中需要注意以下几点：

第一，所描绘的场景和感受必须是客户所向往的。

要根据客户的身份、年龄、性格去判断他们的喜好，然后再根据喜好描绘场景。

第二，在描绘时要不停地关注客户的反应。

如果客户随着你的描绘而表现出欣喜、享受、兴奋的表情，就说明你的描绘起了作用。如果发现客户冷漠、不屑，或者并没有注意听你的描述，那么你就要见好就收，转向询问客户的意见。

第三，多用形象的形容词。

在描述场景时，要注意多运用一些形容词，而这些形容词必须是可以让人感受得到的。比如温暖的、温馨的、宁静的、舒服的、刺激的、柔和的，等等。

第四，进行场景对比。

如果可以，请将这些美好的场景与让人痛苦的场景做对比，这样更能够体现出美好场景的动人之处。比如案例中销售员先描绘不使用该车驾驶，可能会遇到的尴尬场景，就会对比出这辆车的优点。

专家点拨

向客户描绘购买之后的快乐和美好，尽可能多地创造出令人兴奋的情境画面，以便让其在强烈的情境暗示中感受到产品的好处，这样能快速激发客户的需求和渴望享有的心理。

通过对正面场景和反面场景的对比描绘，凸显出产品的优点，对客户来讲更可贵、更有价值。

利用占便宜心理促使客户成交

贪图便宜是人们常见的一种心理倾向，我们在日常生活中经常会遇到这样的现象。特别是在购买商品时，很多的客户都会朝着便宜的地方流动。某某超市打折了，某某厂家促销了，某某商店甩卖了，人们只要一听到这样的消息，就会争先恐后地向这些地方聚集，以便买到便宜的东西。

物美价廉永远是大多数客户追求的目标，很少听见有人说"我就是喜欢花多倍的钱买同样的东西"，一般地，人们总是希望用最少的钱买最好的东西。因此当某商店突然降价打折，同样的商品比平时便宜了几元钱或者十几元钱，人们就会趋之若鹜，赶紧跑去抢购。这就是人们占便宜心理的一种生动的表现。

我们说占便宜也是一种心理满足，客户会因为用比以往便宜很多的价钱购买到同样的产品而感到开心和愉快。销售员其实最应该懂得客户的这一心理，用价格上的差异来吸引客户，使客户乐意买你的商品、享受你的服务。

有这样一个故事，古时候有一个卖衣服和布匹的店铺，铺里有一件珍贵的貂皮大衣，因为价格太高，一直卖不出去。后来店里来了一个新伙计，他说他能够在一天之内把这件貂皮大衣卖出去，掌柜的不信，因为衣服在店里挂了一两个月，人们只是问问价钱就摇摇头走了，怎么可能在一天时间里卖出去。为此，掌柜的还和小伙计打了个赌，说要是他能在三天之内以原价卖出这件衣服，每月就多给伙计加一两银子的工钱，卖不出去就每月扣一两工钱。

伙计答应了。但是伙计要求掌柜的要配合他的安排，掌柜的也答应了。伙计要求不管谁问这件貂皮大衣卖多少钱的时候，一定要说是五百两，而其实它的原价只有三百两。

二人商量好以后，第二天清早，就开始张罗生意了。伙计在前面打点，掌柜的在后堂算账。一上午基本没有什么人来。下午的时候店里进来一位妇人，在店里转了一圈后，看好了那件卖不出去的貂皮大衣，她问伙计："这衣服多少钱啊？"

伙计假装没有听见，只顾忙自己的，妇人加大嗓门又问了一遍，伙计才反应过来。

他对妇人说："不好意思，我是新来的，耳朵有点不好使，这件衣服的价钱我也不知道，我先问一下掌柜的。"

说完就冲着后堂大喊："掌柜的，那件貂皮大衣多少钱？"

掌柜的回答说："五百两！"

"多少钱？"伙计又问了一遍。

"五百两！"

声音很大，妇人听得真真切切，心里觉得太贵，不准备买了。

而这时伙计憨厚地对妇人说："掌柜的说三百两！"

妇人一听顿时欣喜，肯定是小伙计听错了，自己可以省下二百两银子就买到这件衣服，于是心花怒放，又害怕掌柜的出来就不卖给她了，于是付过钱以后匆匆地离开了。

就这样，伙计很轻松地把挂了很久都卖不出去的貂皮大衣按照原价卖出去了，自己的工钱也得到了提升。

例子中店伙计就是利用了妇人占便宜的心理成功地把衣服卖了出去。销售员在推销自己产品的时候，可以利用客户的占便宜的心理，使用价格的悬殊对比来促进销售。其实在很多世界顶尖的销售员的成功法则中，利用价格的悬殊对比来俘获客户的心是常用的一种方法。他们先是在客户的心里设置一个较高的价位，或者在对方心里设置一个价格悬念，然后再以一个比原来低得多的价格做对比，让客户通过心里比较，觉得很实惠，觉得自己得到了一个大便宜，于是就很容易决定购买你的产品。

美国的著名推销员杰德森，在做推销的时候就用过这种方法。

有一次杰德森带着一份方案找到某公司的经理，他对经理说，自己拿着的方案正好符合该公司的利益目标，并说本来方案的价值是 50 万美元，而自己愿意以 30 万美元的价格转让给他。他的推销遭到了公司经理的拒绝，因为他认为杰德森开得价格太高，自己觉得不合理，不能接受。杰德森只好离开。

一个星期以后，杰德森又一次前来拜访这家公司的经理，他首先向经理表示歉意，说自己上次介绍的方案开价 30 万美元，实在太不合理。为此自己心里一直感到不安，总想做点什么回报经理。他说自己一个星期，找遍了名家高手，终于发现了一个很好的方案，与那份 30 万美元的方案不分伯仲，而其价格又是极其合理的，只收 7.5 万美元。请经理考虑一下。

从 50 万美元到 7.5 万美元的价格落差，使经理异常高兴，同时也很感激杰德森先生的关心，从而毫不犹豫地签字答应购买。于是杰德森顺利地完成了这笔交易。

利用价格的悬殊差距来进行推销确实会起到很好的效果，但是却多少有些欺骗客户的感觉，让客户得知真相以后，也会感到很气愤，因此在使用上一定要注意方式和分寸，既要满足客户的心理，又要确保让客户实实在在得到实惠，这样才能够保持和客户长久的关系，实现互惠互利。像如今的商场几乎每周都推出打折的新花样，不仅满足了客户占便宜的心理，也确实给客户带来了方便和实惠，因此受到了广大客户的欢迎和青睐。

专家点拨

看到别人购买到便宜但又质量很好的商品，很多人都会羡慕，因为很多人都有追求实惠的心理，这给销售员的销售工作带来了新的突破口。但是客户的这种心理既容易得到满足，也容易受到伤害，因此在推销过程中，销售员和商家要善于给客户创造真正的便利和实惠，而不是为了获取暴利而肆意欺诈。这样不仅伤害客户，也影响自己的声誉。

"威胁"客户一下让他尽快作决定

在销售过程中，销售员经常会遇到这样的情况：当客户对产品进行了充分了解，并确实对此产品有需求时，却仍然迟迟不愿做出成交决定。这样的情况让不少销售员都感到疑惑，他们不知道问题到底出在什么地方，也不知道如何才能打消客户的顾虑。

一位资深销售人士说："运用另外一种方式也许是销售成功的又一途径，这种方式就是告诉客户，如果他不购买你的产品，那他就会遇到怎样的麻烦或问题。"想要让客户较快地做出成交决定，销售员不妨适当使用一些威胁法，向客户表明"假如您不购买我们的产品，您将会受到什么样的损失"这样的观点。这样客户有种紧迫感，往往就会较快地做出成交决定。

小朱是一家保险公司的推销员。一天，他去拜访客户，针对客户的情况选了一套保险，并做了详细介绍，但是这位客户并没有表示愿意购买。

销售员："您应该知道保险对于人们的重要性，我想您也一定希望您以及您的家人能够健康平安，这才是我们生活的根本啊。"

客户："其实我也不太需要这种保险，我……"

销售员："通过刚才的了解，您也应该知道，这种保险是最超值的一种了，您应该考虑一下的。"

客户："这个我还是再考虑一下吧，以后给你答复好吧？"

在详细解说了产品优势之后，客户仍然不愿做出成交决定，这无疑会让不少销售员感到不知所措，如同上面的小朱一样乱了阵脚，不知如何再进一步打动客户，结果成交仍然是一个未知数，令自己进退两难。其实针对以上的情景，销售员可以这样来做：

销售员："我想您是非常关心您家人的健康和安全。不过您不愿购买，也许是我为您介绍的险种并不适合您，可能您更适合购买这种'29天保险'。"

客户："29 天保险？这是一种什么样的保险？"

销售员："这种保险与我刚才为您介绍的保险合同的金额是相同的，而且期满之后退还的金额也是相同的，不过这种保险只需要缴纳正常保险金额 50% 的费用。"

客户："这么划算，那么它有什么特别的要求吗？"

销售员："那么我来向您介绍一下，这种'29 天保险'是指您每个月的受保时间是 29 天，剩下的一天或两天由您自由安排。也许这一天或两天您会待在家里，但是相关数据显示，很多人身危害的发生都出现在家庭之中。这是统计资料。"

客户："是真的吗？"

销售员："对不起，请您原谅我，我想我提出的这种保险方式对您以及您的家庭来说都是不负责任的，刚刚也许您会想'如果恰巧在不受保障的两天里遇到了意外怎么办'的问题，对吗？"

客户："是的，这种保险不能买，为什么要出这样的保险呢？"

销售员："先生您完全不要担心，这种保险方式目前在我们公司并没有得到认可，所以我是不会推荐您购买的。相比我最初为您推荐的那款保险，您觉得怎么样？"

客户："与这个相比，你最开始介绍的那款保险还可以。投保之后至少可以随时受到保障。"

销售员："我想您已经认识到正常保险的意义了，您希望您以及您的家人每时每刻都能享受到安全的保障，对吗？那么您来考虑一下我最初提出的那套保险怎么样？"

客户："好吧，那么我就投你开始介绍给我的那套保险吧。"

可见，威胁法也是一种有效打动客户的方式，当客户感到有可能丢失掉某种利益或是受到某种威胁时，就会在最短的时间内做出决定，以摆脱心中的不安全感。销售员只要找准客户担心的关键，并辅以正确的沟通方式，大多都能让客户做出购买决定。

如果客户迟迟不愿做出成交决定，销售员千万不要等候，而是要主动出击，利用威胁法为客户制造心理失衡的条件。无论是让客户感觉丢失了某种利益还是感受到某种隐患，都可以让客户尽快做出成交决定。

那么，在具体销售过程中，销售员应该如何使用威胁法来促进成交呢？

第一，提醒客户可能丧失某种或某些利益。

当个人感觉到自己可能会丢失掉某种利益时，就会尽可能地挽回，避免利益的丢失。所以销售员就可以在客户不愿做出成交决定时向客户表明：如果不购买产品，就有可能导致某种利益丢失。例如，销售员可以向客户表明"我们的优惠活动恰恰截至今天晚上8点，明天我们的产品就会恢复原价"或者"这种产品我们公司以后再也不会打这么低的折扣了"等，使客户认识到不尽快做出成交决定将会受到什么样的损失、丢掉多少利益。这样一来，客户就会尽可能快地做出决定，避免自己的利益受到损失。

但是销售员在提醒客户之前，最好能够深入地了解到客户最为关心的问题，然后从客户的关注点切入，吸引客户的注意，尽量不在客户不太关心的问题上大费周折。另外，销售员还需要注意语言的真实性，做到尊重、关心客户，切不可为了说服客户而使用虚假的信息欺骗客户，甚至恶意诅咒客户，否则不仅无法快速成交，还会让客户心存不满，进而对产品产生偏见。

第二，暗示客户可能会面临某种威胁或者产生某些隐患。

在有些时候，销售员利用产品的正常价值也可能很难触动到客户的心，如质量上乘，价格合理等。这时就需要销售员使用另一种方法，让客户感觉到如果不购买产品，就有可能产生某种隐患或是受到某种威胁。销售员向客户暗示的这种威胁并不是说要有意恐吓客户，而是指销售员从客户的根本需求出发做出认真的分析，对客户进行善意提示。

例如，当客户不愿对一件衣服做出成交决定时，销售员可以利用产品限量的优势向客户表明：客户购买其他服装有可能会发生于别人撞衫的可能，如果购买这件衣服就很少会遇到这种情况。这样你先给客户造成"威胁"，再解除客户的担心，让客户认识到不购买产品可能产生的隐患，从而加快客户做出成交决定。

另外，如果条件可能，销售员还可以将这种隐患或是"威胁"与客户的健康与安全联系起来，暗示客户如果不能决定购买此类产品或者服务，那么他们的健康或是安全可能会受到一定的影响。

专家点拨

没有人愿意被威胁，客户更是如此。这里所谓的"威胁"策略与恶意的恐吓没有任何关系，而是销售人员通过基于客户需求的认真分析，对客户进行的善意提醒。

当销售人员告诉客户，他（她）此时不购买产品可能会失去某些利益时，对客户的触动可能要比告诉他（她）这种产品多么好更大。

"威胁"策略应该与产品益处说明等正面说服方法相互结合，否则的话，就会引起客户的不安，从而造成沟通中出现不愉快的局面。

把客户寻找借口的苗头扼杀掉

在销售过程中，令销售员懊恼的常常不是那些直接说出拒绝的客户，而是那部分想要通过找借口来达成自己目的的客户。无论是想拒绝，还是想压低价格或是希望索求更多的赠品，这些客户都习惯使用各种借口来实现。在面对这样的客户时，销售员也就更不容易把握销售成败，甚至有时会被客户抛下的借口所左右，从而使原有的销售计划受到影响。

小美是一家电器城的销售员。一天，一位女士来到小美所在的微波炉专区，想要选购一台微波炉。

销售员："您好，太太，看看微波炉吗？"

客户："哦，我随便看看。"

销售员："这边都是我们的产品，功能很好，样子也非常漂亮。您想选个什么款式的呢？"

客户："还没想好，还是功能多点的吧。"

销售员："哦，那您可以看看这边，这些都是今年最新推出的，相比前几年的产品，无论是功能还是外观都有了改进。如果您是家庭使用，我推荐您选这款，它不仅外形美观，而且功能更加齐全……"

客户："哦，是吗？我觉得不太好，样子看起来不太舒服。我还是看看其他的吧。"

销售员："是吗？那好吧。那您看看这款吧，也是今年的新品。"

客户转身走了。

销售员如果不能全面地考虑问题，就容易给客户制造找借口的机会，这自然也会影响到销售计划。在销售过程中，常有一些销售员像以上情景中的小美一样，不能给客户全方位的解答和产品介绍，常常为客户留下一些可以找借口的机会，从而使销售工作无形中被客户的借口所左右。针对以上的情景，销售员可以这样来做：

客户："还没想好，还是功能比较重要吧。"

销售员："哦，那您可以看看这几款，都是今年最新推出的，相比前几年的产品，无论是功能还是外观都更胜一筹。如果您是家庭使用，我推荐您选这款，它不仅外形美观，而且功能更加齐全，不论您是煮粥、烧烤、还是做菜，这款微波炉都能满足您的需求。关键是这款微波炉的辐射远远低于普通微波炉，使用起来更安全。"

客户："是吗？辐射比其他微波炉低吗？"

销售员："是的，太太，这些天来，很多前来购买微波炉的客户都选购了这款产品。我想您应该也是很注重健康、环保的女士，一定也想选购一款辐射低的微波炉，对吗？"

客户："对，我还是比较注重健康的，而且我儿媳正在怀孕，家里以前的微波炉已经不能再用了。"

销售员："是啊，孕妇就更要远离辐射，那么您选择这款微波炉就再合适不过了。"

客户："不过这样一台微波炉要多少钱？"

销售员："799元。"

优秀销售员回避客户找借口的方法，就是尽可能多地让客户了解到产品优点，并主动为客户制造与产品相关的需求。例如，当销售员介绍带有低辐射功能的微波炉时，就要多向客户提到日常的健康问题，从而让客户对此产生强烈的购买需求。

那么，在实际销售中，销售员应该使用哪些方法来防止客户提出借口呢？

第一，让客户接纳自己。

在提出拒绝购买产品时，有超过一半的客户并不能说出真正的拒绝原因，而只是单纯地对销售员的介绍表示反感。客户们对产品的接纳，往往是在接纳产品销售员之后。所以，要想预防客户找借口拒绝，销售员就要首先将自己推销给客户，让客户接纳自己。

想要让自己被客户接纳，销售员就要诚心诚意地对待客户。同时还要多方面照顾到客户的需求，注意措辞的严谨、恰当，努力在客户心中树立起一个良好的形象。

第二，为客户创造需求。

当客户想要购买某种产品时，就一定对这种产品有所需求，这就如同口渴的人需要买矿泉水一样。然而在真正购买产品时，客户需求的产生很多时候都不来源于自己，而是销售员。销售员为客户创造的需求越强烈，其购买产品的可能性也就越大。优秀的销售员并不将精力全部投入在如何介绍产品上，而是拿出相当一部分精力来了解市场需求，为客户播下需要的种子，并耐心地培养，使客户产生越来越多的产品需求。因为他们知道，客户对产品没有需求，再多的介绍也是徒劳。

所以，在具体销售中，销售员不仅仅需要发现需求者，还需要去创造需求者。无论是销售哪一种产品，销售员都应该尽量将客户与产品联系起来，让客户在沟通中不断加强对产品的需求。例如，当客户对你介绍的健身器材不感兴趣，试图找借口推脱时，你就应该努力将话题引入到运动与健康的关系上来，让客户意识到运动的重要性，增加其对健身器材的需求。

第三，从客户言行举止中寻找突破点。

在试图使用借口拒绝购买产品时，客户总是会在外在行为上有所表现，无论是语言、动作还是眼神，都会在一定程度上表达他们对产品的态度和看法。

因此，销售员要仔细观察客户的反应，洞悉其状态。如果发现客户对你的介绍不感兴趣，不主动询问产品相关情况，左顾右盼、心不在焉，甚至表现出不耐烦，等等，那么客户就有可能要找借口离开了。销售员也要在此刻尽快寻找客户感兴趣的话题，以此来留住客户。

专家点拨

识破客户的借口，不如防止客户提出借口。当发觉客户有寻找借口的苗头时，销售员如果能及时预防，不给客户找借口的机会，就能省去很多不必要的麻烦。

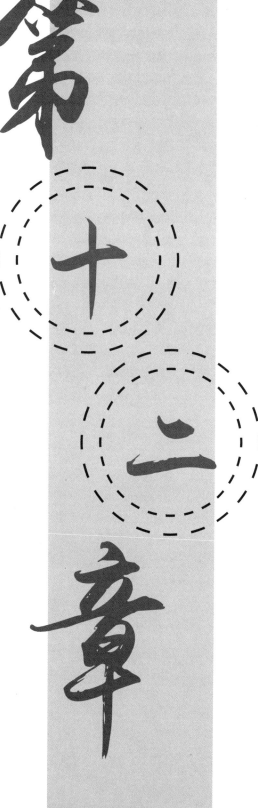

第十二章

服务跟进，多次成交就是这么简单

销售，只有起点，没有终点，是一个连续的活动过程。成交并非万事大吉，而是下次推销活动的开始。在成交之后，推销员要向顾客提供服务，以努力维持和吸引顾客。成功的推销员信奉的准则就是："真正的销售始于售后。"他们的生意经就是："推销的最好机会是在顾客购买之后。"他们就是靠在销售之后继续关心顾客获得极大成功的。

销售前的奉承不如销售后的服务

小李现在是一家公司的业务经理，负责整个公司复印机的销售与服务工作。小李大学毕业之后就一直从事关于复印机的销售工作，转眼就是七年。在这七年中，他由修理复印机的助理员晋升到销售部的经理，这对一个年仅29岁的小伙子来说，并不是一件容易的事。原本他只想找一个自己感兴趣的工作，没想到却一头钻进了销售中。

小李在学校读的是机械专业，他之所以选择进入这家公司，只是抱着对机器维修的一份热情与喜爱。因为他从小就喜欢拆拆拼拼，不知道拆坏了多少东西。但是，这拆拆拼拼的过程使他渐渐对机器维修产生了兴趣。

抱着这样的想法进入公司的他，于是非常认真地学习修理复印机的技术，所以，他的维修技术非常高，客户的复印机出问题都找他修理。当然，这其中还有一个原因，他待人和气，自然也就赢得了客户的好感。许多老客户都主动地为他介绍新客户，而他则因为不是销售员，报价时总是尽量为客户争取最佳价格，客户只要一对比都知道他所提供的价格最合理，于是他的业绩因此逐渐地拓展开来，并且使他获得了"年度销售总冠军"的头衔，不但在公司受到了上司和同事的肯定，同时更赢得了客户的认同。

如果你向他询问这段无心插柳柳成荫的过去，他总会微笑着告诉你："其实，最好的销售就是服务。"因为他一路走来，几乎没有主动去拜访过客户，大部分的业绩都是由客户相互介绍而来，所以业务拓展对他而言几乎是毫不费力的事。虽然面对不断扩大的客户群，他显得十分忙碌而且疲惫，但心中却充满希望和成就感，因为他知道，每一个成交的客户，如果可以持续得到良好的服务，将来都会为他带来新的客户。如此周而复始的结果使他的业绩不断提高。

与其说小李的成功是因为他的运气好、人缘佳，还不如说他是因为努力踏实而且运用了正确的方法。一般而言，推销时除了推销的产品好以外，服务的态度与专业的能力是最重要的。现代社会中，人们越来越讲究服务品质，所以在相互竞争中，除了商品价格的竞争以外，就是贴心的服务了。更多更好的售后服务，不仅会增加客户对产品的信心，还会吸引客户第二次消费与主动推荐，像婚纱摄影公司从拍照、摄影、礼服、车辆到结婚事项从头到尾的一条龙服务；又如汽车推销员除了卖车之外，保险、理赔、拖吊、维修、保养、改装，一应俱全，甚至连验车都服务到家，这些都是由竞争所带动起来的全面服务。所以说，在推销中，具备完整而热诚的服务品质，是业务拓展最重要的一环。

有些销售人员对客户服务工作存有这样一种错误的观念：我的工作是说服客户签署订单，为客户提供服务的工作应该由企业中专门的客户接待人员或者售后服务人员来承担。之所以说这种观念是错误的，是因为随着经济的发展和社会的进步，现在的消费者要比过去的消费者更加精明和理智，在购买过程中获得更优质的服务已经成为他们的迫切需要。更何况，竞争形势也在日趋激烈，如果你不能为客户提供更优质的服务，客户就不会感到满意，从而将导致你的销售以失败告终。

可以这么说，如果销售人员在销售产品或服务的过程中忽视客户服务的作用，客户在购买过程中感受不到除了产品或服务本身作用之外的任何价值，那么一旦竞争对手提供更好的服务时，客户马上就会把目光投向你的竞争对手，而继续开发新客户需要花更多的时间和精力，最终，你将因此而遭受成倍的损失。

那么如何留住客户，并让我们的客户第二次再来消费呢？下面这个案例也许能给大家一个启示。

甘道夫是全球唯一一位年销售额超过10亿美元的人寿保险代理。他刚开始干保险工作时就曾暗暗发誓：一次成交，终身服务，他每年都要跟踪拜访所有客户一次。他确实也这么做了。

有一位大学生从他那里买了一万美元的人寿保险，后来毕业当了兵，甘道夫又卖给他一万美元的保险。后来他去了佛罗里达，在州参议院任侍从。甘道夫仍然坚持一年至少跟他联系一次。

有一次，在州参议员的家庭鸡尾酒会上，一位客人惊厥病发作。这位侍从曾受过心脏复苏训练，救了他的命。而这位病人又恰巧是全美首富之一。出于感谢，这位商人邀请这位大学生加盟他的公司。过了几年，这位商人打算借一大笔钱投资房地产。这位侍从马上拨通甘道夫的电话说："甘道夫，我知道你的保险业做得很大，能帮我老板一个忙吗？"

"什么事？"甘道夫问。

"他要贷款两千万美元搞一个房地产项目，你能否帮他与你的客户搭个桥？"

"可以。"甘道夫回答。

不久，甘道夫设法帮商人贷到了款。商人为感谢甘道夫，邀他到自己的游艇上去做客，做客的时候，甘道夫卖给商人两千万美元的保险。

总之，销售前的奉承不如销售后的服务，后者才会永久地吸引客户。第一次成交是靠产品的魅力，第二次成交则是靠服务的魅力。你的生意做得越大，你就要越关心客户。在品尝了成功的甜蜜后，最快陷入困境的方法就是忽视售后服务。为客户服务时要超越产品的界限，要做一些额外的服务，要做令顾客感动的服务，要做差异化服务。

专家点拨

销售，只有起点，没有终点，是一个连续的活动过程。成交并非万事大吉，而是下次推销活动的开始。在成交之后，推销员要向顾客提供服务，以努力维持和吸引顾客。

成功的推销员把成交之后继续与顾客维持关系视为推销的关键。他们信奉的准则就是："真正的销售始于售后。"他们的生意经就是："推销的最好机会是在顾客购买之后。"他们就是靠在销售之后继续关心顾客获得极大成功的。

待人以诚是吸引顾客的强"磁场"

人与人之间的交往贵在诚实，只有诚实相待才能够使彼此长久相处。以心换心，你怎样对待别人，别人就会怎样对待你。在销售活动中，也应该遵循这样的原则。做销售员首先要做一个诚实的人。

世界上没有完美的东西，即使一种商品再优良，也难免有不尽如人意的地方。这在销售时就会给销售员造成不利的影响，甚至成为导致销售失败的罪魁祸首。但是事情总有两面，有时候如果善于利用这些不利的因素，反而会使销售员转败为胜，而此时的关键就是销售员要诚实地去面对客户。

客户之所以拒绝销售员的产品，有时候就是因为其销售的商品有瑕疵和缺陷。这时候，销售员与其遮遮掩掩，不如诚实地指出，向客户说明，客户可能会感到意外，但还是会被你的诚实所感动而决定购买你的商品。

马俊是一位不动产推销员。当下，他负责推销一块地，这块地约有100亩，靠近火车站，交通很方便。不过，对推销不利的是，这块地附近有一家钢铁加工厂，从工厂里传出来的打铁以及研磨机的声音十分嘈杂，吵得让人烦躁。

他想将这块地推销给吴总，因为这块地的价格、地点和吴总要求的大体上非常吻合。更重要的是，马俊考虑到，吴总住在闹市区里，一天24小时都生活在噪声之中，对于噪声已经习惯，大概不会太在乎这一点。

马俊在介绍这块地给吴总时说："吴总，这块地的价钱要比很多地都要便宜一些。当然，便宜有便宜的理由，原因就是生活在这里，很容易受到邻近工厂噪声的干扰，但是，其他的条件都与您要求的大致相同。"

很快，吴总就向马俊买下了这块地。为什么他会买呢？他说："你特别提到噪声，其实，噪声对我是不成问题的。我现在住的地方经常会听到大货车的引擎声，声音大得可以震动门窗；而且这家钢铁加工厂下午5点就关门了，所以对我来说更不成问题。许多推销员在介绍这块地时都不讲缺点，像你这样诚实而清楚地说出缺点，我反而要放心一些，你这样做非常好，所以我决定跟你成交！"

很多推销员向客户介绍产品时，都恨不得把产品说得完美无缺，天上少有，地上无双。然而，其实很多客户已经不再只听推销员的一面之词了，他们会通过私底下的考察、评估，再结合推销员的介绍，综合起来考虑，最后才会做出是否购买的决定。因此，推销员在向客户推销时，最好还是坚守"以诚为上"的原则，把商品的优点和缺点都向客户介绍清楚，这样，你不仅能在客户心目中留下一个良好的印象，也能使客户对你所推销的产品产生信赖，进而形成购买。

你可以欺骗上帝一百次，但你不可以欺骗客户一次。世界上没有永远不被揭穿的谎言，谎言可以骗人一时，却不能骗人一世。如果销售员为了获得一时的利益，而用虚假的信息欺骗了客户，虽然一时蒙混过关，但是很快还是会被客户揭穿，这样不仅使自己丢了名声，失去诚信，还会遭到别人的怀疑和猜忌甚至是指责，彻底失去人心。

古人云："巧诈不如拙诚。"意思就是说投机取巧、蒙骗欺诈可能会获得暂时的利益，但是一旦被别人识破，只会带来更深的怀疑。而诚实坦率看起来有点笨拙愚蠢，但是却能够深深地赢得人心。因此对于销售员来说，诚实待人是销售工作中最基本的态度。没有诚意的人是无法获得别人信任的。只有诚实的心才能够换回客户的诚实相待。

销售，光有热情是不够的，除此之外更重要的是要诚实。现实生活中，有一些投机取巧的销售员总是通过推销一些伪劣商品，用欺诈的手段蒙骗顾客，获得一时的利益，但最终还是落得被人唾弃的后果。松下幸之助先生曾说："在这个世界上，我们靠什么去拨动他人的心弦？有人以思维敏捷、逻辑周密的雄辩使人折服；有人以声情并茂、慷慨激昂的陈词去动人心扉……但是，这些都是形式问题。我认为在任何时间、任何地点，去说服任何人，始终起作用的因素只有一个，那就是诚实。"

不管是销售一元钱的商品，还是销售一百万元的商品，都要讲求诚信，始终诚实地面对自己的客户。销售时销售员与客户之间是一种十分务实的交流和沟通，销售员不仅是在向客户推销产品，更是在向客户推销自己的人品。销售员诚实与否，直接影响到客户对其产生好恶等不同的心理反应，从而影响着交易的成败。

做生意讲究"诚信买卖，童叟无欺"，诚实是赢得客户好感的最好方法。销售员在销售自己产品的时候也应该为客户着想，不欺骗客户，最终会获得客户诚实的回报。

专家点拨

在销售中，如果销售员能够从客户的语速变化或者声音高低中读懂客户的心理，了解客户的真实想法，于细微处发现客户的心理变化，并积极引导和争取，这样就会使销售的过程最终柳暗花明，实现皆大欢喜的交易。

帮助客户其实就是在帮助自己

一家国外炼砂厂的销售员不久前签订了一单生意，客户是一个大中型的钢铁冶炼加工厂。

这位销售员在进行回访时，发现了一个问题：这家工厂每月要多付给工人一部分钱作为身体健康补偿费。原因是这样的，普通的沙子在使用加工过程中，会扬起很多沙尘，工人吸到身体里会造成不小的伤害，所以这个公司不得不多付钱给工人来解决这个问题。

销售员回到自己公司后，开始思考这个问题。恰好那时刚刚兴起了一种新的炼砂技术，可以在一定程度上减少灰尘。但价格相应高了一些。

当销售员再次去炼铁厂回访时，特意带了两袋不同的沙子。他将常用的那袋沙子倒在报纸上，只见尘土飞扬。而将经过特殊技术加工的沙子倒在报纸上，却没有什么灰尘。于是他向炼铁厂的采购经理提出了这个建议，希望他换用这种少灰尘的沙子。经过采购经理的仔细计算，还是使用这种新型无尘沙子比较划算，还能保护工人的身体健康。

这位炼砂厂的销售员不仅又得到了一份订单，还赢得了客户的好感。

找到客户的关注点，你也就找到了征服他的钥匙。不要以为客户的经营业绩只是客户公司该考虑的事情，有时，帮助客户取得进步就是在帮助自己。

客户的进步其实相当于销售人员的进步，对于销售人员来说，服务客户就等于帮助自己，关心客户的经营状况，了解并满足客户的需求是销售成功的关键，一是为客户提供更多的、具有更高附加价值的产品与更多的增值服务项目，让客户时时感受到你的诚意，从而不断重复成交；二是帮助你的客户，与客户缔结战略伙伴关系，帮助客户发掘市场潜在机会，然后与客户共同策划、把握这些潜在机会，以此来提高客户的竞争实力，这对双方都是十分有利的，帮助客户就是帮助自己。那么，销售员该怎么做呢？

第一，对客户实行动态跟踪管理。

无论是潜在的目标客户，还是已经与你建立过合作关系的老客户，他们各方面的情况始终都处于不断的流动和更新之中。即使是关系非常稳定的老客户，其对产品和服务的需求也是持续变化的，因此，销售人员要随时根据情况的变化，调整重点管理的客户对象，及时更新客户信息，了解哪些客户的需求发生了变化，等等。

对于那些一直与自己保持稳定关系的老客户，销售人员应该尽可能地对他们的需求等情况进行主动询问，一旦发现客户产生某些新的需求时，那就要采取合适的方法加以解决，否则就很可能被其他竞争对手捷足先登。对于那些需求量较大，可是却迟迟不肯下决心购买的潜在客户，销售人员同样需要随时关注他们的最新动态，一旦发现有利于促进交易的信息或时机，就要马上采取行动。对客户实行动态跟踪管理，除了保证足够的客户资源之外，其实还有利于销售人员及时甄别客户类别，以便更快地调整应对策略。

第二，通过调研关注哪些市场情况发生了变化。

企业产品销售量几个月来一直在下降，是质量问题，是价格不合理，是消费者的需求发生了变化，还是市场上出现了新的替代品？这些都需要通过探测性调研来寻找问题发生的可能原因。探测性调研一般都通过搜集第二手资料开展，或请教一些内行、专家，也可以参照过去类似的具体实例。

第三，随时将市场最新产品和动态告诉客户，并提供给客户他需要的帮助。

一个成功的销售人员，通常会在市场上搜寻各种产品的最新信息，并且有意识地去搜集相关资料，将之汇总整理，然后邮寄给客户，以便让客户在第一时间了解到市场走向，把握市场动态，并从中挑选出自己所需要的新产品，并找到理想的销售者。显而易见，这个理想的销售者当然首推在第一时间向他提供最新资讯的人员。

专家点拨

没有人会拒绝微笑的脸，如果你真正关心客户的生意，并能够提出有针对性的建议，客户一定会感激你。

将客户当作朋友，与朋友分享成功的诀窍是天经地义的事情。

在关注客户经营情况的同时，关注与客户有关的一切市场信息，并将一切有用信息无偿提供给对方，这是维持长久客户的最好方法。

将客户放在心里缩短彼此距离

在日常的客户管理过程中，总会有客户不断地离开我们，有调查数据显示，在客户离开企业的原因中，有 45% 的客户认为服务太差，有 20% 的客户认为没人关心。实际上，认为服务太差的那 45% 的客户，也可以归纳到没人关心中去。如果我们心里装着客户，关心客户，努力为客户服务，服务又怎么会差呢？

对客户来说，销售人员并不只是推销产品而已，他们的心理和情绪都需要得到销售人员的照顾，否则他们就会像青春期的孩子一样，"叛逆"地拒绝配合你的推销。如果在销售之前与客户搞好关系，先让客户的心情得以转变，那么接下来的事情就很可能一帆风顺地进行下去。

山东朱氏药业集团的小于是做新产品临床推广工作的，此次目标客户是一家医院的内科诊室赵主任。

他是第一次和对方联系，到赵主任办公室的时候，发现他的桌上放着一本《大众电影》，就问赵主任是不是喜欢看电影。对方说是，小于说他正好有两张《博物馆奇妙夜 2》电影票。赵主任对影片挺感兴趣，但表示每天出诊太累，晚上时间还要陪伴家人，没办法去，于是转向了别的话题。第二天，小于在赵主任下班之前给他带去了一盘本片影碟，赵主任很高兴。

小于知道了赵主任是一个很顾家的人，于是约了一个时间到他家里给他送一些资料，正巧赵主任正在为次日的一个学术会议忙着准备资料，小于就立即主动帮助复印资料，一直忙到夜里 12 点。

后来，在赵主任的推荐下，医院把小于推销的器材作为首选，几乎每个科室都配备了他们公司的产品。

由此可见，最有力的销售武器是情感，好的关系胜过一切。既然销售沟通双方都是人，那么销售活动就不能缺少人性化、人情味，否则就只剩下了赤裸裸的产品交易，那样的话，客户和谁交易都一样，又何必拒绝别人、从众多的供应商中选择你作为合作伙伴呢？

每个人都有自己的"势力范围"，一般不会轻易容许别人侵犯，一旦有陌生人靠近，它就会起作用，立即警觉起来。这就是为什么需要和客户经过几次交流的基础，客户才能下决心购买的原因之一。这个时候，客户已经放下了对你的戒备，已经和你产生了情感上的协调，拉近了彼此之间的心理距离。

那么，怎样运用情感这个最有力的销售武器，与客户搞好关系呢？

在销售工作中，我们关怀的对象自然是客户了。对象明确了，关键问题就是关怀什么和怎样关怀，我们总说细节决定成败，恐怕最基本的就应该是日常生活中对客户的嘘寒问暖了。

客户关怀，莫以事小而不为，应该像朋友、像亲人一样，事无巨细地关怀客户，于细微处见真情。很多企业都会在公司员工过生日的时候发一条祝福短信或者送一些小礼品，这种细致入微的关怀，往往会让那些甚至忘记了自己生日的员工感动不已，那么对客户，我们完全可以这样做，那么又何愁留不住客户呢？

在搜集客户信息的时候，我们基本上已经了解了客户的身份信息、公司信息，而且会用客户关系管理系统进行管理，那么我们为什么不充分利用这种便利条件，让客户感受到你对他们的真情实感呢？

世界是公平的，你付出多少，就会收获多少；市场就像一面镜子，种瓜得瓜、种豆得豆。你关怀客户，平时不忘对客户问候，自然就能留住客户，也就有了更好地发展客户的基础，进而壮大自己的企业。

客户往往非常关注销售人员对他的态度。每个客户的眼睛都是雪亮的，和你的蓄意欺骗一样，你对他们的真诚关怀，他们一定都能够感受得到，那么，当客户觉得你是尽心尽力为他好时，就会放大这个优点，从而帮助你掩盖销售中的一些缺点，进而使客户因为接受你而接受你的产品。

如果你的关怀不痛不痒，对客户来说可有可无，那你的努力基本上就白费了，不会起到影响客户的作用。你应该善于观察和了解，把握住客户最需要关怀的点，并为此付出努力，一定能够成功。

如果你的工作属于柜台或值班性质的，那么在客户的等待时间里，客户肯定会觉得无奈和烦躁，这时候你送出一个微笑，递上一杯茶水，说出一声问候，往往能够让客户在心理上得到缓解，间接地缩短等待时间，提升客户的现场感知。

如果你和其他的销售人员不同，能够给客户一个惊喜的体验，即便是你的产品和其他同类产品相比没有什么更突出之处，也很可能给客户留下深刻的印象，得到客户较高的评价。

一个销售代表，希望在客户生日当天搞一个"突然袭击"，便通过网上预订了一束鲜花作为礼物，指定时间和地点送达。但是投递公司为了避免投递失败，降低投递费用，竟然在当天一早就和该客户取得了联系，询问要把花送到哪里。简单的一个电话，就让销售代表的所有设计全部泡汤了。尽管客户收到鲜花时仍然表示感激，但是和突然收到礼物的那份惊喜相比，就差了很多。虽然礼品公司并没有做错事，但却因为自己的"充分"考虑，降低了服务质量。尽管后来那家公司从订购到发货都完成得很顺利，还给销售代表寄来了VIP（贵宾）会员卡，但他再也没有接受过他们的服务。

要缩短和客户之间的心理距离，最有效的方法就是和客户产生情感协调。对于客户来说，销售人员所代表的公司就是一家服务企业，如果你能够时刻以客户为中心，处处替客户着想，而不是画蛇添足地自作主张，而是恰如其分地关怀客户，帮助客户提升产品和服务价值，客户怎么会不满意，怎么会不忠诚呢？

专家点拨

与客户搞好关系，我们有很多事情可以做，主要就是看你有没有心，是否真的将客户放在了你心里。

情感因素是人类接受信息的阀门，情感是刺激理智的唯一途径。当客户觉得你是尽心尽力为他好时，就会放大这个优点，从而帮助你掩盖销售中的一些缺点，进而使客户因为接受你而接受你的产品。

让老客户做你的"兼职销售员"

一些人总是喜欢安于现状，而且总是害怕被打破旧有的生活与工作习惯。每当旧有的生活规律与生活习惯要发生改变的时候，他们总是固执地不肯接受，更不愿意主动去吸收新鲜事物。销售人员开发新客户就是一个主动吸收新鲜事物的过程。如果我们能够勇敢地经历这些过程，那么我们便有机会成为销售行业的精英！

保险推销员小林十分幸运，因为他的姐姐以前就是一位非常出色的保险推销员，后来姐姐要出国深造了，于是就把自己以前的很多客户都介绍给了刚刚入行的小林。这样一来，小林刚入行便拥有了大量的客户资源，而且这些客户的购买能力都比较强。

就这样，小林带着这些稳定的客户资源开始了他的保险推销事业。最初，小林觉得自己的推销工作进行得非常顺利。可是，随着保险行业的竞争形势越来越激烈，再加上已有客户资源当中的一些客户情况发生了重大变化，小林的业绩逐渐开始下滑。为此，他心里也十分着急，可是一想到要去开发新客户，他的心里就直打鼓，因为他实在没有勇气去与陌生的新客户打交道，后来通过对姐姐的请教和自己的揣摩，小林终于发现了一个开发新客户的好方法，那就是请那些自己熟悉的老客户去推荐一些新客户。而且通过自己的多次销售实践证明，运用这一方法开发新客户，可以大大减少与新客户最初交流时的种种隔膜与障碍，从而更容易取得最终销售的成功。看一下小林是怎么做的吧！

小林首先去拜访一位在业内有着良好口碑的老客户，这位客户已经与小林建立了深厚的交情，而且多年来也一直为自己、家人以及公司里的员工购买小林推荐的保险。在拜访这位客户之前，小林了解到，自己的一位目标客户是这位客户的生意伙伴，两位客户之间的合作也已经有很多年了。目标客户虽然过去就为其公司里的员工购买了一些保险，但是最近他的公司规模迅速扩大，在了解到这些情况之后，小林与老客户先是聊了一些生活与工作上的事情，然后小林便一个话题谈到了自己的目标客户，并表示希望老客户能够帮自己和那位目标客户相互介绍一下。结果，老客户当时就给小林的那位目标客户打了电话，并替小林约好了见面时间。

当小林见到那位目标客户之后，他们之间的交流便省去了很多麻烦。结果呢，这位目标客户表示，自己老朋友介绍的人肯定值得信赖，当即决定采纳小林的建议，为公司的员工购买了相应的保险。而且，这位客户还主动表示，自己公司里一些其他领导也想要为自己的家人购买保险……

其实很多从事销售工作的人都会对开发新客户这一工作感到恐惧，只不过有些人能够克服自己的恐惧情绪，使自己在拜访新客户的道路上勇往直前；而有些人则会被恐惧心理打败，最终无法在自己的工作领域做出应有的成绩。如果你也是一名对开发新客户心存恐惧的销售人员，而你又希望在自己的工作领域做出一定的成绩，那么，我们建议你可以先通过那些与自己有过交往的老客户去开发新客户，这种方式对于消除恐惧心理有很好的效果，更重要的是，这种方式还可以使我们的销售更加有成就。

当读到这里的时候，一些销售人员往往会想：这种方式虽然有如上好处，可是要想做到这些可不容易，至少我们需要考虑两个问题：第一，我们该如何向老客户说出这样的请求？第二，即使老客户能够向我们推荐新客户，我们又该如何从容应对？对于销售人员以上两方面的顾虑，我们建议通过以下途径去解决：

1. 把维护客户关系当成一件重要任务

有些销售人员在交易不能取得成功的时候往往会认为维护自己与客户之间的良好关系已经没有太大意义了，而有些销售人员则可能在交易已经取得成功的时候得意忘形，认为自己已经没有必要再与客户保持良好沟通了。事实上，对于销售人员来说，任何时候都要把维护自身与客户之间的良好关系当成一件重要任务来对待。因为，与自己有过沟通的任何一位客户，无论与其是否进行交易，都有可能为我们带来更多的客户。所以，销售人员要始终与客户保持良好沟通。

2. 选择适当的时机和适当的方式向老客户提出请求

在向那些与自己有过交往的老客户提出推荐新客户的请求之前，销售人员必须要选择好恰当的时机，并且要准备适当的方法。比如在你与客户之间沟通多次却由于并非你的责任而面临交易失败的时候，你不妨请客户推荐其他有需要的新客户；又如当客户流露出还有一些人需要我们的产品时，销售人员必须趁热打铁，不要错失机会。

在这里我们要提醒销售人员特别注意两点，否则就很容易导致请求无法得以实现，甚至还会因此而得罪老客户：第一，千万不要在客户十分忙碌或身体过于疲惫的时候提出请求，也不要在客户情绪烦躁的时候贸然打扰；第二，一定要在保证客户对我们产生良好印象的基础上提出请求。

3. 在约见新客户时要从容得体

即使老客户向我们推荐了一些新客户，也并不意味着我们就会获得销售的成功。因为我们只有与将要约见的新客户进行良好沟通，才有可能真正地提高销售业绩。在约见新客户的时候，销售人员同样要努力克服自身的恐惧心理，要表现得从容得体。在此过程中，销售人员可以巧妙地提出当初推荐你认识新客户的老客户，这样可以有效化解双方之间的陌生感。比如，销售人员可以在电话中这样向新客户介绍自己："李总，您好，××公司的张总告诉我你们公司也经常组织员工出去旅游，我是××旅游公司的××……"

同样，销售人员也需要注意两点：第一，一定要在约见客户的时候准确称呼客户的姓名或职位，这样会拉近双方之间的心理距离，还有助于新客户更积极地接受你；第二，要在说明推荐你的老客户之时更着重新老客户之间的情谊，而不要拿老客户的身份或地位来对新客户施压。

专家点拨

集合你所有的客户资源，尽可能地通过这些客户资源继续拓展你的客户量。

在请老客户介绍新客户的时候，不要再有任何的犹豫和恐惧，要在适当的时机勇敢地说出来。

你可以采用各种方法请老客户向你推荐新客户，但是一定要注意你的态度要谦虚、诚恳，不要给客户以咄咄逼人的紧迫感。

客户是座可以不断开采的金矿

对于销售人员来说，在交易完成之后，应该主动地定期拜访客户，与客户保持接触，这样既可以了解客户的产品使用情况，发现问题及时解决，还可以随时发现老客户新的产品需求，进行重复销售，让客户的消费升级。

请看下面的一个实例。

"您好。请问李明先生在吗？"

"我是，您是哪位？"

"我是××公司打印机客户服务部秦于，我这里有您的资料记录，你们公司是去年购买的××打印机，对吗？"

"哦，对呀！"

"保修期已经过去了7个月，不知道现在打印机使用的情况如何？"

"好像你们来维修过一次，后来就没有问题了。"

"太好了。今天给您打电话是告诉您这个型号的机器已经不再生产了，以后的配件也比较昂贵，提醒您在使用时要尽量按照规程操作。对了，您在使用时阅读过使用手册吗？"

"没有，还要阅读使用手册？"

"其实，阅读还是有必要的，这有助于正确使用和保养打印机，延长它的寿命。"

"呵呵，谁也不指望用一辈子。不过，最近业务还是比较多的，如果坏了怎么办呢？"

"没有关系，我们还是会上门维修的，虽然会收取一定的费用，但比购买一台全新的还是要便宜许多。"

"对了，现在再买一台全新的打印机什么价格？"

"这要看您要什么型号的。您现在使用的是3000，后续的升级产品是4000，不过完全要看一个月大约打印多少正常的A4纸张。"

"最近的量开始大起来了，有的时候超过1万张了。"

"要是这样，我还真要建议您考虑4000了。4000的建议使用量是一个月1.5万张正常的A4纸张，而3000的建议月纸张是1万张，如果超过了会严重影响打印机的寿命。"

"你能否给我留一个电话号码，年底我可能考虑再买一台，也许就是后续产品。"

"我的电话号码是×××××××××。我查看一下，对了，您是老客户，年底前还有一些特殊优惠，不知道您何时可以确定购买，也许我可以将一些好的政策给你保留一下。"

"什么优惠？"

"4000型号的，渠道销售价格是×××，如果3000的使用者购买的话，可以打8折，或者赠送一些您需要的外设，主要看您的具体需要。这样吧，您考虑一下，然后再联系我。"

"等等，我先计算一下。我在另外一个地方的办公室添加一台打印机会方便营销部的人。这样吧，基本上就确定了，是你送货还是我们来取？"

"都可以，如果您不方便，还是我们过来吧，以前也来过，容易找到的。

您看送到哪里，什么时间比较好？"

……

秦于只用了大约 30 分钟，就完成了一台 4000 打印机的销售，而这从根本上说是取决于李明对秦于的信任。当然，这种信任不是一天两天能建立的。比如当打印机出现故障后，要有很好的维修服务。而且从秦于的语言中我们看到，他对李明的资料掌握得比较多，他将李明的购买资料进行了整理，当感觉客户需要更新产品时便及时提出，因而得到了客户李明的订单。这就是长期跟进的成果。

对老客户进行跟踪销售，是每个销售人员都应该做好的本职工作，这是避免竞争对手介入的有效方法。在实施过程中，销售人员需要从整个行业的高度、专业技术的角度，深入发掘客户需求中存在的漏洞，这样才能对症下药，帮助客户解决新出现的问题，从而使之再次购买你的产品。

某矿业公司是鞍钢的主要原料供应商。该公司一直使用某一品牌的财务软件，从来没有采购过其他产品，绝对称得上是该品牌的老客户。

后来有一段时间，矿石原料价格疯涨，该矿业公司面临着各个方面的升级换代。

该品牌的业务员把目光再次集中到该矿业公司身上。果然，随着业务的不断扩大，矿业公司突然发现了很多以前从来没有遇到过的问题：库存管理混乱、供应链断档，而且由于对下属各分公司的管控能力相当欠缺，根本无法有效配置资源。

业务员将这些问题反映给软件公司，销售主管也十分重视，于是对该矿业公司的现状进行了详细的分析，并研发出了对改变客户公司现状十分有效的新的财务管理软件，结果一击即中，第一次推销就获得了对方的认可。

老客户就好比是一座金矿，不是开采一次就废弃掉了，只要深度挖掘，你将发现它的价值比你想象的要大得多！所以，我们一定不要忘记老客户，要给予其足够的重视，要珍惜自己手中的这座金矿。

IBM 营销经理罗杰斯谈到自己的成功之处时说："大多数公司的营销经理想的是争取新客户，但我们的成功之处在于留住老客户；我们 IBM 为满足回头客，赴汤蹈火在所不辞。"

而"世界上最伟大的推销员"乔·吉拉德，曾经在 15 年中以零售方式销售了 13001 辆汽车，其中 6 年平均每年售出 1300 辆汽车，他所创造的汽车销售最高纪录至今无人打破。他的销售观念就是：卖给客户的第一辆汽车只是长期合作关系的开端，如果单辆汽车的交易不能带来以后的多次生意的话，那就是一次失败的销售。因为以这样的观念作为基础，乔·吉拉德尽量维持自己和老客户的良好关系，并且也从老客户那里得到了可观的收益——他 65% 的汽车交易来自老客户的再度购买。

美国哈佛商业杂志发表的一篇研究报告指出：多次光顾的顾客比初次登门的人可为企业多带来 20% ～ 85% 的利润。这就是 80/20 原则：公司80% 的利润来自 20% 经常光顾的客户。当然，对于从事销售的你也不例外。所以对于你来说，为自己的老顾客提供高质量的服务是赢得高效益的必经之路。

专家点拨

老客户是你最好的客户，第一次购买产品的人也许能成为你终生的客户。想办法吸引住客户，让他们经常光顾你，你成功的机会就更大。

如果能够成功地让客户成为我们的会员，这就证明了我们已经取得了相当好的信誉，有新的业务我们仍然可以对这些老客户进行推介，肯定会比新客户更容易接受。

扎紧"篱笆"防止客户流失

如果你在一个月里失去 10 个客户，而同时又得到另外 10 个客户，从表面看来你的销售业绩没有受到任何影响，而实际上你的销售成本已经增加了。要知道，你获得一个新客户所消耗的精力远比保持老客户要多得多，而如果你频繁地寻找新客户，然后又在频繁地失去老客户，如此循环就陷入了"漏斗"现象。

研究数据表明，维持一个老客户是开发一个新客户的成本的 1/5，但是很多销售员认为同老客户已经很熟了，不用再花太多的时间去照顾，而一旦发现老客户突然转到竞争对手那里时，后悔已经来不及了。因此，维护与老客户长期良好的关系也是销售工作的一个重要部分。对于一个老的销售员来说更是如此——维持与老客户的关系在工作时间里所占的比重会越来越大，常常超过 1/3。成功销售员的经验告诉我们，老客户往往可以帮助你完成销售定额，而开发新客户则是为了超额完成销售任务，从而拿到额外的奖金。

同样，老客户也是你的销售事业发展壮大的基石。你可以花 10 元钱做广告、寄样品、打折或送礼品来吸引新客户，使客户第一次花 50 元买你的产品；你也可以花 0.5 元给你的老客户寄信，表达公司对他的感激之情以及希望再次购买的愿望，而使他第二次、第三次花 50 元购买你的产品。你如何来选择呢？

这说明了一个问题，就是究竟把钱花在营销手段上，还是花在巩固老客户身上。与其花 10 元钱做广告，不如花 0.5 元钱给老客户寄一封信，把你的服务做好，让他帮你推荐更多的客户过来，或自己重复购买。所以说，从价值的角度来看，老客户等于更少的费用。

有的销售人员，每做完一单生意就像逃难似的跑掉了，头也不回，然后再去寻觅下一个客户，如此这般周而复始，像狗熊掰玉米一样，工作干得很辛苦，收获还不大，而且还要承受着内心巨大的压力。所以，如何认识老客户，如何对待老客户的问题就变得尤为重要了。

销售员在全力争取新客户的同时，应该防止老客户的流失，老顾客的流失才是最大的损失，应把更多的精力花在服务方面，让自己的客户群变得更加稳定，这样你做事就会很轻松。实际上就是不要总是亡羊补牢，而应该把你的"篱笆"事先扎紧点。这样，客户就不会跑到竞争对手那里去。

首先，要写好销售日志，建立客户档案。

许多销售员都没有做到这一点，但这是十分必要的，这有助于你了解客户的情况，也会清楚客户为什么购买自己的产品，对于以后进行销售是很好的材料积累。当然，十分重要的是，拥有了完整的客户档案，你才能知道什么时候跟进最有效，而不致产生负面效果。

你的客户档案必须写清楚客户的公司名称、负责人的名字和职务、电话、传真、手机号码、地址、网址、购货日期、购货数量、诚信度、客户购货的用途（是自己用还是替其他客户代购），当然，有客户相关负责人的生日最好不过。因为，对客户了解得越清楚，跟进时就会越到位，以后的销售也就更顺利，不会因为忘记跟进而使客户流失。

其次，电子邮件是跟进的好渠道。

现在已经是信息时代了，你的客户通过互联网等各种便捷的渠道都可以获得更多、更详细的产品和服务信息，所以他的选择也就多、更广泛，因此你的跟进也就必须及时到位。网络沟通客户最好的方式是利用电子邮件。电子邮件的好处是成本低，并且可以十分及时地传递更多的信息。

通过电子邮件，你可以定期发给你的客户一些他感兴趣的资料，让客户知道你的存在，当然，有生意的时候也就能想起你了。

最后，还要不定期地回访，及时发现问题。

当你进行客户回访的时候，很可能会发现一些问题，而这对你的工作很有帮助。当然，既然是老客户，那就应该像朋友一样，说出话来要让人产生一种很亲切的感觉，这样对方觉得不陌生，自然也很少会拒绝你。如：

"王总您好，我是 G 旅行公司的小刘，在半年前您曾使用过我们的会员卡预订酒店，今天打电话过来是特意表示感谢的，感谢您对我们工作的一贯支持。另外，还有件事想麻烦一下王总：根据我们的系统显示，您最近三个月都没有使用它，我想请问一下，是卡丢失了，还是我们的服务有不到位的地方？"

"哦，上一次不小心丢了。"

这就是在回访中发现的问题，这对于客户来说可能是无足重轻的，但对于你来说却是十分有用的。当然，拜访不必总是为寻找问题而去，一些日常的拜访，逢年过节的短信问候（最好能寄新年贺卡和明信片），客户生日的一个小礼物……这些方法都可以让客户体会到你的好意，加深你和客户之间的感情，让他们对你信任有加。

推销大师乔·吉拉德在解释自己成功的秘诀时说："我每月要寄出 1.3 万张以上的卡片。"这些卡片是用不同大小、格式、颜色的信封装起来的。"这样才不会像是一封垃圾信件，还没被拆开之前就被人扔到垃圾筒里了！"乔·吉拉德说。其实，吉拉德的信很短："我喜欢你！"接着写道："祝你快乐，吉拉德贺。"

在我们看来，这好像有些做作，可是吉拉德是出自真心地为客户寄上卡片的。所谓纸短情长，如果你要在这类短函上表达自己的感情，内容最好是亲自手写，字不要太多，只需几分钟时间阅读就够了。

就是这么简单的一件事，造就了乔·吉拉德、斐伦、霍兹等人的成功。事虽简单，但绝大多数销售员在售后并没有这样做，所以他们才没有成功。

专家点拨

失败的推销员常常是从找到新客户来取代老顾客的角度考虑问题，成功的推销员则是从维护现有顾客并且扩充新客户的角度出发，使销售额越来越多，销售业绩也会越来越好。

对一个销售员来说，最致命的不是新市场开发不利，而是老客户的流失。这等于自己的领地被别人一点一点地蚕食，所以先保住自己的地盘最重要，这也是以后向外扩张的根基。

与客户共享利益才能合作长久

销售的过程是一个销售员与客户相互满足利益、相互妥协的过程，如果不能实现买卖双方的共赢，那么成交就很难实现。只有双方利益均得，才能既赢得现在，又赢得将来。因为你的客户与你同样聪明，如果你只是把自己的利益放在眼前，置对方于不顾，那么，你往往会以失败告终。让别人获利，自己才会赚钱，这是销售中长盛不衰的法则。

小文是一家电子配件公司的销售员。一天，他如约拜访了一位客户，与其洽谈购买事宜。在经过一番谈判后，客户对产品提出了异议：

客户："其实我和你们公司还是第一次接触，不知道你们的产品质量如何？"

销售员："无论从产品质量上还是客户服务上，我们都是一流的，而且有许多大公司成为我们的忠实客户，这些都是有证可查的。对于产品质量方面，您大可放心。"

客户："你们的产品价格怎么比其他同类产品要高出一截？这是为什么？"

销售员："这种产品的价格在市场上长期以来一直居高不下，与其他公司相比，我们公司的价格实际上已经很低了。造成这种产品高价的主要原因是因为它的造价本身就高出其他产品，我们最起码要保证收回成本，所以……"

客户："如果这样的话，那么我们就觉得不太划算了，毕竟我们公司……"

不少销售员在谈判时都会犯这样的毛病，过于关注自己的销售目标，却忽略了对客户实际需求的考虑。任何一位客户都是在自身需求得到满足后才全考虑成交的，如果销售员无法做到这一点，想要实现成交几乎不可能。针对以上情景，销售员可以这样来做：

客户："其实我和你们公司还是第一次接触，不知道你们的产品质量如何？"

销售员："我们公司一贯坚持高质量的客户服务，并提供优质的产品这些方面与我们有过合作的许多大客户都可以提供证明。事实上，正是因为长期坚持采用我们公司的产品，很多合作伙伴才能创造令业界瞩目的高效能业绩。相信以贵公司的实力和影响力，如果与我们公司合作更可以令工作效率大大提高，而且也有利于贵公司的品牌延伸……"

客户："你们的产品价格怎么比其他同类产品要高出一截？这是为什么？"

销售员："这种产品的价格确实要高于其他产品，这是因为它具有更卓越的性能，它能够为您创造更大的效益，与今后您获得的巨大利润相比……"

客户："你说得也有道理……"

实现双赢的前提在于买卖双方利益的互相满足。因为客户是你长期"合伙人"，要学会共享利益，要多考虑客户的感受，在保证利润的基础上尽量满足客户的需求，才能实现真正的双赢。这样一来，实现成交也是自然而然的事情了。在销售过程中，想要与客户实现成交，并希望与客户形成长期合作关系，销售员就要努力在获得利润的同时满足客户的需求，最大限度地赢得客户的满意，实现真正的双赢。

那么，在谈判过程中，销售员如何才能与客户建立一种合作共赢、长期合作的友好关系呢？

第一，让客户明白购买产品为其带来的利益。

推销是一个利益博弈的过程，交易的双方是利益驱使的。想要实现销售成功，销售员就要通过与客户沟通达成双赢。产品是实现利益的立足点，销售员要让客户知道购买产品可以为其带来什么样的利益，这样才能吸引客户对产品的关注。

例如，当客户对是否购买产品感到犹豫不决时，销售员就可以向客户表明：我们的产品可以为您创造更大的效益，如果您能购买我们的产品，就能获得巨大的利润。客户感受到了利益的存在，购买欲望也就会进一步加强。这样一来，双赢就能得到进一步实现了。

需要注意的是，在向客户表示其可从购买中获得利益时，销售员一定要态度诚恳、实事求是，并富有激情，使语言具有说服力和感染力，以提高客户对产品的信任度。

第二，让客户明白双方长期合作的好处。

在与客户谈判的过程中，销售员应尽可能地向客户表明希望与其长期合作。无论对客户还是销售员本身来讲，这都有一定的好处。因为销售员开发一个新客户往往比接待老客户费时费力得多，而对于客户来说，对产品进行足够的了解与掌握，也会为他们节省很多精力和时间。针对此问题，销售员与客户交谈时可以这样说：

"张先生，这个维修服务合同如果我们签五年，价格可以在现在的基础上打 8 折。"

"吴总，与我们广告公司长期合作非常划算，我们公司每年都会为向您这样的老客户免费送一个户外广告文案。"

销售员在向客户提出长期合作的意愿时，一定要注意态度诚恳、积极。

第三，介绍产品时一定从客户需求出发。

在谈判过程中，当客户自我需求得到满足之后，往往会主动做出成交决定。所以销售员在向客户推销产品时，要尽可能地从客户的实际需求出发，弄清楚他们需要什么或者在哪些方面面临着难题，并采取适当的方法予以解决。

例如在向客户介绍产品时，销售员可以说："贵公司对产品质量要求很高，而我们的产品也以优异的品质赢得了很多大型合作伙伴，相信我们的合作会令您非常满意，也会非常愉快的。"

这样让客户从谈判中得知，这场交易不但满足了他预想的起码要求，还能为自己赢得其他好处，那么他们大多会表现得更加积极，以一种"实现成交可以使我得到某些益处"的态度与销售员进行谈判，从而提出成交。

如果客户另外提出了一些额外的小要求，你可以在确保自身利益不受侵害的前提上尽量去做，尽可能地满足客户需求，而此时你也基本上可以得到自己想要的回报。

专家点拨

互利是永恒的商战法则。你很难想象，一项交易只有某一方获利，而另一方亏损，或者双方都亏损，而交易却能成功的。

一个好的销售人员应该立足于双赢，不但自己赚了钱，还要让客户买到想要的产品，得到高于预期的服务体验。双赢会带来客户的重复购买，会带来客户的口碑宣传，为你带来一些新客户。

消除客户购买后的消极情绪

在购买到某些产品或服务之后，客户可能会产生某种怅然若失的感觉，甚至有些客户还可能对这场交易产生后悔心理。一些销售人员对客户的这些消极情绪不以为然，认为"反正东西已经卖出去了，不必理会他们……"这种观点是非常片面的，也是非常短视的，甚至可以说是对客户和自身工作的极不负责。因为，在销售完成后，客户产生的消极情绪如果不能尽早得以遏制和有效消除，那就会影响你与客户的后继沟通，进而影响到更大潜在客户群的开发。

根据对客户心理的分析，在销售完成后，客户的主要消极情绪及其产生原因如下：

1. 某些期待没被满足的不甘情绪

有些客户可能会在购买到产品之后才想到自己的某些需求没有得到充分满足，或者自己期待的某些事情没有实现，这就使得他们很容易感到心有不甘，这从他们的言行中可以得到一定体现，例如：

"我本来想得到那份礼物的，没想到已经送完了……"

"要是它同时具有××功能就更好了……"

"原以为同时购买三件产品可以得到一点优惠，没想到……"

无论客户的某些期待没被满足的具体原因是什么——或许是客户在销售沟通过程中的表达不够明确，或许是销售人员了解得不够深入，但是最终客户都会把问题的根源归结于销售人员或者产品本身。对这一问题如果不及时加以解决的话，那么很可能会延续到他们的下一次购买行为，或者会失去由他们介绍的客户群。如果认真对他们表达的不甘情绪进行分析的话，有时可以从中发现那些语言背后还隐藏着一定的潜台词，例如：

"这比我预想中的价格要高出很多。"（潜台词："你的产品根本不值那么多我，下次一定不会找你购买。"或者"我本来还有一大帮朋友想买，还是劝他们等找到价格更优惠的商家再买吧。"）

"那种功能虽然不十分重要，但是如果功能更多的话，那不是更好吗？"（潜台词："你应该早提醒我，没准你就是故意隐瞒的，看来以后还是到信誉更好的商家购买吧。"）

2. 某些担心造成的忧虑情绪

在客户支付货款之后，他们可能会担心购买的产品不如销售人员介绍的那样好，或者担心出现某些问题，这就会使他们在购买之后产生忧虑情绪。产生忧虑情绪的客户可能会在拿到产品时仍然频频询问销售人员相关问题，或者要求销售人员做出某些保证等。例如：

"它真的没有副作用吗？使用过程中需要注意哪些问题吗？"

"如果出现问题，你们确实负责免费维修吗？你能帮我解释一下维修保证书上的某些条款吗？"

"我怕它的尺寸不合适，你确保在一周之内可以随意调换吗？"

客户的这些忧虑是完全可以理解的，销售人员必须耐心加以解决，否则同样会对未来的客户沟通造成不利影响。

3. 感觉受到欺骗的懊恼情绪

虽然正规企业都严格禁止销售人员欺骗客户，而着眼于长远发展的销售人员也尽可能地对客户保持真诚，但是由于某些主客观因素的存在，客户仍然会产生受到欺骗的懊恼情绪。这种情绪产生的后果是最严重的，因为它直接关系到销售人员的个人信誉和企业的声誉，而这将对销售人员个人的职业生涯和企业的生存与持续发展产生至关重要的影响。

由上面的分析可以看到，客户在销售完成后的消极情绪一经产生就很可能会对销售人员今后的工作产生重要影响，有时还可能会对企业造成严重伤害。为了最大限度地减少损失和今后的沟通障碍，销售人员最好能在成交之前加以有效预防。当然，交易完成之后，销售人员也要针对客户需求展开必要的沟通活动，以便更积极地控制不利影响的发生。

1．提前预防

其实客户的某些消极情绪是完全可以提前预防的，如客户的不甘心情绪和懊恼情绪等。如果销售人员能在销售沟通的过程中对他们的这些需求进行充分了解，或者对客户提出的某些问题进行耐心解释，或者对不可能实现的某些客户期待采用其他方式给予补救，那就可以大大减少销售完成后客户产生的不愉快情绪。例如：

"真是对不起，您刚才提到的××要求，我们暂时还做不到，不过……"

"您提出的这个问题比较特殊，其实这种产品之所以这样设计是为了……"

"您看这样好不好，如果您愿意的话，我们……"

另外，销售人员还可以运用多种沟通技巧，让客户产生这样的积极感知：

"我现在要这种产品是明智的……"

"经过比较，还是这个销售人员更让人感到放心……"

"这个价格虽然花了我近半个月的工资，但它还是物有所值的……"

在此，销售人员需要注意一点：让客户产生积极感知与激发客户购买欲望既有一定联系，又存在一些不同。可以这样解释二者之间的关系：让客户产生积极感知有助于激发客户的购买欲望，并且使客户在购买之后仍然感到心情愉悦。客户的购买欲望可能表现得更强烈，可是却会在购买结束后迅速消失，如女性客户在购买一些小饰物时的表现；而积极感知的形成要靠许多因素的积累，它一旦形成就会持续较长时间，甚至会贯穿于每一次使用产品的过程当中，如花巨资购买一辆心仪已久的爱车。

客户一旦产生积极的心理感知，就不容易出现购买后的消极情绪。而要想在沟通过程中做到这一点，销售人员必须真正地站在客户的立场上考虑和分析问题，尽可能地满足他们的合理需求，甚至提供超出他们期待的服务，使他们购买的产品得以增值。例如：

"您不用急着做决定，毕竟买房是一件大事，我们再看看其他户型……"

"您想要在 10 点之前拿到蛋糕，是吗？您是不是想在拿到蛋糕后还要去为朋友买其他生日礼物？您看这样好不好，您把蛋糕要送到的地址写在这里，我们做好以后马上派人送到指定地点，保证绝对不耽误时间，而且您可以轻松自在地去选购礼物……"

2. 事后控制

在交易完成之后，销售人员与客户还应该保持良好的沟通。如果一收到订金后马上对客户置之不理，很容易使客户产生新的消极情绪。为了有效预防客户产生消极情绪，同时也为了与客户保持良好的后继联系，销售人员可以在销售完成以后主动询问客户的某些需求，或者对客户进行必要的解释、保证或安慰等。例如：

"这里是产品说明书，您大致浏览一下看还有哪些问题不太明确，以便……"

"您仔细想想还有什么问题吗？"

"它绝对是物有所值，这是这个月的市场行情调查表，您看一下……"

"如果您发现产品有什么不满意的地方，只要打个电话，我们就会在 24 小时之内进行处理……"

"售后服务一定包您满意……"

专家点拨

注意客户购买产品之后某些言行背后隐藏的潜台词，读懂这些潜台词可以及时识别客户的消极情绪。

能够在成交之前满足客户，就不要推到成交之后；能在一分钟之内消除客户不满，就不要延迟到两分钟。拖延时间越长，造成的后果就越严重。

积极询问客户的需求，并且尽可能地满足他们，不要为下一次沟通留下后遗症。

在销售完成以后对客户主动表示关心，这相当于给客户吃了一颗"定心丸"。